Second Edition

프로서비스맨과 비즈니스맨의 필독서

호텔 서비스 매너와 실무

고상동 · 공은영 공저

(주)백산출판사

머리말

호텔 서비스 매너에서 가장 중요한 매너(Manner)와 에티켓(Etiquette)의 차이를 정확히 이해할 필요가 있다.

에티켓은 사람이 기본적으로 취해야 할 행동(Action)과 형식(Form)이며 매너는 사람이 지켜야 할 태도(Attitude)와 방식(Ways)이다. 즉 인사를 한다는 행위는 에티켓이며 그 인사를 공손하게 하느냐 불손하게 하느냐 하는 것은 매너에 속한다고 할 수 있다.

에티켓이나 매너는 상대방을 배려하는 것이며 상대방을 진심으로 존경하는 마음에서 나온다. 즉 상대방의 입장에서 생각하는 마음가짐이 에티켓과 매너의 원천이라 할 수 있다. 특히 비즈니스에서는 성공과 실패를 좌우할 수 있고, 인간과 사회조직 관계의 기본이므로 중요성이 한층 더 높다고 하겠다.

그러므로 호텔 서비스에서는 에티켓과 매너는 가장 기본이다. 호텔종사자뿐만 아니라 호텔을 이용하는 고객 측면에서도 반드시 지켜야 할 예의이다. 이러한 중요성에 근거하여 우수한 호텔인력양성 측면에서 본 교재를 집필하게 되었다.

본 교재는 호텔 서비스 매너의 기본자세를 비롯하여 호텔 전 분야의 서비스 접점부서에서 필요한 프로서비스맨의 직무와 역할, 테이블 매너와 에티켓, 이미지메이킹 등을 중점으로 다루었으며 더 나아가서 비즈니스의 성공전략까지 실무 위주로 전개하였다.

본인은 이전에 미국의 해외 연구교수로 장기간 파견되어 가족과 같이 생활하면서 많은 호텔들을 방문하였고, 특히 세계에서도 이름난 플로리다주 마이애미와 네바다주 라스베이거스 지역의 특급 호텔과 리조트 콘도시설들을 방문하였으며, 그때 조사·연구하면서 수집한 자료와 서비스관련 내용도 첨가하였다.

따라서 본 교재는 대학의 호텔관광 관련학과의 서비스 매너와 실무교재로 사용하는 데 많은 도움이 되리라 확신하며 그 외 호텔, 외식, 콘도, 리조트 등의 신입사원 교재로도 많이 활용되기를 기대해 본다.

본 교재가 아직 미흡한 부분이 많으리라 생각해, 이 부분에 대해서는 더 많은 수정과 보완을 해나갈 계획이다.

끝으로, 본 교재가 출판될 수 있도록 자료정리에 많은 도움을 준 관계자 여러분들과 ㈜백산출판사 진욱상 회장님과 진성원 대표님, 그리고 편집부 관계자분들의 노고에 깊이 감사드린다.

2025. 5.

공동 저자

차례

제1편 서비스 경영

제2편 호텔 서비스

제4편 서비스 매너의 기본

제7편 비즈니스의 성공전략

제 1 편

서비스 경영

제1장

서비스란 무엇인가?

1. 서비스의 개념

서비스는 상대방에 대한 배려이자 상대방의 감정을 움직이게 하는 유일한 수단이다. 문헌자료에 의하면 14세기부터 서비스라는 말이 처음 시작되었다고 나타나 있으며, 그 어원은 라틴어의 Servus에서 출발되었다고 한다. 그러나 오늘날에는 서비스의 의미가 호텔, 여행, 법률, 은행, 경영, 교육, 위락 등의 폭넓은 범위로 점차 확대되고 있으며, 그 뜻은 봉사, 접대, 용역, 친절, 만족 등의 의미로 사용되고 있다.

그 외 미국마케팅협회 AMA(American Marketing Association, 1960)에서는 "서비스란 판매를 위하여 제공되거나 혹은 상품판매에 수반되는 모든 활동으로서 통신, 수송, 이용객서비스, 수선 및 정비서비스, 신용평가업 등을 말한다"라고 정의하고 있다.

2. 서비스의 중요성

서비스가 중요한 이유는 첫째, 소비자, 즉 고객이 변화하고 있다는 점이며, 둘째, 개인과 집단 기업간의 경쟁이 심화되었다는 점이다.

따라서 위 2가지의 욕구충족을 위해서는 ① 고객이 변화하고 있는 매우 다양한 욕구는 주도면밀하게 파악하여 진정으로 고객이 원하는 바를 충족시켜 주어야 하며, ② 수요공급의 불균형, 즉 수요보다 공급이 많은 경쟁상황에서 비교우위를 접할 수 있는 유일한 방법은 서비스로 승부를 결정해야 하기 때문에 서비스의 중요성은 아무리 강조해도 지나치지 않는다.

3. 서비스의 본질

고객에게 세심하고, 성실하고, 완전하고, 신속하고 정확한 내용을 전달하며 양심과 정직한 마음가짐에서 꾸밈없이 보여주고, 도와주고, 봉사하는 자세를 견지하는 것이 서비스의 요체이고 본질이다.

1) 서비스의 기본요소

① 1차적 서비스(외면적 자세, 동작에 의한 친절 표시)

② 2차적 서비스(신뢰감, 정직성, 성실성)

③ 3차적 서비스(가족적인 친밀감, 안정적 분위기 조성)

2) 서비스 제공의 순환

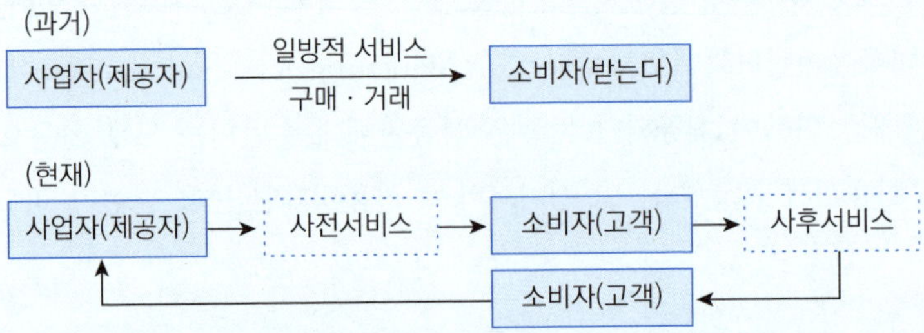

수요지속 = 고객유지 = 시장유지(Market Sharing)
수익성 제고

* 사전서비스 : 정보제공, 광고선전, 교육
* 사후서비스 : 고객상담, 사은회, 품평회, 고충해소 협조

3) 서비스(SERVICE)란?

S　SINCERITY(성의), SPEED(신속), SMILE(미소)

E　ENERGY(활기)

R　REVOLUTIONARY(신선하고 혁신적인)

V VALUABLE(가치 있는 것)
I IMPRESSIVE(감명 깊은 것)
C COMMUNICATION(상호간의 대화)
E ENTERTAINMENT(진심으로 환대하는 것)

4. 서비스의 특성

서비스는 매우 중요한 오늘날의 경쟁요소이긴 하지만 다양한 특성이 있다.

1) 서비스는 무형이다.

즉 서비스는 형체가 없는 무형이다. 따라서 서비스는 무형의 상품이며 유형의 상품과 적절히 결합될 때 비로소 제기능을 발휘한다. 예컨대, 호텔객실을 이용한 경우 객실의 집기비품, 즉 침대의 안락함이나 카펫의 청결성은 유형의 상품이지만 감미로운 음악이나 객실의 공기청정으로 인한 쾌적함은 무형의 상품이다. 따라서 아무리 좋은 유형의 집기비품을 갖춘 객실이라도 무형의 쾌쾌한 냄새가 나는 객실은 결코 서비스가 좋은 객실이 될 수 없다.

2) 서비스는 표준화 하기가 어렵다.

서비스는 무형임으로 표준화 하기는 매우 어렵다. 이는 각양각색의 사람들이 느끼는 감각지수, 즉 미각, 후각, 청각, 시각이 제각기 다르기 때문이다. 예컨대 호텔레스토랑에서 똑같이 시킨 음식맛이 고객에 따라 맵다, 싱겁다, 짜다, 시다 등의 자기중심적으로 평가하여 음식맛이 좋다, 나쁘다로 판단하며 이는 곧 서비스가 좋다, 나쁘다로 평가되기 때문에 표준화시키는 데는 한계가 있다.

3) 서비스는 저장이 불가능하다.

서비스는 발생과 동시에 결과로 판단된다. 그러한 판단은 곧 소비자의 만족, 불만족으로 동시에 연결이된다. 그러므로 재고상품이 있을 수 없으며 보관, 관리되는 상품이 절대로 될 수 없는 부분이다. 예컨대 호텔객실상품인 경우 당일 판매하지 못한 상품은 당일로서 객실판매요금이 소멸되는 것이며, 익일에는 또다시 객실 상품이 발생되기 때문에 보관, 저장이 불가능하다. 그에 반해 유형제품인 자동차인 경우 오늘 팔지 못하면 내일 다시 팔 수 있는 상품으로 저장성이 가능한 부분과 대비된다고 하겠다.

4) 서비스는 측정이 어렵다.

서비스는 무형의 상품이기 때문에 객관적으로 평가하여 수치로 나타낼 수 있는 계량화가 매우 어렵다는 것이다. 즉 서비스 측정은 사람이 하기 때문에 결국 우리 인간의 오감 정도가 모두 다르기 때문에 오감이 각기 다른 개개인의 측정결과에 대한 신뢰성이 한계가 있기 때문이다.

제2장

고객이란?

1. 고객의 개념

고객은 항상 돌보아야 할 손님이다.

1) 한자사전에서 고객은 "돌아보다", "생각하다", "찾다", "사랑하다", "보살피다" 등의 의미로 단골손님 또는 손님으로 풀이되고 있으며,
2) 국어사전에서는 "영업상의 손님"으로 정의되며 일반적인 손님보다는 더 자주 이용하는 손님으로 더 귀하게 여겨야 할 손님이라는 의미이다.

   그러므로 고객(customer)이란, 일정기간 습관적으로 여러 번 구매와 상호작용을 통해 형성되는 것이며 접촉이나 반복구매를 한 적이 없는 사람은 고객이 아니며 단지 구매자라고 할 수 있다.

2. 고객의 중요성

고객은 수익창출의 원동력이다. 즉 고객은 자기가 경영하는 회사의 생산자, 기술자, 영업사원, 관리자, 사장에 이르기까지 수입의 원천인 급여를 주는 사람이다. 그러므로 사업의 활력이며 사업 전체의 핵심이라고 할 수 있다.

3. 고객의 종류

고객의 종류에는 크게 나누어 내부고객과 외부고객으로 나눌 수 있으며, 그 외 잠재고객, 일반고객, 단골고객, 우호적 고객, 비우호적 고객 등으로 나눌 수 있다.

1) 내부고객은 자기가 속한 기업 내의 직원, 즉 내부 조직구성원들이며,
2) 외부고객은 자기가 속한 기업 내의 직원이 아닌 기업외부인으로서 자기회사의 상품과 서비스를 유통시키거나 구매하는 사람들이다.

고객이란? (나를 중심)	• 내부 → 상사, 동료, 부하
	• 외부 → 사외의 모든 고객

4. 고객의 특성

1) 고객은 자신의 방식으로 상품과 SERVICE를 인식한다.
2) 고객은 모든 사업의 기반이다.
3) 고객에게 기쁨과 만족을 제공하는 것이 우리의 "존재의 이유"이다.
4) 고객이 우리에게 의존하는 것이 아니라 우리가 고객에게 의존해야 한다.

Rule 1.

The customer is always right !

Rule 2.

If customer is ever wrong, reread Rule !

현대적 의미의 룰-직원과 고객은 동반자 관계이다.

제3장

고객만족과 고객감동 서비스

1. 고객만족 서비스(CS: Customer Satisfaction)

피터드러커(P. Drucker) 교수는 "기업의 목적은 이윤추구에 있는 것이 아니라 고객 창조에 있으며, 기업의 이익은 고객만족을 통해서 얻는 부산물이다"라는 것을 강조하면서 고객만족이 기업의 절대적 사명이라고 주장했다.

2. 고객감동 서비스(CE: Customer Emotion)

고객감동 서비스는 고객만족시대를 초월한 서비스라고 할 수 있다. 미국의 제16대 대통령이었던 링컨(Abraham Lincorn)이 1963년 11월 케티즈버그 국립묘지 설립 기념식 연설 중에서 "국민에 의한, 국민을 위한, 국민의 정부는 지상에서 영원히 사라지지 않을 것이다"라는 명언으로 전 세계인을 감동시켰다. 이러한 명언은 고객감동 서비스에 접목하여 설명하면 다음과 같다.

고객감동 서비스란?

1) By the Guest: 고객감동조사(Needs)에 의해
2) Of the Guest: 상품, 서비스, 행동의 질을 혁신하여
3) For the Guest: 내부고객과 외부고객을 감동시키는 것을 말한다.

즉 고객감동이란 → 고객의 기대수준 이상으로 높은 가치를 제공하여 고객이 만

족감을 느끼게 함과 동시에 고객으로부터 신뢰와 존경을 얻는 것

3. 고객만족/감동의 과제

1) 고객존중과 고객을 중시하는 마인드 구성
2) 고객의 욕구를 사전에 파악하여 충족시킨다.
3) 고객지향주의로 기업목표와 전략을 추진해 나간다.

4. 고객만족/불만족/감동의 관계

1) 고객이 당연히 기대하는 것을 제품과 서비스가 충족시켜주면 이는 단지 불만족이 없을 따름이다.
2) 고객의 요구를 기대 이상으로 충족시켜주면 이는 만족과 연결된다.
3) 고객이 기대하지 않았던 욕구를 충족시켜주면 이것은 고객감동 수준으로 연결된다.
4) 고객만족도를 항상 측정한다.

- 기대(expectation)
- 지각(perception)

기대	〉	지각	→	고객불만족
기대	=	지각	→	고객 만족
기대	〈	지각	→	고객 감동

고객감동 창출
• 감동의 순간: 15초 • 시선(표정): 84% • 음성(언어): 10% • 기타(태도): 6%

5) 우리의 고객은 매일매일 우리와 접촉할 때 무언의 평가를 내린다.
그들이 어떤 식으로 대우받고 다루어졌는가에 대한 평가를 머리 속에 계속 기

록하고 있을 것이다. 머리 속에 기록된 하나하나의 평가를 "평가의 순간들"이라 볼 수 있다.

이 평가의 순간마다 고객은 회사에 대한 좋고 나쁜 이미지를 형성하게 되고 그 결과로 계속 거래여부를 결정하게 된다.

Three of ten 법칙		
• 고객을 유지하는 데	→	10달러
• 고객을 잃어버리는 데	→	10초
• 잃어버린 고객을 다시 찾는데	→	10년

> 15초간 진실의 순간을 관리하라.
> 최일선 직원의 15초간 접객태도가 기업의 성공을 좌우한다.
> 이 15초를 "진실의 순간(Moment of truth)" 이라고
> 나는 말하고 있다.
> –안칼슨–

5. 고객불만과 해결방안

1) 고객불만의 주요 원인

① 신속성의 문제

② 정확성의 문제

③ 친절성의 문제

④ 대응성의 문제

⑤ 적극성의 문제

2) 고객불만의 해결방안

① 고객의 의견을 잘 듣는다.

② 스피드하게 처리한다.
③ 몇 개의 대안을 제시한다.
④ 처리기준을 이해시킨다.
⑤ 고객의 부당한 신청에 대응한다.
⑥ 사내의 내부사정을 얘기하지 않는다.
⑦ 불만은 정면으로 받아들인다.

3) 서비스품질의 결정요인

① 서비스품질의 신뢰성
② 조직원의 예의
③ 조직원의 서비스 수행능력
④ 고객의 기대와 욕구의 정확한 파악
⑤ 서비스 이용의 용이성

4) 고객의 불평불만과 대응방안

① 고객의 얘기를 듣고 난 후 설명을 한다.
② 고객이 오해를 하고 있다면 정정하여 오해가 없도록 한다.
③ 고객의 얘기를 모두 듣고 난 다음에 불만스러운 부분에 대해서 정중히 사과한다.
④ 고객의 얘기를 듣고 난 후 설명을 한 다음에 정중히 사과한다.

5) 고객의 불평불만에 정중히 사과했으나 불만이 계속 있는 경우의 대응

① 사과를 해도 안 된다면 그대로 둔다.
② 조용한 상담실로 안내하여 얘기를 다시 시작한 후 설명을 한다.
③ 윗 직급의 응대자가 나서서 불만고객의 얘기를 처음부터 듣고 난 후에 정중히 사과한다.
④ 다시금 오해를 풀도록 이해를 구한다.

6) 고객불만에 대한 신속한 대응과 성의가 우선이다.

7) 고객과의 논쟁에서 이기면 고객을 잃는다.

〈표 1-1〉 고객불만처리 매뉴얼

상황	실행 표준화
1. 사과를 한다.	1) 장소를 옮긴다. 2) 고객을 자리에 앉힌다. 3) 상황을 판단하여 혼자 해결하기 힘들 때는 상사에게 연계한다.
2. 경청을 한다.	1) 감정적이지 않도록 한다. 2) 끝까지 듣는다. 3) 고객입장에서 듣고 이해해 준다. 4) 불평을 거역하지 않는다.(논쟁은 금물) 5) 문제점을 메모한다. 6) 쿠션언어를 사용하며 다시 사과를 한다.(예: 대단히 죄송합니다. 얼마나 언짢으셨습니까?)
3. 사실을 확인하여 문제점을 파악한다.	1) 고객의 잘못을 말하지 않는다. 2) 고객의 관점으로 바꾸어 재검토한다. 3) 자기의 의견이나 평가는 넣지 않는다. 4) 객관적으로 사실을 파악한다. 5) 전례를 찾아 비교해 본다.
4. 대안을 찾는다.	1) 고객의 요구사항을 파악하고 회사의 정책/방침과의 적합여부를 검토하여 신속히 결정한다.
5. 대안을 고객에게 제시하고 동의를 구한다.	1) 쉬운 말로 설명한다. 2) 고객의 반응을 살핀다.
6. 즉각처리한다.	1) 고객이 기다리고 계시는 경우 처리과정 진행에 대해 중간보고를 드린다.
7. 결과를 확인한다.	1) 고객의 만족도를 확인한다. 2) 다른 곳에 끼친 영향을 파악한다. 3) 끝까지 책임을 진다.(Follow-up) 4) 다시 반복하지 않도록 노력한다. 5) 다른 직원들과 불만발생 사실과 처리결과를 공유한다.

〈표 1-2〉 고객불만처리시 금지사항

상황	실행 표준화
1. 웃지 않는다.	1) 고객의 말씀을 경청할 때 절대 미소 짓거나 웃지 않는다. 2) 진지하게 사죄를 드린다.
2. 고객을 기다리게 하지 않는다.	1) 즉시 대응자세를 취한다.
3. 대수롭지 않게 생각하거나 장난으로 생각하지 않는다.	1) 진정성 있게 대한다.
4. 고객 불만의 대소를 가리지 않는다.	1) 고객불만은 모두 중요하다.
5. 고객을 서 있게 하지 않는다.	1) 조용한 장소로 이동하여 앉으시도록 한다.
6. 책임을 전가하지 않는다.	1) 남의 탓으로 돌리고 발뺌하지 않는다.
7. 목소리를 높이지 않는다.	1) 흥분한 고객의 목소리에 맞추지 않도록 주의한다.
8. 말을 가로 막지 않는다.	1) 끝까지 경청한다. 2) 설명을 드릴 때 전문용어를 사용하지 않는다.

제4장

고객심리

1. 고객심리란?

1) 환영받고 싶은 심리
2) 독점하고 싶은 심리
3) 우월감을 느끼고 싶은 심리
4) 흉내를 내고 싶은 심리
5) 자기위주의 심리

2. 고객의 유형별 분석

1) 성격이 급한 고객
2) 성격이 느긋한 고객
3) 아는체 하는 고객(타 회사와 요금, 서비스 비교)
4) 말이 없는 고객(중점 관리)
5) 흥분하는 고객(시간이용, 장소변경, 제3자 대면)
6) 의심 많은 고객
7) 존경받고 싶어하는 고객

3. 고객심리 10가지

1) 고객은 자신의 잘못을 시인하지 않는다.

고객과의 논쟁에서 이길 수 없다. 설령, 이기면 돌아오지 않는 손님이 된다.(부정적 효과)

2) 고객은 작은 약속, 큰 실천을 원한다.

3) 고객은 내부 직원을 통하여 기업을 평가한다.

4) 고객은 자신의 체험 결과를 계속적으로 저장하고 있다.

5) 고객은 자신의 체험 결과를 남에게 전하고 싶어한다.(구전효과)

6) 고객 자신의 감정에 따라 만족도 평가기준이 달라진다.(만족도 측정이 어렵다)

7) 고객은 자주적인 사고에 의한 의사결정을 스스로 한다.

8) 고객은 불만을 쉽게 겉으로 드러내지 않는다.(잠재적 불만고객)

9) 고객은 직원이 알아서 대우해 주기를 바란다.

10) 고객 중에는 고마움 결핍증 환자가 의외로 많다.(권위주의적)

4. 고객관리기법

단계별 고객관리	이용시기별 고객관리
STEP 1: 고객 확보	STEP 1: 이용전 고객관리
↓	↓
STEP 2: 고객 유지	STEP 2: 이용시점 고객관리
↓	↓
STEP 3: 고객 고정화	STEP 3: 이용후 고객관리

5. 고객을 대하기 전 마음가짐

1) 자신의 마음가짐 상태는 어떤가?

2) 자신의 모습이 고객에게 비춰지는 모습은 어떤가?

3) 자신의 건강상태는? (위생상태)

4) 자신의 복장상태는?

5) 업무지식은 충분한가?

6) 많은 정보를 고객에게 드릴 수 있는가?

7) 내부고객과 Communication은 잘되고 있는가?

8) 고객에게 감동시킬 수 있는 마음의 준비는 되어 있는가?

6. 고객을 위한 10계명

1. 고객은 우리 사업에 가장 중요한 인물이다.
2. 고객은 우리가 의지하는 대상이지, 고객이 우리에게 의지하는 것이 아니다.
3. 고객은 우리 사업의 목적이지 방해자가 아니다.
4. 고객은 우리에게 혜택을 줄 뿐 우리의 서비스가 고객에게 혜택을 주는 것이 아니다.
5. 고객은 우리 사업의 일부이지 이방인이 아니다.
6. 고객은 단순한 통계값이 아니라 감정을 가진 인간이다.
7. 고객은 논쟁의 대상도 희롱의 대상도 아니다.
8. 고객은 우리에게 소원을 말하고, 그 소원을 채워주는 것은 우리의 일이다.
9. 고객은 우리의 예절과 대접을 최고 수준으로 받으려는 잠재의식이 있다.
10. 고객은 우리에게 월급을 지불하는 사람이다.

7. 고객 연령별 특성

1) 10~20대 초반 고객 특성

- 자유분방하며 유행에 민감하다.
- 동료 및 주위사람들의 영향을 많이 받는다.
- 무리를 이루고 다니며 그룹쇼핑이 많다.
- 브랜드지향적이며, SNS광고의 영향을 많이 받는다.

2) 20~30대 초반 고객 특성

- 브랜드지향적이며 동료 등과의 차별성을 구한다.
--연애, 결혼, 레저 등에 관심이 높다.
- 소비의욕이 강하며, 어느정도의 경제력도 가지게 된다.
- 자동차 등 편의시설에 대한 관심이 높다.

3) 30대 중반~40대 초반 고객 특성

- 가족에 대한 책임의식이 강해진다.
- 자녀들에 대한 관심과 교육열이 높아진다.
- 소비의 실권이 주부에게로 넘어간다.
- 세일기간의 구매력이 높고 신중구매형이 된다.

4) 40대 중반~50대 고객 특성

- 정년이 가까워지며 경제적인 불안감이 높아지는 연령이다.
- 경제적 여건에 따라 구매력에 커다란 차이를 보인다.
- 보수성을 띄게 되며 알뜰구매형이 많다.
- 건강에 관심이 매우 높으며, 과거의 추억에 관한 이야기를 좋아한다.

5) 60대 고객 특성

- 건강에 대한 관심이 절대적이므로 건강에 대한 관심을 보여줌으로써 고객에게 호감을 얻을수 있다.
- 완고하고 신중한 성향을 띄는 연령이므로, 개개인을 대상으로 한 신중하고 친절한 응대가 절대 필요하다.
- 손녀, 손자에 대한 관심이 높은 연령이므로, 손녀 및 손자에 대한 대화로 이끌어 가는 것도 좋은 방법일 것이다.
- 삶의 보람을 찾기 위해 노력한다.

제5장

서비스 경영과 사례연구

1. 서비스 경영

1) 고전적 경영: 물질적 보상이 주어진다면 종업원의 생산성 향상과 애사심 고취, 사기진작과 근로의욕 고취가 가능하다는 믿음
2) 현대적 경영: 물질 이외에 인간관계, 조직문화, 분위기, 복지후생, 인간적 대우가 잘 갖추어질 때 고객에 대하여 보다 더 친절하고 신뢰감을 심어주는 서비스가 가능함

2. 서비스 경영을 위한 경영자의 관심

1) 우수상품, 우수서비스의 개발과 관리를 위해 연구개발 부문과 인재양성에 많은 투자를 해야 한다.
2) 중견관리자 교육의 필요
3) 새로운 교육 훈련방법의 도입
   가. 관리기법
   나. 대인관리기법(Interpersonal Skils)
   다. 전문기술연마(Technical Skils)
   라. 고객과의 커뮤니케이션 기법(Communication Skils)
4) 유능한 교육자 지정
5) 경영합리화를 통한 서비스 개선에 투자

3. 서비스 사례연구

1) 고객만족(C.S: Customer Satisfaction) 경영이란?

① 고객의 의견을 겸허히 받아들이는 가운데 기업을 경영하는 것을 말한다.

② 고객만족(C.S)과 서비스에도 경쟁력이 있다.

2) 판매하는 기업의 대표적인 특성은?

관료주의 경영

3) 기업이 존재하는 이유는?

고객을 위해서 존재

4) 우리에겐 고객만족(C.S)은 선택이 아닌 필수

5) 최근에 와서 매출이 줄어들고 있다고 한다.

⇒ 고객은 왜 오지 않을까요?

단지 불황 때문입니까?

☞ 그러나 진짜 이유는 고객이 원치 않은 일을 하고 있기 때문이라고 생각해 봐야 합니다.

6) 호텔 근무자는 끊임없이 패달을 밟아야 생존한다.

⇒ "실패는 성공의 어머니"라는 패러다임은 이제는 깨져야 합니다.

⇒ 과거의 경험이 오히려 적이 되는 세상

7) 고정관념에 의한 경험적인 판단은 오히려 실패로 갈 확률이 점차 커지고 있다는 인식의 전환이 요구되는 시대

⇒ 이제는 경험보다는 고객을 스승으로 받아들이는 숙연한 자세가 절실히 필요합니다.

☞ 고객만족도에 의한 평가를 받는 회사가 진정으로 최고의 회사인 것입니다.

☞ 고객의 요구에 무조건 맞추겠다는 근무자세가 요구되는 시대입니다.

☞ 고객만족의 평가는 내부에서 하는 게 아니라 외부에서 해야 합니다. 자만은 절대 금물입니다.

☞ 호텔 직원 모두가 고객만족(C.S)은 상대방이 아닌 자신으로부터 시작한다는 적극적인 정신이 요구됩니다.

4. 기업별 C.S경영의 실천사례

1) LG그룹

회의를 할 때는 고객의 빈 자리를 마련하고, 결재서류의 최종란에도 고객의 결재 자리 마련한다.

※ 경기도 이천에 소재한 LG그룹 인화원 직원식당의 한 아주머니 근무자의 사례

⇒ 1일 3,000번의 미소가 담긴 인사하기

2) 하나은행

조그만 신생은행임에도 불구하고 설립 후 1년만에 흑자를 기록한 은행

"오직 손님의 기쁨, 그 하나를 위하여…"라는 캐치프레이즈를 내걸고 출발!!

※ 은행이름을 지을 때부터 발상의 전환

⇒ 심부름꾼의 역할을 강조

※ 하나은행 봉천동 지점에서는 로고송이 흘러나오는 ⇒ 새벽시장의 이동은행 (노란색 BANK카트 활용)

⇒ '손님이 기쁘면 나도 기쁘다'는 은행원의 대답

3) 신한은행

초록색 아기 비둘기가 캐릭터인 이유?

- 어린이 전용 휴게공간 마련(미래의 잠재고객 관리)

4) 축협

고객만족과 관련한 기발한 T.V 광고사례

5) 태국의 오리엔탈호텔

왕립국가 답게 무릎을 꿇고서 정중히 고객응대를 하는 직원 "고객은 왕"이라는 사실을 몸소 실천하는 자세

- 객실 청소근무자가 보여주는 세밀한 서비스 자세

6) 린나이 가스레인지

오전 7시 이전에 출동하여 수리를 의뢰한 고객의 집 앞에서 대기한 A/S 근무요원의 모범 사례가 남긴 잔잔한 고객감동 사례

7) SAS의 생존사례

쓰러져 가던 한 유럽의 여행사였던 SAS(스칸디나비아 에어라인)는 "얀칼슨"이라는 젊은 회장이 취임한 뒤 C.S경영의 하나인 진실의 순간(M.O.T)이라는 고객응대 기법을 확산시켜 적자에서 흑자 회사로 변화시킨 C.S사례

과감한 권한의 위양사례

✤ SAS항공사의 사례로, 미국의 한 여행자는 스톡홀름 공항에 도착해서야 항공 탑승권을 호텔에 두고 온 것을 알게 되었는데, 항공사측 여직원의 신속한 조치로 고객감동을 안겨주어 유명해졌다.
긴급한 상황에서 상사에게 보고체계 없이, 담당자 선에서 신속하게 처리할 수 있는 권한위양으로 고객감동을 실천한 사례다.

제6장

프로서비스맨의 기본자세

1. 서비스맨의 기본정신 10가지

1) 사명감을 가져라.

- 사명감 없는 직장생활은 나침반 없이 항해를 하는 것과 같다.

2) 고객의 입장에서 생각하라.

- 서비스의 주체는 고객이다. 항상 역지사지의 정신이 필요하다.

3) 원만한 성격을 가져라.

- 인간은 누구를 막론하고 성격이 원만한 사람을 좋아한다.

4) 긍정적 측면에서 생각하라.

- 가능할수도 불가능할수도 있을 때에는 가능을 택하라.

5) 고객의 마음에 들도록 노력하라.

- 내 마음에 들도록 애쓰는 사람이 미울리 없다.

6) 공사를 구분하고 공평하게 대하라.

- 서비스맨은 공평의 안경을 통하여 고객을 대해야 한다.

7) 투철한 서비스 정신으로 무장하라.

- 서비스의 본질은 봉사와 희생이다.

8) 참아라.

- 서비스에 관한 한 참는 데에 한계란 없다.

9) 자신감을 가져라.

- 고객에게 접근하는데 불가결의 요소는 자신감을 갖는 것이다.

10) 부단히 반성하고 개선하라.

- 서비스맨은 태어나는 것이 아니라 부단한 반성과 개선에 의하여 육성되는 것이다.

2. 프로서비스맨의 준칙 10가지

1) 청결하고 깔끔하다.
2) 정해진 유니폼을 입어라.
3) 좋은 자세와 몸가짐을 유지하라.
4) 미소지어라.
5) 항상 공손해라.
6) 좋은 매너로 대하라.
7) 에티켓을 지켜라.
8) 팀 구성원으로서 다른 사람과 협조하라.
9) 신뢰 받도록 행동하라.
10) 정직하라.
11) 고객과 동료에게 친절하라.

제**2**편

호텔 서비스

제1장

호텔 객실 서비스

1. 호텔 현관 서비스

1) 호텔 현관 서비스 범위

호텔 현관은 호텔에 도착하는 시점부터 체크인 등록을 마치고 엘리베이터를 타고 객실에 올라가는 과정까지가 현관 서비스의 범위라고 할 수 있다.

현관 서비스에는 도어맨과 벨맨, 포터, 클럭, 담당자가 기동성있는 서비스를 담당하게 된다.

2) 도어맨 서비스

도어맨(Door man)은 호텔에 오는 손님을 최초로 맞이하는 종업원으로서 고객의 영접, 차량관리, 주차안내, 콜택시관리 등을 담당하고 있다.

3) 벨맨 서비스

벨맨(Bellman)은 고객이 도착하여 호텔건물 내의 로비에 도착하는 순간부터 고객의 영접과 등록업무를 도와주는 직원이다.

프런트에서 등록업무가 끝나면 고객의 짐을 들고 객실까지 고객을 안내하는 서비스를 담당한다.

4) 포터 서비스

포터(Poter)는 호텔 내의 고객짐을 옮겨주는 역할을 하게 된다. 대부분 호텔에 예약을 하고 오는 고객의 항공도착시간에 맞추어 공항 또는 항구에 마중을 나가서 고객을 영접하여 호텔까지 수송 및 안내를 담당하는 직원이다.

5) 클로욱 룸 서비스

클로욱 룸(Cloak room) 서비스는 고객의 화물이나 간단한 소지품 등을 보관하는 곳이다.

단기간 투숙시 객실에 갖고 가지 않을 짐들은 클로욱 룸에 맡기게 되면 객실까지 무거운 짐을 옮겨야 하는 번거로움을 피할 수 있다.

이 때 짐 보관료는 대부분 무료이다.

6) 캐셔(Cashier)의 요금정산 서비스

(1) 현금인 경우

순서	감동서비스 포인트
1. 감사합니다(손님) ○○○원 되겠습니다. 계산 부탁드립니다.	– Tag를 보여드린다. – 가격할인시에는 계산기로 금액을 보여 주어 신뢰감을 드린다.
2. ○○○원 받았습니다. 죄송합니다만, 잠시만 기다려 주십시오.	– 현금을 정확하게 확인한다.
3. 손님, 영수증과 거스름돈 ○○○원입니다. 확인해 주십시오.	– 두 손으로 공손히 드린다. (가능하면 카턴(carton)에 받쳐서 드린다)

(2) 카드인 경우

순서	감동서비스 포인트
1. 감사합니다(손님) ○○○원 되겠습니다. 계산 부탁드립니다.	– Tag를 보여드린다. – 가격할인시에는 계산기로 금액을 보여 주어 신뢰감을 드린다.
2. (○○카드로 결제하시겠습니까? 할부로 하시겠습니까? 죄송합니다만, 잠시만 기다려 주십시오.	
3. 손님, 금액확인하시고 서명 부탁드립니다.	
4. 고객용 전표 여기 있습니다.	– 두 손으로 공손히 드린다. (가능하면 카턴(carton)에 받쳐서 드린다)

7) 객실 영업부문 담당자 업무 매뉴얼

부문별	구분	진행내용	언어표현	비고
DOOR MAN	인사 * 고객을 모르는 경우	웃으면서 고객의 차문을 열며	– 안녕하십니까? 어서오십시오.	
	* 고객을 알고 있는 경우 – 호칭을 알고 있는 경우	차문을 열고 호칭을 부르면서 인사	– 김 사장님 안녕하십니까? 어서 오십시오.	
	– 호칭을 모를 경우	차문을 열고 아는 표정을 지으면서 인사	– 안녕하십니까? 어서오십시오.	
	* 짐 확인	차트렁크 문을 열어 짐을 꺼내서 들고 현관문을 연다. 고객을 먼저 들어가게 한 후 짐을 벨맨에게 건네주면서	– 짐이 4개 맞습니까? (갯수 확인이 될 때) – 이쪽으로 오십시오. – 편히 쉬십시오.	
BELL MAN	* FRONT안내	짐을 받고 웃으면서 정중히 인사 짐을 Luggage Care에 싣고 고객 2~3보 뒤 좌측에 Stand-By	– 안녕하십니까? 어서오십시오. 예약을 하셨습니까? FRONT는 이쪽입니다.	
FRONT CLERK	인사 * VIP-Guest	웃으면서 직함만 부르며 인사	– 김 사장님 안녕하십니까? 어서오십시오.	
	* Repeat-Guest	아는 표정을 지으면서 호칭을 부르면서 인사	– 김 선생님 안녕하십니까? 어서오십시오. 그간 별고 없으셨습니까?	
	* 처음고객	웃으면서 인사	– 안녕하십니까? 어서오십시오.	
	* check-in	예약 유무 확인	– 예약하셨습니까? – 실례합니다만, 어느 분 존함으로 예약하셨습니까? – 손님 예약객실은 트윈룸이고 오늘부터 2박으로 예약되어 있습니다.	

부문별	구분	진행내용	언어표현	비고
	check-in	등록카드 작성안내	– 죄송합니다만, 등록카드에 성함, 주소, 주민등록번호, 전화번호를 기재해 주십시오. – 여기에 서명해 주십시오.	외국인일 경우 여권번호 확인
		객실배정 및 인사	– 손님객실은 11층 41호입니다.	
		벨맨에게 Room Key 전달	– 벨맨이 객실까지 안내해 드릴 겁니다.	
		웃으면서 인사	– 즐겁게 지내십시오.(낮) 안녕히 주무십시오.(밤)	
	* 비예약객	예약유무 확인 동행인수, 취향, 연령 등을 파악 후 적합한 객실 설명, 객실료 설명(객실 종류별 세금, 봉사료 포함된 금액) 지불방법 객실배정 및 인사	– 예약하셨습니까? – 어떤 종류의 객실을 원하십니까? – 몇일 머무르실 예정이십니까? – 손님의 객실료는 1박에 봉사료, 세금포함하여 100,000원입니다. – 지불은 어떻게 하시겠습니까? – 예약객과 동일	
BELL MAN	* 객실안내	웃으면서 Room Key를 받고 E/L쪽으로 안내	– 제가 객실까지 안내해 드리겠습니다.	
		먼저 고객을 E/L에 탑승시키고 11층에 E/L가 도착하면 고객을 먼저 내리게 한 후 뒤따라 내리면서 고객의 2~3보 앞으로 간다.	– 먼저 타십시오. – 이쪽으로 오십시오.	
		객실에 도착하면 초인종을 세 번 누른 후 문을 연다. 짐을 B/Stand에 놓고 커튼을 연 뒤 정중히 인사하면서 객실 밖으로 나온다.	– 먼저 들어가십시오. – 혹시 불편한 사항이 있으시면 5번으로 연락해 주십시오. 상세히 안내해 드리겠습니다. – 감사합니다. 편히 쉬십시오.	

부문별	구분	진행내용	언어표현	비고
FRONT CRERK (CASH IER)	* Check out	Luggage Down/전화를 공손하게 받고 order taking record book에 기록(객실번호, 시간 등)	– 짐은 몇 개 이십니까? – 곧 방으로 찾아 뵙겠습니다. – 짐을 BELL DESK에 보관해 드릴까요?	
	정산	웃으면서 인사	– 안녕하십니까? 편히 쉬셨습니까? 계시는 동안 불편한 점은 없으셨습니까?	
		Room Key를 두 손으로 받으면서	– 오늘 미니바에서 드신 것은 없으십니까? – 지불방법은 어떻게 하시겠습니까? – 10만원을 받았습니다./카드 받았습니다.	
		Card 또는 현금을 두 손으로 받으면서 호텔봉투에 계산서를 접어서 넣고 잔돈 확인한 후 공손하게 두 손으로 드린다.	– 계산서 서명을 부탁드립니다. – 계산서와 잔돈 2,000원입니다. – 확인해 보십시오.	
		웃으면서 인사	– 감사합니다. 안녕히 가십시오.	고객의 의견이 있을 때는 대장에 기록 후 보고
BELL MAN	환송	웃으면서 인사한 후 보관된 짐의 유무를 확인한다.	– 안녕하십니까? 편이 쉬셨습니까? 계시는 동안 불편한 점은 없으셨습니까?	
		Shuttle Bus안내	– 보관된 짐 2개는 여기에 있습니다. – 조금 있으면 역까지 가는 버스가 현관앞에 도착합니다. – 잠시 Sofa에 기다려 주십시오. 버스가 도착하면 제가 안내해 드리겠습니다.	

부문별	구분	진행내용	언어표현	비고
		Sofa에 앉아 있는 고객에게 다가가 고개숙여 인사하며 손님을 정중하게 현관앞에 있는 버스로 안내한다.	– 버스가 도착했습니다. 집은 제가 버스에 실어 놓겠습니다. – 감사합니다. 다음에 또 이용해 주시면 감사하겠습니다.	
		웃으면서 인사	– 안녕히 가십시오.	
DOOR MAN	환송	짐을 들고 손님을 버스 좌석까지 안내한 후 짐을 놓는다. 버스 밖으로 나와서 정중한 자세로 버스가 떠날 때까지 거수경례를 한다.	– 감사합니다. 안녕히 가십시오. – 즐거운 여행이 되시길 바랍니다.	

2. 객실 예약 서비스

1) 객실 예약 서비스의 개요

객실 예약 서비스는 객실을 이용하고자 하는 고객으로부터 직접 방문이나 전화, 인터넷, 팩스 등의 방법으로 지정된 날짜와 기간동안 객실을 사용하겠다는 요청에 대하여 호텔측에서 수락하는 서비스이다.

최근에는 예약대행 플랫폼인 OTA(Online Travel Agency)를 많이 이용하지만 수수료가 발생하는 단점이 있다.

2) 객실 예약 서비스의 종류

(1) 개별예약: 개인별 예약을 하는 것이며 일반적으로 요금할인이 없다.

(2) 단체예약: 단체모임에서 직접 예약하거나 여행사 단체에서 예약하는 경우가 해당되며, 기본적으로 20~30% 정도의 요금할인이 된다.

3) 취소 수수료: 객실예약 후 취소시 취소 시기에 따라 취소 수수료를 적용하게 된다.

4) 객실 예약의 원칙

(1) 예약접수 후 OK 또는 NO를 빠른 시간 내 통보해 준다.

(2) 예약접수는 5WIH에 의해서 받는다.

(3) 호텔측의 미흡한 부분(예: 공사 중)은 사전에 고지시킨다.

〈표 2-1〉 예약시 표준성 영문 표기법

가	GA/KA	독고	DOKGO	손	SON	주	JU/CHU
각	GAK/KAK	류	RYU	신	SHIN	진	JIN/CHIN
갈	GAL/KAL	마	MA	심	SIM	지	JI/CHI
감	GAM/KAM	명	MYEONG	안	AN/AHN	제갈	JEGAL/ CHEGAL
강	KANG/GANG	모	MO	양	YANG	좌	JWA/CHWA
경	GYUNG/ KYUNG/ GYEONG	목	MOK	어	EO	차	CHA
고	GO/KO	문	MUN	엄	EOM	채	CHAE
곡	GOK/KOK	민	MIN	여	YEO	최	CHOE/CHOI
공	GONG	맹	MAENG	오	OH/O	천	CHEON
구	GU/KU	박	BAK/PAK	옥	OCK/OG/OK	추	CHU
국	GUK/KUK	반	BAN/PAN	우	WOO/U	탁	TAK
금	GEUM/ KEUM	방	BANG/PANG	유	YU	편	PYEON
기	GI/KI	배	BAE/PAE	윤	YUN	표	PYO
길	GIL	백	BAEK/PAEK	은	EUN	피	PI
권	GWON/KWON	사	SA	음	EUM	하	HA
계	GYE/KYE	서	SEO	이	LEE/YI/I	한	HAN
나	NA	석	SEOK	임	IM/LIM	함	HAM
난	NAN	선	SEON	왕	WANG	허	HEO
남	NAM	설	SEOL	원	WON	현	HYEON/HYUN
남궁	NAMGUNG			장	JANG/CHANG	형	HYEONG
노	NOH/NO	성	SEONG	전	JEON/ CHEON	호	HO
담	DAM/TAM	선우	SEONU	정	JEONG/ CHEONG	홍	HONG
도	DO/TO	소	SO	조	JO/CHO	황	HWANG

3. 프런트데스크 서비스

1) 프런트데스크(Front desk) 업무

프런트테스크의 주요 업무는 투숙객에 대한 객실등록업무 및 객실배정과 개별손님에 대한 객실판매 업무를 담당한다.

프런트데스크에 근무하는 주요 업무 담당자는 프런트클럭, 프런트캐셔, 인포메이션클럭의 3부문 직무 담당자들로 편성되어 근무하고 있다.

그 외, 호텔에 찾아오는 고객들의 영접과 전송을 담당하는 최초의 부서이자 마지막 부서이므로 호텔의 전체 이미지를 좌우하는 중요한 부서이다.

2) 체크인 서비스

체크인 서비스(Check-in Service)는 숙박고객이 호텔의 프런트데스크에 도착하여 숙박하기까지의 등록업무를 포함한 제반절차와 수속이다.

고객형태별로 개별고객(FIT) 체크인, 단체(GROUP) 체크인, VIP 체크인, 컨벤션 체크인으로 구분된다.

(1) 개별고객(FIT) 체크인(5가지)

① Walk-in & Pick-in Guest
- 여권번호 확인
- 선불 및 예치금 수납(객실요금의 1.5~2배)

② Help Guest
- 숙박료가 본인 또는 회사 지불인지 확인

③ Repeating Guest
- 이용고객 중에서 최고의 VIP라는 인식을 갖고 영접
- 고객의 이름을 불러주고 최대의 편의제공과 배려

④ Long-Term Guest
- 통상 10일 이상 투숙객인 경우 지불방법 확인(Cash, Creditcard)

- 신용카드인 경우 카드별 이용한도와 유효기간 확인

⑤ Deposit & Voucher Holder

- Voucher 조건 확인
- 현금 Deposit 손님인 경우 체크아웃시 차감금액 인지시켜줌

(2) 단체(Group) 고객 체크인

① 사전에 여행사 가이드로부터 단체인원과 명단을 받아서 객실배정을 가작성해둔다.

② 프런트데스크가 혼잡하므로 단체전용데스크(Group Tour Desk)를 이용하게 한다.

③ 단체손님이 도착하면 우선 여행사를 확인한다.

④ 예약조건과 인원 및 금액이 맞는지 확인한다.

⑤ 전체 명단을 받는다.

⑥ 숙박과 퇴실 일시, 가이드이름, 투어명을 기록해 둔다.

⑦ 모닝콜 유무와 시간을 확인한다.

⑧ 익일 아침 식사유무와 장소, 시간을 확인한다.

⑨ Group객실은 가급적 같은 층의 저층으로 배정한다.

(3) VIP Check-in

① VIP 체크인 절차는 GRO에 의해서 이루어진다.

② 프런트데스크에서는 Welcom Kit을 작성해서 GRO에게 전달한다.

③ Welcom Kit 작성요령

- 객실배정시 고객의 취향을 맞춘다.
- VIP Stamp를 적은 등록카드, Guest ID Card와 VIP전용 엘리베이터 Key를 입력한다.
- 꽃, 과일, 케이크 등이 체크인 전에 객실에 준비되도록 Orderslip을 Roomservice 또는 Housekeeping에 보낸다.

(4) 컨벤션(Convention) 체크인

① 소규모일 경우 프런트데스크에서 실시

② 대규모 컨벤션일 경우 Lobby, Floor 또는 2층에 임시데스크 설치로 체크인 실시

〈표 2-2〉 L Hotel 고객등록 업무코드(예)

Mark Code는 손님의 부류를 Code화 시켜서 쉽게 분리 구별할 수 있게 만든 기호이다.

Code	Code Description
CR	Connecting Room
DO	Double Occupancy
DC	Double Occupancy Charge Included
EB	Extra Bed
EC	Extra Bed Charge Included
EX	Express-C/I Guest
FR	Compliments
GV	Gold VIP Card Holder
GS	GV + LS
GT	GV + LT
IT	Itotsu 상사 예약
KL	KLA Korea
LS	Long Stay(1-2주 미만)
LT	Long-Term Guest(2주 이상)
NT	Internet 이용 예약 고객
OY	TEL Korea
SA	Special attn. Guest
SV	Silver VIP Card Holder
SL	SV + LS

ST	SV + LT
VX	Exec. Flr(F/D)
VP	VIP
VT	VIP Treatment
WA	Walk-In AD Guest
WI	Walk-In Guest(KP/Credit Card)

* Temporary Code: Guest Color 별로 Check In 시 수시 사용 가능
* Regular Code: 당 규정에 해당하는 Guest Check In 시에만 사용 가능

(5) Sleep-out

Sleep-out이란 용어는 호텔에 따라 차이가 있을 수 있으나 투숙중인 고객이 객실을 사용하지 않고 외부에서 잠을 자는 경우를 말하며 이 때, 비수기에는 30~50%의 할인혜택을 주는 경우도 있으나 성수기에는 Full Charge를 받도록 하고 사전에 약속이 된 경우에는 짐을 Baggage Room에 보관하고 일반손님에게 객실을 판매할 수 있도록 해야 한다.

(6) High Balance

High Balance란 고객이 투숙 중 호텔에서 규정한 일정금액보다 호텔에서 사용한 금액이 초과된 채무상태를 말한다. 호텔에 따라서 다소 차이가 있으나 통상 100만원 이상은 High Balance라고 한다. 이런 경우 청구기준은 다음의 3가지를 분류하여 처리한다.

① 청구대상 범위 결정

첫째, VIP룸인가? VIP룸이면 지불조건은?

둘째, Repeating Guest인가? 종전의 지불 방법은?

셋째, Room Type은?

넷째, 예약처는 확실한가?

다섯째, 지불 조건은 본인인가? 다른 개인인가? 혹은 회사인가?

여섯째, 기간별 지불하기로 약속된 고객인가?

② 지불능력이 없는 고객: 지불능력이 없다고 판단되는 고객은 객실의 2중잠금 장치를 하고 각 영업장에 통보하여 입장을 통제해야 한다.

③ 기타 주의사항: High Balance를 소홀히 하여 사용요금을 받지 못하여 악성 채무가 되지 않도록 특별히 유의하여야 한다.

3) 체크아웃 서비스

체크아웃 서비스(Check-out Service)는 투숙한 고객이 호텔을 떠나기 위한 사용요금 정산과 짐을 찾는 절차를 말한다.

(1) 개별고객(FIT) 체크아웃

① 고객에게 숙박 중 사용한 전체 금액이 기재된 Folio를 제시한다.

② Minibar 사용품목이 있으면 추가 계산한다.

③ 장기투숙객, 단골고객, 후불고객, 바우처 이용고객 등을 구분하여 적절히 대응하고 정산토록 한다.

④ 요금에 이상이 없으면 최종 수납한다.

⑤ 고객이 떠날 때 짐이 내려왔는지? 교통수단은 준비가 되었는지? 확인한다.

⑥ 환송인사로 마무리한다.

(2) 단체고객(Group) 체크아웃

① 단체고객 체크아웃은 후불이 아닌 경우 객실료와 조식은 여행상품 내역에 포함되어 있으므로 여행사에서 지불하고, 객실 내 전화사용, 냉장고 및 바(Bar)사용은 본인이 부담한다.

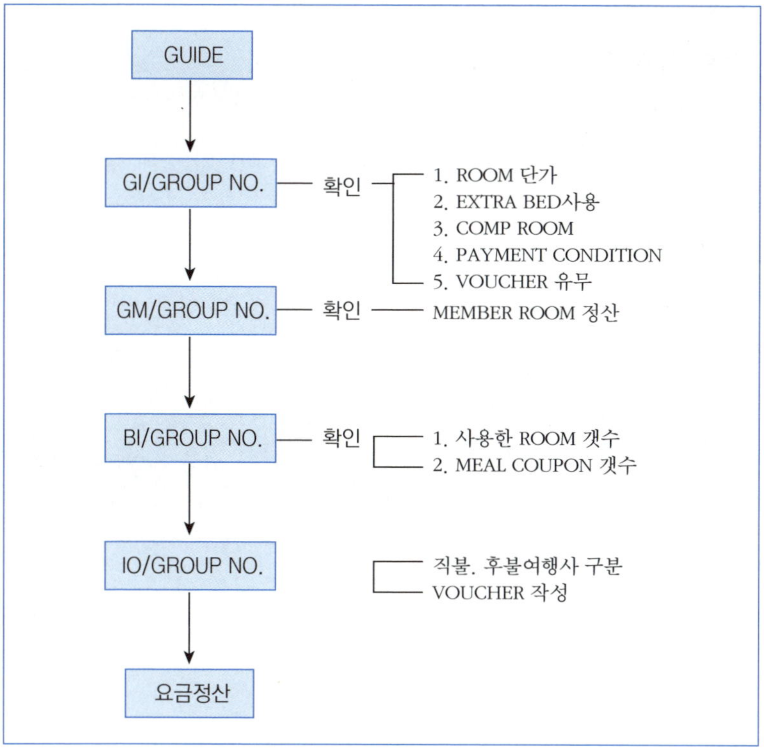

[그림 2-1] 단체고객 Check-in/out Flow chart

4) 프런트클럭 업무

프런트클럭(Front Clerk)은 룸클럭(Room Clerk)이라고도 하며 호텔의 프런트데스크에서 근무하며 고객의 영접, 숙박등록, 객실배정, 객실열쇠 관리 등의 주업무를 담당한다. 주요 업무는 다음과 같다.

① 1일 3교대 근무가 대부분이므로 업무 인수인계 철저

② 당일의 예약고객을 사전에 파악해둔다.(FIT, VIP, 단골고객, 단체)

③ 메시지 접수와 전달

④ 고객의 객실변경(Room Charge)에 적절히 대응

⑤ 객실 요금과 객실타입별 배치도 숙지

⑥ 객실판매 마감보고(Room Sales report)서 작성

⑦ 호텔 내 불평 접수 및 보고
⑧ 분실열쇠의 조치
⑨ 우편물 취급
⑩ 주변 주요 관광지, 극장, 은행, 공항, 쇼핑센터, 렌트카 등의 정보숙지

5) 프런트캐셔 업무

프런트캐셔(Front Cashier)는 호텔 투숙객에 대한 요금수납을 담당한다. 계산착오된 Bill은 다시 정정하기가 힘들고 고객의 불평을 초래하므로 정확하게 계산해야 한다.

주요 업무는 다음과 같다.

① Room Key 및 Guest ID Card 회수(전자카드인 경우 Key는 기념으로 고객소지)
② 미니바 또는 기타 입장의 Bill 확인한다.
③ 지불조건을 확인한다.
④ 수표접수시 정확한 이서를 받는다.
⑤ 대외 후불인 경우 재확인한다.
⑥ 12시 이후 체크아웃시 Latercharge 적용을 적절히 취한다.
⑦ 신용카드인 경우 유효기간, 한도초과, 분실카드 등을 확인 후 정산한다.

4. EFL 서비스 업무

1) EFL 서비스 개요

EFL(Executive Floor Lounge)는 호텔 내 VIP 투숙자를 위한 특별귀빈층으로서 호텔에 따라 3~8개층을 운영하며 VIP의 체크인과 체크아웃 업무 외에 항공예약이나 통역, 회의주선 등을 도와주며 외부 방문객을 접견하는 장소로 활용되는 곳이다.

2) EFL 운영시간 및 관리

(1) Operation hours: 07:00 ~ 22:00

(2) American Breakfast: 07:00 ~ 10:00

(3) Coffee, tea, soft drink: 07:00 ~ 22:00(방문객 2인까지 무료)

(4) Cocktail service: 17:30 ~ 19:30(칵테일과 간단한 주류 음료일체를 무료제공)

보통 객실 담당부서 직원 2명이 오전(07:00 ~ 16:00), 오후(13:00 ~ 22:00)조로 나누어 근무한다.

3) EFL 제공 서비스

(1) 영업시간 내에는 음료수와 간단한 다과류가 상시 제공

(2) 조식 뷔페에 한해 방문객에게는 룸서비스 가격으로 charge

(3) 객실에 꽃, 과일, 다과를 번갈아가며 무료 제공

(4) Private Meeting Room 제공(2시간)

(5) Daily Newspaper & Bussiness Magazine 무료 제공

(6) Turn-down Service

(7) Copy Service

(8) 통역 Service

5. 비즈니스센터 업무

1) 비즈니스센터 개요

비즈니스센터(Business Center)는 호텔업무 중 휴가와 레저 목적보다는 비즈니스를 목적으로 이용하는 고객들을 위하여 호텔 내 사무실을 갖추고 고객이 필요한 전반적인 사무지원과 서비스를 제공해 주는 곳이다.

2) 비즈니스 지원 서비스

(1) 통·번역 서비스

(2) FAX 및 워드

(3) Copy 대행

(4) 빔프로젝트 대여

(5) 컴퓨터, 노트북 대여

(6) 명함제작 서비스

(7) Messenger 서비스(택배)

(8) 우편서비스

(9) Courier 서비스: 행사 및 프리젠테이션 도우미, 각 국가별 소포 발송 등

제2장

호텔 식음료 서비스

1. 식음료 서비스 개요

식음료 서비스(F&B: Food & Beverage Service)는 호텔 내의 식당과 커피숍, Bar, 연회장 등에서 음식과 음료를 먹고 마실 수 있도록 하기 위한 제반 서비스의 총체라고 할 수 있다. 호텔의 전체 매출액 중에서 객실부문보다도 식음료부문의 매출이 더 많아지고 있는 추세에 따라 식음료부문의 매출 극대화에 따른 중요성이 점점 높아지고 있는 실정이다.

그러나 중소형호텔인 경우, 식음료업장은 최소로 운영하거나 레스토랑, 커피숍, 연회장 등을 임대하는 경우가 대부분이다.

2. 식음료 서비스 부서

부문	세부 업장별
Food	양식당(이태리식당, 프랑스식당), 한식당, 일식당, 중식당, 뷔페식당
Beverage	커피숍, 로비라운지, 칵테일바, 와인바, VIP라운지, 나이트클럽
Banquet	연회예약실, 연회조리팀, 연회이벤트팀
Cook	양식주방, 한식주방, 일식주방, 중식주방, 연회주방

* 최근에는 영업효율성을 위하여 업장의 통합, 분리, 폐쇄경향이 높음

3. 식음료 서비스 직무해설

1) 식음료 부서장(팀장/과장/부장)

(1) 식음료부서의 최고 책임자

(2) 영업에 대한 정책수립과 매출증진방안 계획

(3) 식음료 서비스요원의 배치 및 관리와 교육

(4) 식음료부서 가구, 기물, 집기, 비품 관리

(5) 식음료부서 원가통제관리

(6) 각 영업장의 모든 시간 준수 확인

2) 식음료업장 매니저(Restaurant/Outlet Manager)

(1) 담당 레스토랑의 책임자

(2) 캡틴, 웨이터, 버스보이 등의 감독 및 업무지시

(3) 종업원 유니폼과 용모점검

(4) 레스토랑의 기구와 환경점검

(5) 식음료업무 및 상품지식 숙지 및 교육(메뉴, 와인, 주류 등)

(6) 레스토랑 매출관리

〈표 2-3〉 F&B(Outlet) Manager 의 Check-List

NO	MANAGER CHECK LIST	YES	NO
1	적정인원은 출근했는가.		
2	카페트 바닥은 깨끗한가.		
3	조명은 작동되고 그 위치에 정확하고 전구는 끊어지지 않는가.		
4	홀 안의 온도는 적정한가.		
5	TABLE SETTING은 규정대로 정위치에 되어있는가.		
6	집기 비품은 제자리에 있고 의자는 깨끗한가, 빵부스거리는 없는가.		
7	PLANT BOX의 화분과 TABLE 위의 꽃은 싱싱한가.		
8	글라스에 얼룩이 없는가.		

9	LINEN은 찢기거나 구멍이 나지 않았는가.		
10	직원들의 유니폼은 제대로 착용하고 있고 깨끗한가.		
11	직원들의 표준외모(양말, 스타킹, 화장, 면도, 손톱)는 잘 갖추어져 있는가.		
12	메뉴는 풍부하게 제공되고 내용상태는 깨끗한가.		
13	업장은 제 시간에 영업이 시작되는가.		
14	오늘(그날)의 특별 메뉴 제공의 준비는 됐는가.		
15	음료 및 WINE은 제자리에 공급되고 저장되어 있는가.		
16	주방은 서비스를 하기 위한 모든 MENU를 체크하는가.		
17	MANAGER는 주방장과 그날의 MENU가 준비되어 있는가를 알고 있는가.		
18	MANAGER는 음식맛을 보고 특별 요리를 알고 있는가.		
19	서비스 STATION위는 깨끗하고 모든 알코올류는 잠겨져 있는가.		
20	SILVER류는 깨끗이 닦아서 STATION에 넣어 두었는가.		
21	업장은 안전한가, 문은 잠겨져 있는가.		
22	내일 직원들의 근무시간표는 잘 구성되어 있고 직원들의 출근 시간을 알고 있는가.		
23	주방장은 그날의 MENU를 준비했는가.		
24	영업장 예약사항 및 VIP 현황체크는 되었는가.		

3) 캡틴(Captain)

(1) 그리트레스, 웨이터, 주니어웨이터, 실습생 등을 감독

(2) 메뉴 추천 및 판매

(3) 고객착석을 돕고 주문 받는다.

(4) 종업원 평가

4) 그리트레스(Greetress)

(1) 레스토랑 방문고객 환영 및 안내

(2) 예약기록유지

(3) 단골고객의 생일, 기념일 등을 기록유지

(4) 필요시 주문받고 서빙한다.

5) 헤드웨이터(Head Waiter)

(1) 고객주문을 받고 웨이터의 서브를 주시하고 응대한다.

(2) 종업원의 근무성적 태도 등을 상급자에게 보고한다.

(3) 글라스 및 기물류의 청결상태를 확인한다.

6) 웨이터/웨이트리스(Waiter/Waitress)

(1) 고객에게 식음료를 서브한다.

(2) 테이블을 준비하고 테이블 세팅을 한다.

(3) 그날의 특별메뉴에 대해 숙지해야 한다.

(4) 모든 양념과 Station 준비품을 지정된 양만큼 채운다.

7) 실습생(Trainee)

(1) 유니폼을 단정히 입는다.

(2) 식사 후의 기물들을 주방으로 치운다.

(3) 테이블의 린넨을 교체하고 테이블 세팅을 실시한다.

(4) 빵과 커피, 물 등을 서브한다.

(5) 업장내의 기본적인 청소를 한다.

4. Table Setting

1) Table Setting의 종류

테이블 세팅은 여러 방법이 있으나 기본적인 5가지를 소개하면 다음과 같다.

(1) 기본 세팅

(2) 정식 세팅

(3) 일품요리 세팅

(4) 조식 세팅

(5) 특별식 세팅(Special Setting)

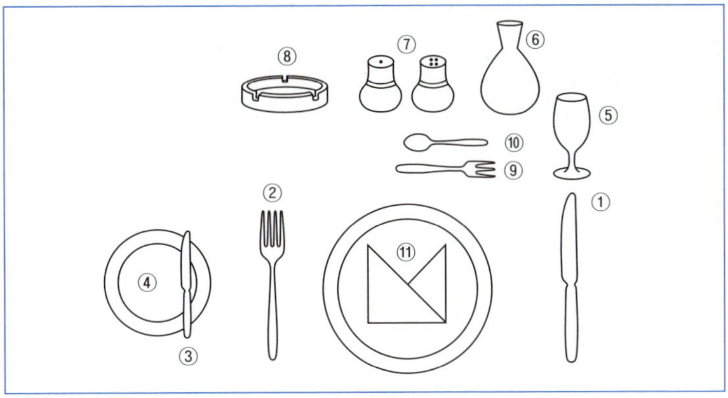

① Dinner Knife
② Dinner Fork
③ Butter Knife
④ B&B Plate
⑤ Water Goblet
⑥ Flower Vase
⑦ Caster Set
⑧ Ashtray
⑨ Dessert Fork
⑩ Dessert Spoon
⑪ Service Plate and Napkin

[그림 2-2] 기본 세팅(Basic Setting)

① Meat Knife
② Meat Fork
③ Fish Knife
④ Salad Fork
⑤ Soup Spoon
⑥ Fish Fork
⑦ Appetizer Knife
⑧ Appetizer Fork
⑨ Butter Knife
⑩ B & B Plate
⑪ Water Goblet
⑫ White Wine Glass
⑬ Red Wine Glass
⑭ Champagne Glass
⑮ Flower Vase
⑯ Caster Set
⑰ Ashtray
⑱ Service Plate
⑲ Napkin
⑳ Dessert Fork
㉑ Dessert Spoon

[그림 2-3] 정식 세팅(Table D' hote Setting)

① Dinner Knife
② Dinner Fork
③ Soup Spoon
④ Butter Knife
⑤ B & B Plate
⑥ Water Goblet
⑦ Flower Vase
⑧ Caster Set
⑨ Ashtray
⑩ Service Plate
⑪ Napkin
⑫ Dessert Fork
⑬ Dessert Spoon

[그림 2-4] 일품요리 세팅(A La Cárte Setting)

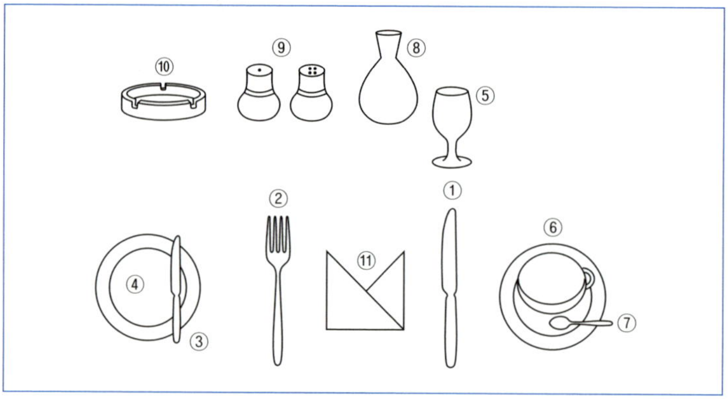

① Table Knife
② Table Fork
③ Butter Knife
④ B & B Plate
⑤ Water Goblet
⑥ Coffee Cup & Saucer
⑦ Coffee Spoon
⑧ Flower Vase
⑨ Caster Set
⑩ Ashtray
⑪ Napkin

[그림 2-5] 조식 세팅(Breakfast Setting)

2) Table Setting의 기본원칙

(1) 포크와 나이프를 비롯한 기물류는 테이블 가장자리에서 2cm 간격을 둔다.

(2) 디너 나이프는 칼날이 안쪽으로 향하게 한다.

(3) 와인잔은 물잔(goblet)의 45° 대각선상에 놓는다.

(4) B&B Plate는 왼쪽에 놓는다.

(5) Butter Knife는 B&B Plate의 오른쪽 위에 놓는다.

(6) Glass는 반드시 Stem이나 밑부분을 잡고 세팅한다.

3) 정식 테이블세팅 순서

영업장의 특성과 테이블의 종류에 따라 세팅 순서가 달라질 수 있겠으나 일반적인 순서는 다음과 같다.

① 식탁과 의자를 점검한다.

② 테이블 클로스를 편다.

③ 센터 피스(center pieces: 꽃병(flower vase), 소금과 후추(salt & pepper shaker),

④ 쇼 플레이트(show plate)를 놓는다.

⑤ 디너 나이프와 포크(dinner knife & fork)를 놓는다.

⑥ 피시 나이프와 포크(fish knife & fork)를 놓는다.

⑦ 수프 스푼과 샐러드 포크(soup spoon & salad fork)를 놓는다.

⑧ 애피타이저 나이프와 포크(appetizer knife & fork)를 놓는다.

⑨ 빵접시(bread Plate)를 놓는다.

⑩ 버터나이프(butter knife)를 놓는다.

⑪ 디저트 스푼과 포크(dessert spoon & fork)를 Show Plate 위쪽에 놓는다.

⑫ 물잔과 포도주잔(water goblet, white & red wine glass)을 놓는다.

⑬ 냅킨(napkin)을 편다.

⑭ 전체적인 조화와 균형을 점검한다.

4) Table Setting 후의 점검사항

(1) 양념류 관리

① 소금(salt) - 응고방지용 볶은 쌀을 소량 넣는다.
② 후추(pepper) - Shaker 또는 Pepper Mill로 사용한다.
③ 연회테이블시 8명에 Caster 1세트씩 세팅한다.
④ Mustard-Pot에 담아 사용한다.

5. 서비스 스테이션 관리

서비스 스테이션(service station)은 서비스의 신속함과 편리성을 위하여 영업장 내의 일부공간에 배치된 준비 테이블을 말한다.

1) 세팅 품목

(1) Linen류 - ·Table Cloth
·Doily
·Napkin
·Under Cloth
·Service Towel

(2) 기물류 - ·Water Goblet
·Wine Glass
·Bread Plate
·Coffee잔
·Knife, Fork류
·Spoon류
·Water Pitcher
·Tray

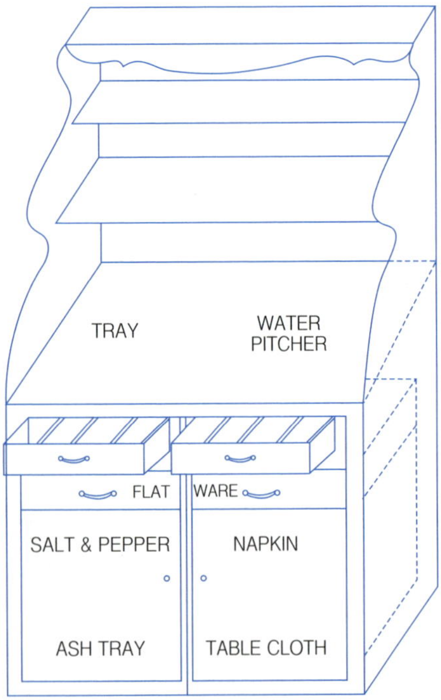

[그림 2-6] 서비스 스테이션(예)

6. 식음료 서비스 유형 및 특징

식음료 서비스는 3가지 유형으로 나뉘며, 아메리칸(American) 서비스와 러시안(Russian) 서비스, 프렌치(French) 서비스가 대표적이다.

서비스 유형	서비스 방법	서비스 특징
1. American 서비스 (Plate Service)	1. 미국식 서비스 2. 블란서식과 러시안서비스의 절충형 3. 음식을 접시(Plate)에 제공	1. 다른서비스에 비해 신속함 2. 종사원 한사람이 많은 고객 서비스가능 3. 서비스 시간의 절감 4. 고객회전이 빠른 식당에 적합
2. Russian 서비스	1. 러시안 서비스 2. 연회행사에 많이 이용 3. 큰 Silver Ware에 음식을 담아서 고객에게 개별적으로 음식을 들어주는 방법	1. 전형적인 연회 서비스 양식 2.보통 중식때 많이 이용 3. 서비스인원 및 시간절감 4. 고객이 차례를 기다리는 동안 구미를 돋울 수 있는 시각적 효과
3. French 서비스	1. 고객 앞에서 숙련된 종업원이 주문된 음식을 직접 만들어 주거나 2. 주방에서 만들어진 음식을 큰 Silver Ware에 담아와서 고객에게 Gueridon을 이용하여 일일이 1인분씩 담아주는 최상급 서비스	1. 식탁과 식탁 사이에 Gueridon 및 Flambe Cart가 움직일 수 있는 충분한 공간이 필요하다. 2. Flambe Item 주문시 주문된 음식을 정확하게 조리할 수 있는 숙련된 종사원이 있어야 한다. 3. Flambe Item은 사전에 정확한 재료준비가 필요하다. 4. 고객의 구미를 돋우고 극적효과를 나타낼 수 있는 Showing 음식이 많다. 5. 음식 제공시간이 오래 걸린다. 6. Luncheon 및 Dinner의 영업시간이 정확하게 구분된다. 7. 더운 음식을 즉석에서 제공할 수 있다.

제3장

양식정찬(Full course) 코스별 메뉴해설

1. 양식정찬(Table d'hote, Full course) 메뉴 해설 (8코스 기준)

정식메뉴는 호텔에서 이미 짜여진 차림표에 따라 각 단계별 순서대로 제공되는 음식메뉴를 말한다.

정식메뉴는 서양식의 대표적인 음식이라고 할 수 있으며 세계적으로 통용되는 식사문화이므로 일정한 식사예절과 매너를 잘 갖추고 식사에 임해야 한다.

식사는 5, 7, 8코스의 여러 단계가 있지만, 본서에서는 대표적인 8코스 요리에 대하여 기술하고자 한다.

〈표 2-4〉 Course별 메뉴구성

course별	5 course	7 course	8 course
1 코스	Appetizer	Appetizer	Appetizer
2 코스	Soup	Soup	Soup
3 코스	Main dish(Entree)	[Fish]	Fish
4 코스	Dessert	Main dish(Entree)	[Sherbet]
5 코스	Beverage	[Salad]	Main dish(Entree)
6 코스		Dessert	Salad
7 코스		Beverage	Dessert
8 코스			Beverage

1) 1코스: 전채(Appetizer)

전채요리는 식사 전에 식욕을 촉진시키기 위하여 제공되는 요리의 총칭이며 Full

Course 8단계 중 1단계의 요리에 해당된다. 영어로는 애피타이저(Appetizer), 불어로는 오르 되브르(hors d'oeuvre), 북유럽에서는 스모가스보드(Smorgasbord)라고 부른다. 오르 되브르에서의 오르(hors)는 '전(前)'의 의미이고, 되브르(d'oeuvre)는 식사라는 뜻으로 식사전의 요리라는 뜻이다.

① Appetizer의 특징

- Main course 요리가 있으므로 소량이어야 한다.
- 식욕을 돋구는 역할이므로 풍미, 짠맛, 신맛이 나야 한다.
- Hot Appetizer보다 Cold Appetizer가 더 많다.
- 계절적인 요리이거나 지방고유의 특색있는 요리이면 더욱 좋다.

② Appetizer의 종류

- 카나페(Canape): 토스트 위에 생선알, 훈제연어 등을 얹음
- 해산물: Caviar, Oyster, Salmon, Shrimp 등
- 야채류: 오이나 생야채 등

2) 2코스: 수프(Soup)

수프는 고기뼈나 고기 조각을 야채와 향료를 섞어서 끓여낸 국물, 즉 Stock을 기본으로 하여 각종 재료를 넣어 만들어진 것을 말한다.

① Soup의 분류

맑은 수프(Clear Soup): 콩소메(consommeé)라고도 하며 소, 닭, 생선 등의 한 가지를 넣어서 끓여 만든다.

그 외 진한 수프도 있으며 야채수프, 야채와 고기, 조개류 등이 있다.

3) 3코스: 생선요리(Fish)

생선요리는 앙뜨레(entree)로서 Main course로 먹는 경우가 많아지고 있다. 생선요리는 신선도가 맛의 절대적인 영향을 미치므로 조리하기 전에 신선도를 체크해야 하며 고객에게 서브할 때는 생선 머리부분은 고객의 좌측, 배부분은 앞쪽으로 놓아야 한다. (정찬이 아닐 때 생선코스는 생략되기도 한다)

① 생선의 종류

- 민물류: 뱀장어(Eal), 연어(Salmon), 송어(Trout), 달팽이(Snail), 개구리(Frog leg) 등
- 바닷류: 대구(Cod), 청어(Herring), 도미(Sea Bream), 참치(Tuna), 전복(Abalone), 홍합(Mussel), 대합(Clam), 굴(Oyster), 바닷가재(Lobster), 새우(Shrimp) 등

② White Wine을 곁들인다.

4) 4코스: 셔벗(Sherbet)

셔벗은 유지방이 들어가지 않은 아이스크림의 일종이다. 주요리의 좋은 맛을 느끼기 위해, 지금까지 먹었던 음식의 맛과 냄새를 제거하고 입 안을 깨끗이 청소한다.

5) 5코스: 앙트레(Entreée: Main dish)

앙트레(Entreée)는 영어의 'Entrance'란 뜻으로 입구, 시작이라는 의미이므로 주된 요리(Main dish)를 먹기 시작한다는 뜻이다.

앙트레로 제공되는 육류요리는 Beef, Lamb, Veal, Pork 등이 있으며, 가금요리는 Chicken, Duck, Goose, Turkey 등이 많이 요리된다.

① Beef: Chateau Briand, Sirloin Steak, Porthouse Steak 등이 있다.

② Veal: 송아지고기는 생후 12주를 넘기지 않고 어미소의 젖으로만 기른 것이 연한 맛이 나고 좋다.

③ Lamb: 1년 이하의 양고기가 육질이 부드럽고 담백하다.

④ Pork: Pork Chop, Pork Cutlet 등이 있다.

⑤ Poultry: Chicken, Duck, Goose, Turkey 등이 있다.

〈표 2-5〉 Steak 굽는 정도

굽는 정도	Steak 상태	조리시간	고기내부온도
Rare	겉부분만 살짝 익힘(10%)	약 2~3분	52℃
Medium Rare	Rare보다 조금 더 익힘(20%)	약 3~4분	55℃
Medium	중간정도 익힘(50%)	약 5~6분	60℃
Medium Well	거의 다익힘(80%)	약 8~9분	65℃
Well Done	속까지 완전히 익힘(100%)	약 10~12분	70℃

※ 소스(Sauce)

소스는 앙트레 요리에 사용되며 재료의 맛을 살리고 식욕촉진과 소화를 돕기 위한 목적이 있다. 호텔에서는 소스를 만들어서 제공하나 기성품 소스를 사용하는 경우도 있다.

① 핫소스(Hot Sauce): 소금, 고추, 식초를 사용한 매운 소스

② 에이원 소스(A-1 Sauce): 토마토, 식초, 건포도, 소금, 오렌지, 마늘 등을 이용하여 만든 육류용 소스

6) 6코스: 샐러드(Salad)와 드레싱(Dressing)

① 샐러드는 라틴어 소금(Sal)에서 유래한 말로서 싱싱한 야채를 주재료로 하여 소금을 가미한 것이다. 샐러드는 비타민 A와 C가 풍부하며 야채, 과일 등을 이용하여 드레싱(dressing)과 함께 제공된다.

② 드레싱은 샐러드에 얹어 먹는 소스를 말하며, 마요네즈에 Chilly Sauce, Tomato Catchup, 계란, 양파, 피망 등을 넣어 만든 Thousand Island Dressing이 많이 사용된다.

③ 샐러드는 육류(앙트레)를 먹기 전 또는 후에 제공된다.

7) 7코스: 디저트(Dessert)

Dessert의 어원은 불어 'Desservir'에서 유래되었으며 '치우다', '정돈하다'의 의미이다. 디저트를 제공할 때에는 식탁 위의 모든 기물을 제거한 후에 서브한다. 디저트에는 아이스크림과 셔벗(Sherbet)과 같은 Cold Dessert와 Hot Dessert, 과일 등을 제공하고 있다.

8) 8코스: 음료(Beverage)

정식 Full course의 8코스 중에서 마지막 단계인 음료는 Coffee or Tea를 많이 제공하고 있지만, 최근에는 생강차, 녹차, 인삼차, 식혜 등의 국산차도 많이 활용되고 있다. 이 때 커피를 드미따스(Demi-tasse)라는 반 잔의 의미를 가진 조그마한 커피잔에 소량 담아서 마시게 된다. 물론 식후의 포만감을 덜어 주기 위해서이다.

2. 일품요리 메뉴(A la Carte Menu)

정식(Full course)메뉴가 호텔에서 이미 정해진 메뉴 즉 "패키지 메뉴"라고 한다면, 일품요리(A la Carte) 메뉴는 고객의 취향에 따라 각 코스별 다양한 품목을 선택해서 먹을 수 있는 "개별 선택형 메뉴"이다. 예컨대 메인요리 "앙뜨레"의 경우, 소고기($60), 양고기($50), 돼지고기($40) 3가지 요리 중 본인이 선택해서 먹는 요리 형태다. 각 코스별로 선택할 수 있는 메뉴 가격이 모두 다르기 때문에 전체적인 면에서 정식보다는 비싼 편이다.

3. 뷔페(Buffet)

뷔페는 찬요리와 더운요리 등으로 분류하여 진열해 놓은 음식을 자기의 기호에 맞도록 직접 테이블로 가져와서 양껏 먹는 셀프식 식사이다. 식사는 찬요리에서 더운요리 순으로, 애피타이저에서 메인요리, 디저트 순서로 먹는다. 보통 3~4회 정도 나누어 식사를 하며, 더운요리(스테이크, 불고기)의 경우 따뜻한 접시를 선택해 요리를 담아 먹어야 제맛을 느낄 수 있다. 이때 여러 종류의 음식을 한 접시에 가득 담아놓고 한꺼번에 식사하는 것은 뷔페 식사매너에 어긋난다고 할 수 있다.

제4장 식음료 부문 서브방법 및 절차

1. 식음료 부문 담당자 업무 매뉴얼

〈표 2-6〉 식음료부문 담당자 업무 매뉴얼

순서	상황	진행내용	언어표현	비고
인사	* 입구에서 인사하며 고객을 알고 있는 경우	웃으면서	- 안녕하십니까? 어서오십시오.	* 안녕하세요. 라는 표현은 삼가
	- 호칭을 알고 있는 경우	호칭을 부르면서 인사	- 김사장님 안녕하십니까?	* 이름까지 덧붙여 부르는 것은 삼가 * VVIP(그룹사 중역 및 사장, 회장)에게는 직함만 부르며 인사
	- 호칭을 모를 경우	아는 표정을 지으면서 인사	- 안녕하십니까? 어서오십시오.	
	- 단골 고객인 경우	아는 표정과 함께 호칭을 부르며 인사	- 김전무님 안녕하십니까?	
		인원파악	- 몇분이나 되십니까? - 세분이시지요? (인원을 알고 있을 때)	
안내	* 손짓으로 방향을 가리키며(손바닥을 펴고 손등이 아래가 되도록)	고객우측 2~3보 앞에서 고객과 보조를 맞추며 자리로 안내 상동	- 제가 안내해 드리겠습니다. - 모시겠습니다.	* 절대로 손가락으로 가리키면 안됨

착석 보조	* 앉으실 테이블에 오시면	의자 뒤에서 착석 보조 고객이 자리에 앉기 쉽게 두손으로 의자 등받이를 잡아 가볍게 뺀다.	– VVIP의 경우 무언 – 일반 고객의 경우: 이쪽으로 앉으시는 것이 어떻습니까?	* 착석기준: ① 노약자, 어린이, 여성 순으로 도와준다. ② 상황에 따라 상석을 정하고 우선 착석을 유도하며 고객이 완전히 앉기 전까지 자리를 뜨지 않는다. ③ 시선은 항상 앉히는 고객을 주시
	* 의자를 밀어 드리며	앉으실 때 두손과 한쪽 무릎을 사용 살며시 의자를 밀어 드린다.		
	* 착석이 끝나면	고객의 테이블 앞에서 인사한다.	– 잠시만 기다려 주십시오. 즐거운 시간이 되시길 바랍니다.	

2. 식음료 주문받는 방법

1) 주문받는 요령

(1) 사용할 언어

- 안녕하십니까?
- 주문하시겠습니까?
- 오늘은 ○○요리와 ××요리가 좋습니다만 어떻겠습니까?
- 대단히 죄송합니다만, 그 요리는 품절입니다.(준비되지 않습니다)
  ××요리는 어떻겠습니까?
- 그 요리는 30분 정도 걸립니다만, 괜찮으시겠습니까?
- 주문해 주셔서 감사합니다.
- 빨리 준비하겠습니다.
- 맥주나 와인 한 잔 하시겠습니까? (칵테일)

(2) 사용해선 안될 언어

- ✕ 뭘로 할까요?
- ✕ 이제 골랐습니까?
- ✕ 이제 주문하셔야죠?
- ✕ 그 요리는 안되는데요.
- ✕ 그 요리는 시간이 오래 걸리는데요, 괜찮겠죠.
- ✕ 음료는 뭘로 할까요?

2) 주문받는 순서

1. 고객의 왼쪽에서 서서 주문을 받는다.
2. 고객의 성격을 파악한다.
3. 주문은 Guest인 여자손님, Guest인 남자손님, Hostess, Host 순으로 주문을 받는다.
   * 많은 고객인 경우, 예외적으로 Host한테 일괄로 주문받는 경우도 있다.
4. 주문 받은 후 인사를 꼭 하도록 한다.

3) 주문받는 기법

(1) 고객과의 거리는 30~50cm 위치에서 받는다.

(2) 메모지와 볼펜준비

(3) 금일 Daily Special Menu를 사전에 숙지하고 추천해 드린다.

(4) 계절의 신상품 추천

(5) 단골고객은 고객의 취향에 맞춘다.

(6) 고객이 주문한 요리가 안될 때는
첫째, 사과한 후 즉시 대체상품 추천
둘째, 대체상품은 가격과 요리가 비슷한 것으로 추천
셋째, 상품추천은 1~2개로 추천

(7) 주문이 끝난 후 메모지에 적은 것을 고객에게 재확인

(8) 요리주문이 끝나면 고객의 우측에서 Wine List를 드리고 메인 요리에 잘 어울리는 품목으로 권유하여 주문 받는다.

3. 식음료 서브방법

1) 우측에서 서브하는 품목

1. Soup, Fish, Main 요리, 후식 등은 우측에서 제공한다.
2. Cocktail이나 Wine 등 모든 음료도 우측에서 제공한다.
3. Table Cloth를 사용하지 않는 식당에서 음료를 제공할때는 Coaster나 Cocktail Cloth Napkin을 꼭 사용한다.
4. 요리나 음료 제공시 가급적 소리가 나지 않도록 주의한다.

2) 좌측에서 서브하는 품목

1. Bread, Salad 등 고객의 좌측에 제공되는 것은 좌측에서 Serve한다.
2. Dressing Pass시 좌측에서 한다.
3. 치울때도 우측에서 제공한 것은 우측에서 좌측에서 제공한 것은 좌측에서 치운다.

3) 주문한 요리가 안될 때 응답요령

○ 죄송합니다. 주문하신 요리는 공교롭게도 재료가 떨어져서 준비되지 않습니다. 그대신 ××요리는 어떻습니까?

○ 실례합니다. 일부러 이렇게 찾아오셨는데 주문한 요리가 되지 않습니다. 죄송합니다. ××요리는 어떻습니까?

× 주방에서 안 된다고 합니다.

4) 주문한 후 시간이 많이 걸릴 때 응답요령

- ○ 실례합니다. ××요리를 주문하셨죠. 잠시만 더 기다려 주십시오.
- ○ 정말로 미안합니다. 주문하신 요리를 열심히 준비하고 있습니다. 잠시만 더 기다려 주십시오.
- × 바쁘기 때문에 기다려 주십시오.
- × 요리가 아직 안됐는데요.

5) 고객이 Tip을 줄 때

- ○ 고맙습니다. Tip은 사양합니다.
- ○ 감사합니다. 마음써 주시는 것은 고맙습니다만 Tip은 사양합니다.
- ○ 아닙니다. 괜찮습니다. 당연한 일을 했을 뿐입니다. 자주 이용해 주십시오.

4. 식음료 주문과 서브절차 요약

서비스 내용	동작 · 태도	언어의 사용	비고
대 기	Watch를 하다.	사사로운 말을 주고받지 않는다.	• 소정의 위치에서 항시 행동에 임할 수 있어야 한다.
영 접	머리를 숙이고 명랑하게 한다.	"찾아주셔서 대단히 감사합니다." "Good Morning, sir.	• 정확하고 기분 좋게 손님에게 전달되게 한다.
확 인	인원수를 헤어려 본다.	"몇 분이 오셨습니까?" "예약을 하셨는지요" "How many Person?" "Do you have a reservation?"	• 보는 앞에서 1~2명이라고 속단해서는 안 된다.
유 도	좌석에 안내한다. 오른손으로 테이블을 가리킨다.	"안내하겠습니다." "이쪽으로 오십시오." "This way, Please." 이쪽으로 오십시오. "Please, come this way."	• 고객의 선두에서 보조를 맞추어 2~3보 걷는다. • 손님의 눈을 바라보고 손은 테이블 쪽을 가리키며 정중하게
착 석	의자를 손으로 빼내 고객이 앉기 쉽도록 한다.	"좌석이 마음에 드시는지요." "How about this table?"	• 손님 눈을 바라보고 미소는 짓는다.
메 뉴	메뉴는 펴서 우측에서 준다.	"메뉴 여기에 있습니다." "Here is menu, sir."	• 고객의 우측으로부터 각자에게 준다.
주 문	고객의 좌측에서 주문을 받는다.	"늘 드시는 것으로 하시겠습니까?" "As usual, Sir?" "오늘의 스페셜은 OOO입니다."	• 추천요리를 권해 본다. • 계절에 맞는 것을 권한다.
확 인	메모를 하면서 복창한다.	"OOO이지요" "바로 올리겠습니다." "I'll bring it soon."	• 가벼운 미소를 띄운다.
음 료 주 문	칵테일 왜건을 끌고 간다. 와인리스트를 제시한다.	"식전에 음료는 무엇으로 하시겠습니까?" "May I take you something to drink?"	• 요리주문과 같은 방법으로 주문을 받는다.
전 표 작 성	Side-table 위에서 전표 기입		• 문자가 깨끗하게 복사가 잘 되어 있나를 확인한다.

Order 를 낸다	Beverage Counter에 Order Pad를 낸다. Kitchen Counter에 주문을 한다.	새로운 주문, VIP 등록사항은 요리장에게 신속하게 전달한다.	• 주문은 명확하게 받고, 다시 확인하여 전한다. • 기타 빠진 것이 없나를 확인한다.
음 료 서비스	음료 카운터에 물품을 받고 서비스한다.	"기다리게 해서 죄송합니다." "I'm sorry keep you wating"	• 주문과 다른지 확인하고 서비스한다. • 고객의 우측에서 서비스한다.
세 팅 한 다	필요한 기물을 갖추어 세팅한다.	"실례합니다." "Excuse me, Sir."	• 주문내용과 맞는가를 확인한다. • 기물을 운반할 때 트레이를 사용한다.
요 리 서비스	Kitchen Counter로 부터요리가 담긴 접시를 받아들고 서비스를 한다.	"기다리게 해서 미안합니다." "식사를 맛있게 드시기 바랍니다." "I'm sorry keep you wating, Sir."	• 접시는 무리하게 들지 말고 항상 특별한 경우를 제외하고는 여성 고객에게 먼저 서브한다.
		"I Hope you will enjoy it." (enjoy the meal)	• 찬 음식은 찬 그릇에 더운 음식은 더운 그릇에 담아 서비스한다.
접 시 빼 기	식후 접시를 빼낸다.	"실례합니다." "Excuse me, Sir."	• Meat Plate는 우측에서 샐러드 종류는 좌측에서 쟁반정리는 뒤로 돌아 보이지 않게 한다.
뒷처리	재떨이, 물컵 이외는 모두 치운다.	"실례합니다." "Excuse me, Sir."	• 작은 것은 트레이를 사용해서 소리가 나지 않게 조용히 한다.
추 가 주 문	디저트 메뉴의 제시	"디저트는 무엇으로 하실까요." "What kind of dessert would you like, Sir?"	• 커피 한 잔이라도 정성스런 서비스를 해야 한다.
좌 석	의자를 빼고 머리를 숙인다.	"대단히 감사합니다." "Thank you very much, Sir."	• 웃음을 띄우며 감사의 뜻이 전달되게 한다.
캐셔의 위치에 대한 문의	캐셔 방향을 제시	"계산은 저쪽에서 해주면 감사합니다." "Please, pay for over there."	• 전표는 고객이 지참하도록 한다.

재떨이 교 환	머리를 숙여 사용한 재떨이를 교환한다. (흡연호텔/국가)	"Excuse me. May I change your astray?." "실례합니다." "Is that fine with you, Sir?"	• 미소를 짓고 소리가 나지 않게 한다.
식기를 떨어뜨렸을때	새 것을 가지고 온다.	"바꾸어 올리겠습니다." "I'll change it right a way, Sir."	• 고객이 떨어뜨렸을 때 신속히 치운다.
고객이 물을 엎질렀을때		"Are you all right?" "Are you wet?" "I'm very sorry, Sir." "옷을 버리지 않으셨는지요." "Please, Let me do something for your cloth."	• 부분적으로 냅킨으로 빨아낸 다음 그 뒤에 냅킨을 깔아준다.

5. 서비스 원칙요약

What?	How?	Why?
플래터(Platter)로부터 음식을 제공할 때	고객의 좌측에서	고객 중에서 서비스 스푼과 포크를 다루어 본 경험이 없는 분들이 많으므로, 플래터를 제공하는 접객원이 오른손을 이용하여 접시에 덜어 드리기 위해
세팅할 때	커버의 우측 것은 고객의 우측에서, 커버의 좌측 것들은 고객의 좌측에서	만약 왼편에서 커버의 오른쪽 것들을 세팅한다면 접객원의 팔이 손님의 얼굴 앞에 가려서 방해가 되기 때문이다.
음식을 제공할 때	① 모든플레이트(Plate) 서비스는 우측에서(외국인은 좌측) ② 음료는 우측 ③ 빵, 과일은 좌측에서	우측 서브할땐 "실례합니다"하고 식사 서빙되기 전에 살며시 고객의 주의를 상기시켜 Plate와 부딪치지 않도록 한다.
사용한 기물이나 접시를 치울 때	고객의 우측에서	세팅할 때와 동일한 이유 때문에

6. 고객의 Complain 사례

1) 직원의 실수로 고객의 옷에 음식물을 엎질러 고객이 항의를 할 때

구분	세부내용
사 례 내 용	• 종업원이 야채수프를 제공하다가 여자고객 흰색 원피스에 엎질렀다. • 고객은 상당히 놀라며 고함을 쳤다. • "아니 뭐, 이 따위가 있어. 매니저 오라고 해"하며 크게 화를 냈다. • 여자 고객은 피부에 약간의 화상을 입었다.
불평청취 및 사과	• 뜨거운 것을 엎질렀을 때에는 찬 물수건을 재빠른 동작으로 갖고와 "대단히 죄송합니다. 혹시 다치신 데는 없는지요. 저희 잘못으로 손님에게 크나큰 실례를 범하게 되었습니다. 어떠한 조치도 달게 받겠습니다."라고 말씀드린다.
수 습	• 보고받은 매니저는 종업원과 함께 Table로 가서 정중하게 인사를 하고 "제가 담당 매니저입니다. 이렇게 큰 피해를 드려서 죄송합니다. 저희들의 잘못이오니 회사 차원에서 최선을 다해 조치토록 상부에 보고하겠습니다."라고 사죄한다. • 객실 투숙객인 경우 사내의 세탁이 가능하다고 말씀드리고, 외부 고객인 경우 세탁비를 드리는 방향으로 유도한다. • 뜨거운 것을 엎질러 화상을 입었는지 확인하고, 그 경우 즉시 당직과 식음료팀장에게 보고한 후 응급차를 대기시켜 놓고 "대단히 죄송합니다. 응급치료를 위해 차를 대기시켜 두었습니다. 번거로우시겠지만 가까운 OO병원으로 가서 치료부터 하셔야 되겠습니다." 한 후 병원으로 모신다. • 그날의 특별 후식을 고객수대로 무료로 제공한다. • 화상을 입었을 경우 전액 무료로 처리하고 선물을 마련하여 포장해 드린다. • 매니저는 고객을 정중히 배웅하면서 "죄송합니다. 다음에 오시면 최상의 서비스를 하도록 기억하겠습니다. 괜찮으시다면 명함 한 장 주시면 감사하겠습니다."라고 인적 사항을 확인한다.
사 후 조 치	• 매니저는 보고 양식에 의거 담당과장에게 보고한다. • 다음날 고객에게 전화를 걸어 사죄한 후 세탁여부를 확인하고 세탁이 되지 않은 옷일 경우 변상조치토록 상부에 보고하여 처리한다. • 화상을 입었을 경우는 치료비 및 보상금을 합의하여 선 집행하고 상부에 보고하여 처리토록 한다. • 식음료팀장은 간단한 선물을 준비하여 다음날 피해 고객을 방문하여 다시 사죄드린다. • 각종 행사시 브로셔를 우송하여 단골고객화한다. • 직원의 고객응대요령 교육을 강화한다.

7. 레스토랑접객 매뉴얼

상황	응대요령
손님맞이 인사말 (단골 손님의 경우)	사장님 안녕하세요. 이쪽으로 오십시오. ○○님! 찾아주셔서 고맙습니다.
배웅인사	대단히 감사합니다. 다시 찾아주시면 고맙겠습니다.
재떨이를 깨끗한 것과 바꾼다.(흡연 장소)	실례합니다. 새것과 바꿔드리겠습니다.
식탁에 물이 쏟아졌을 때	손님, 옷이 젖지 않으셨습니까? 곧 닦아드리겠습니다. 잠시만 기다려 주십시오.
주문 받는 법과 요리 권하는 법	어서오십시오. 김선생님! ○○찌개로 해드릴까요?
한 사람이 또 올텐데…	네, 잘 알겠습니다. 그때 저를 불러주십시오. 저는 ○○○(이)라 합니다.
주문이 좀처럼 결정되지 못했을 때	××는 어떨까요? 저희 식당의 자랑거리입니다만.…
맛있는 음식이 무엇이죠?	네. ○○은 어떠세요. 손님들로부터 인기가 대단합니다.
빨리되는 것은 무엇입니까?	네, 이것이라면(메뉴를 가리켜…) 5분이면 충분합니다.
새우카레와 비프카레 중 어느 쪽이 맛있죠?	네, 담백한 맛으로는 새우카레가 일품이지만 감칠맛은 역시 비프카레 쪽입니다.
뜨거운 음식을 권할 때	뜨겁습니다. 조심해서 드십시오.
이곳 저곳에서 부를 때	네. 지금 가겠습니다. 네. 죄송하지만 잠시만 기다려 주십시오.
식중독이 많다고 들었는데 괜찮을까요?	저희 식당은 정평이 나있는 곳입니다.
손님의 실수로 요리그릇을 떨어뜨렸을 경우	죄송합니다. 어디 다치신데는 없습니까?
끝나는 시간이 임박해 계산을 요청할 때	식사 중에 대단히 죄송합니다. 계산 업무를 마감하려고 하는데 지불을 먼저 해 주시면 감사하겠습니다.
어린이에게 직접 주의를 줄 때	착한 아가는 누나 말을 잘 들어야 해요. 그렇지

손님으로부터 칭찬을 받았을 때	대단히 감사합니다. 앞으로 더욱 열심히 노력하겠습니다.
아가씨 데이트 한 번 할까요?	죄송합니다. 업소의 규정상 데이트는 곤란합니다.
이 샐러드가 이상해요.	죄송합니다. 곧바로 교환해 드리겠습니다.

제5장

와인 서비스(Wine Service)

1. Wine이란?

와인은 햇빛을 잘 받고 잘 익은 포도를 으깨서 포도 자체에 함유된 효모(yeast)세포가 당분과 작용하여 발효된 것을 오크(oak)통에 넣어 숙성시킨 술이다.

2. 고급 와인을 결정하는 4가지 요소

고급 와인을 결정하는 요소는 4가지로, 포도품종(cépage), 양조기술(oenologie), 빈티지(vintage), 테루아르(terroir)에 의해 결정된다.

(1) 포도품종

포도품종은 각기 선호하는 토양과 기후가 있다. 배수, 토질, 채광, 고도, 일조량, 강우량, 바람 세기에 따라 포도품종이 선택된다.

(2) 양조기술

포도나무의 수명은 약 80년이다. 와인 맛은 다양한 포도를 품종에 맞춰 어떻게 양조하느냐에 따라 달라진다. 양조자가 오롯이 발휘한 노하우와 철학만이 좋은 와인 맛을 결정한다.

(3) 빈티지

와인의 수확 연도인 동시에 와인이 양조된 당해 연도를 말하며, 수확 연도의 기후에 따라 와인 맛이 결정된다.

(4) 테루아르

포도밭을 각 구획별로 특정해 포도밭의 위치, 토질, 기후 등의 자연적 요소와 와인 제조자들의 기술, 장인 정신 등의 인적 요소를 접목시킨 개념이다.

3. Wine의 종류

Wine의 종류는 매우 다양하며 색상, 맛, 용도, 숙성기간, 산지별, 알코올 첨가유무, 탄산가스유무 등에 따라 분류되고 있다.

(1) 색에 의한 분류

① Red Wine(레드 와인)

- 적포도로서 껍질과 같이 크러싱을 하여 발효시킴
- 육류요리에 적합
- 18℃(실내온도)에서 서브

② White Wine(화이트 와인)

- 청포도와 적포도의 껍질을 제거 후 즙을 내서 발효시킴
- 생선요리에 적합-레드 와인보다 산미가 강함
- 8~10℃에서 서브(wine cooler 필요)

③ Rosé Wine(로제 와인)

- 핑크색 와인
- 적포도를 짧게 발효시킴
- 부드럽고 과일향이 강함

(2) 당분함량에 의한 분류

① Dry Wine(드라이 와인)

- 단맛이 적고 깔끔한 맛(산미와 탄닌 강함)
- 스테이크, 해산물, 치즈에 적합
- 알코올 도수 높은 편: 12~15%

② Sweet Wine(스위트 와인)

- 단맛이 강하고 부드러움(당분이 많이 남아 있음)
- 디저트, 초콜릿, 푸아그라에 적합
- 알코올 도수 보통~낮은 편: 8~12%

4. Wine Label 읽는 법

올바른 와인의 감식은 레이블(Label) 읽는 법에서 시작된다.

① 포도원(Chateau)의 명칭이자 Wine의 이름
② 그 지방의 최상급 와인임을 나타내는 말
③ 포도 수확년도
④ 원산지 관리증명 표시
⑤ 포도의 수확부터 병입까지 포도원에서 관리했다는 표기

5. Wine Serve방법

(1) 상표(Label)를 손님(Host)에게 확인시켜 드린다.

(2) 서비스 타월을 술병 밑바닥에 대고 고객의 왼쪽에서 Showing 한다.

(3) White Wine인 경우 Wine Cooler에 얼음과 물을 채워 손님식탁 곁에 미리 준비하여 적정온도(8~10℃)를 유지시킨다.

(4) 와인병을 개봉한 즉시 코르크마개를 소믈리에(Sommelier)가 먼저 향을 맡고 이상이 없다고 생각되면 호스트의 우측에 눕혀 놓는다.

(5) Wine은 고객의 우측에서 서브한다.

(6) Wine Test는 1/4 정도 따르고 호스트가 사용하도록 한다.

(7) 고객이 여러 명일 때에는 호스트, 남, 여의 순서로 Tasting하토록 한다.

(8) 와인 음미방법(색-향-맛의 순서대로)

① WHITE WINE SERVE

1. White Wine은 Glass의 2/3만 따른다.
2. White Wine은 Wine Cooler를 필히 사용한다.
3. 고객이 손수 따르기 전에 Refill시키도록 한다.
4. Wine Glass는 밑부분인 Stem을 잡도록 한다.

② RED WINE SERVE

1. Red Wine은 Glass의 3/4까지 따른다.
2. Red Wine은 취급시, Wine의 진동을 억제한다.(Wine Basket 사용)
3. Wine Serve시, Wine Label을 손님이 잘 볼 수 있도록 잡는다.
4. 고객이 조금만 드셔도 3/4까지 계속 Refill시킨다.

6. Wine 3요소 음미법 순서(색->향->맛)

① 색: 눈높이로 Glass를 들어 색깔을 즐긴다.

② 향: 가볍게 돌려 공기와 접촉하게 하여 향기를 즐긴다.

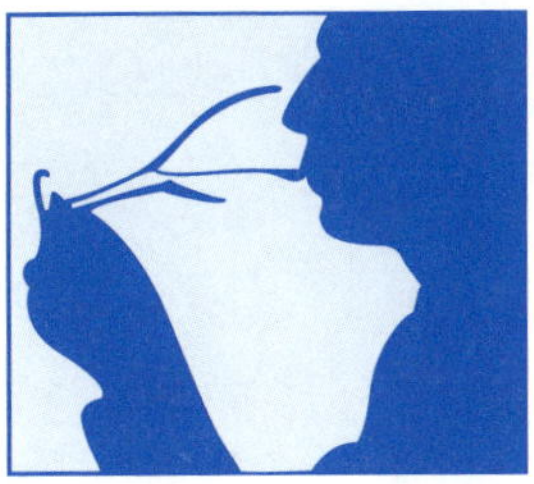

③ 맛: 한모금 입에 넣고 입 안의 모든 부분을 적셔서 맛을 천천히 음미한다.

④ 삼킬때 목을 타고 내려가는 와인의 참맛을 느낀다.

[그림 2-7] 와인 3요소 음미법 순서

Hotel Service Manner

제 3 편

테이블 매너

제1장

테이블 매너의 개요

1. 테이블 매너란?

테이블 매너는 식사를 함에 있어서 기본적으로 지켜야 할 예절이며 상대방을 위한 배려와 존중을 기본으로 한다. 테이블 매너를 지켜야 하는 이유는 식사를 같이 하는 각 구성원들이 각자의 개성과 문화를 이해하고 서로가 즐겁고 유쾌하며 편안하고 안락한 분위기에서 요리를 맛있게 먹기 위함이다.

2. 테이블 매너가 왜 중요한가?

"테이블 매너가 좋은 사람과 식사하면 식사의 기쁨이 두 배로 증가한다"(고상동)

개인적인 사교 모임이나 중대한 의사결정을 해야 하는 비즈니스모임에서도 식사 분위기에 따라서 대화를 이끌어 나가는 경우가 많기 때문이다.

특히 최근에는 국제화를 통한 세계인들의 교류가 많고 다른 국가나 지역에 가서 식사를 하는 경우가 많아지므로 세련된 매너와 에티켓으로 식사를 해야하는 테이블 매너의 중요성이 강조되고 있으며, 테이블 매너가 좋지 않음으로 인해 결정적인 순간에 상대방의 기분을 상하게 하여 중요한 비즈니스가 성사되지 않는 경우가 발생될 수 있기 때문에 테이블 매너의 중요성이 강조되고 있다.

제2장

양식 테이블 매너

1. 레스토랑 이용 매너

1) 식당은 사전 예약을 하여야 하며 시간 관념을 가지고 이용하여야 한다.
2) 고급 식당은 정장을 하고 이용하여야 한다.(입장이 거절 될수도 있다)
3) 식당에서는 안내원의 좌석 안내를 받아야 한다.
4) 웨이터가 맨 먼저 빼주는 의자가 최상석이다.
5) 남자는 여자가 자리에 앉은 다음에 앉는 것이 예의이다.
6) 여성의 핸드백은 등과 의자 사이에 놓아 둔다.
7) 메뉴는 천천히 여유를 가지고 본다.(모르는 메뉴는 직접 물어 본다)
8) 떨어진 냅킨이나 포크, 나이프는 줍지 말고 직원이 다른 것을 가지고 올 때까지 기다린다.
9) 직원을 부르고 싶을 때는 가만히 자리에 앉은 채로 손을 든다.
10) 식사를 할 때는 조용히 옆 사람과 대화를 하면서 먹는다.
11) 계산은 커피나 식후 주중 거의 마신 후 앉은 자리에서 웨이터를 불러 하도록 한다.(Tip은 접시 밑에 놓아 두는 것이 예의이다.)
12) 식사 후 요금지불은 남성이 하게끔 되어 있다. Dutch count라고 해도 남성이 지불하며, 이 때 여성은 미리 남성에게 돈을 건네주면 된다.(이 때 계산에는 지불하는 사람만 온다)

2. 냅킨 이용 매너

1) 주빈이 있을 때는 주빈이 냅킨에 손을 대고 나면 편다.
2) 그다지 어려운 자리가 아니면 음식을 주문한 후에 펴든지 식전에 음료를 주문한 후 편다.
3) 냅킨을 펼 때에는 접은 선을 앞으로 하고 무릎 위에 놓는다.
4) 가져온 냅킨의 반을 아래로 펼쳐 윗부분을 약간 접는 것도 보기에 좋다.
5) 냅킨을 양복에 걸치거나 목에 두르는 것은 어린이가 하는 방법이니 삼가는 것이 좋다.
6) 식사를 끝내고 갈 때는 가볍게 접어서 테이블 위에 놓아두면 된다.
7) 여성이 냅킨을 떨어뜨렸을 때는 남성이나 서비스맨이 주워 주되 새것으로 바꾸어 오도록 한다.

3. 식사 매너

1) 식사시에 얼굴이나 머리를 만지거나 다리를 포개고 앉아서는 안 된다.
2) 식탁에 놓여 있는 Knife와 Fork는 "바깥쪽에서 안쪽으로" 순서대로 사용한다.
3) Fork는 좌측손에서 우측손으로 옮겨 잡아도 무방하다.
4) 손에 쥔 Knife와 포크를 세워서는 안 된다.
   (대화시에는 반드시 음식물을 삼킨 후에 대화를 하고 Knife와 Fork는 접시 양쪽에 8자(人) 형으로 걸쳐 놓은 상태에서 대화를 한다.)
5) 식사가 끝난 뒤에는 Knife와 Fork를 접시 오른쪽 아래로 비스듬하게 나란히 놓는다.
6) 냅킨을 수건으로 사용해서는 안 된다.
   (땀이나 얼굴을 닦을 때는 반드시 손수건을 사용한다.)
7) 식기는 식사 후 자신이 치우지 않고 반드시 직원에 의해서 치우게 한다.
8) 부득이한 경우를 제외하고는 입에 넣는 음식은 그대로 먹는 것이 매너이다.
9) 음식의 맛을 보기도 전에 무조건 양념(소금, 후추 등)을 치는 것은 예의가 아니다.

식사가 끝났을 때는 접시 중앙의 윗부분에 나란히 놓는다. 나이프는 사용 후 반드시 칼날이 자기쪽을 향하도록 놓는다.

[그림 3-1] 포크와 나이프 사용법

4. 요리에 대한 매너

동양적 사고방식에서는 여러 사람이 식사를 할 때, 모든 요리가 다 나오기 전에 먼저 먹는 것을 예의에 어긋나는 것으로 여기지만, 서양요리는 요리가 나오는 대로 바로 먹기 시작한다. 서양요리는 뜨거운 요리든 찬 요리든 가장 먹기 좋은 온도일 때 고객에게 서브되고 좌석배치에 따라 상석부터 제공되기 때문이다. 따라서 온도가 변하기 전에 먹는 것이 제맛을 즐길 수 있는 요령이다.

그러나 4~5명이 함께 식사를 하는 경우에는 요리가 나오는 시간이 그다지 걸리지 않으므로 조금 기다렸다가 함께 식사를 하는 것이 좋다. 특히 윗사람이 초대를 받은 경우에는 윗사람이 포크와 나이프를 잡은 후에 먹기 시작하는 것이 에티켓이다.

5. 식전주(Aperitif) 매너

1) 식사 전 입맛을 돋우기 위해 식전주를 마시며(예〉 Sherry wine: Campari, Vermouth류 등) 통상 남성고객에게는 Martini, 여성고객에게는 Manhattan을 권유하기도 한다.
2) 차게 해서 마시는 술의 잔에 Stem(다리)이 있을 경우 그 부분을 잡고 마신다.
3) 식전 위스키는 약하게 마시는 것이 좋다.(소다수, 물 등을 섞어서 마시는 것이 좋다)

6. 빵 먹는 매너

1) 아침에 먹는 토스트를 제외하고는 입으로 베어 먹지 않고 손으로 떼어 먹는다.
2) 먹기 좋은 분량만큼을 손으로 떼어내 버터 나이프를 이용하여 버터를 바른 후 손으로 먹는다. 아침식사 이외에는 잼을 사용하지 않기 때문에 먹는 도중 잼을 찾는 실수를 하지 않도록 한다.
3) 빵은 좌측에 있는 것이 자기 것이므로 남의 것을 사용하는 실수가 없도록 한다.
4) 빵을 커피 등에 담가먹는 경우가 있는데, 이는 덩킹(Dunking)이라 하여 서양인이 제일 싫어하는 매너이다.
5) 빵의 중요 역할은 다음에 먹을 음식의 맛을 좋게 하기 위하여 입 안을 청소해 주는 것이다. 그러므로 코스 사이에 먹으면 음식을 맛있게 즐길 수 있기 때문에 빵만 먹는 것은 좋지 않다.
6) 빵 대신 라이스가 나올 경우 포크 등뒤에 올려 먹는 방법도 있으나, 왼손에 포크를 잡고 나이프로 포크의 안에 올려 먹어도 괜찮다.
7) 아침에 제공되는 빵은 당도가 있는 빵이 제공되나, 점심과 저녁은 당도가 없는 빵이 제공된다.

7. 애피타이저(Appetizier: Hour doóeuvre), 수프(Soup) 먹는 매너

1) 요리가 제공되면 순서에 의해서 먹기 시작한다.
2) 전채요리는 소량으로 먹는 것이 좋다.
3) 소금과 후추는 맛을 보고 난 후 첨가한다.
4) 수프는 앞쪽에서 먼쪽을 향해 미는 것같이 해서 떠 먹는다.
5) 손잡이가 달린 수프컵은 들어서 마셔도 된다.

8. 식사 중에 마시는 와인 매너

1) Wine을 선택하는 4가지 방법은?
첫째, 생산지
둘째, 포도의 수확년도(Vintage year)
셋째, 양조자의 이름
넷째, 요리와의 조화성(일반적으로 Red Wine은 붉은색의 육류요리에, White Wine은 하얀색의 육류 - 송아지, 돼지고기, 스시와 사시미 생선 요리에 어울린다.) 등을 고려해서 선택한다.
2) Wine의 Tasting은 Host(초청한 사람) 또는 남성이 한다.
3) Wine을 마실 때 여성은 립스틱을 바른 경우 반드시 냅킨으로 입을 닦아야 한다.
4) 오래된 Red Wine의 운반시는 침전물이 이동하지 않도록 조심스럽게 운반한다.
5) 샴페인은 어떠한 요리와도 어울리므로 식사중 언제 마셔도 무방하나, 한두잔 그치는 것이 적당하다.

9. 생선과 고기요리 먹는 매너

1) 생선은 서비스 받은 상태로 먹는다. 머리는 좌측, 꼬리는 우측으로 서브됨(뒤집어서 먹지 않음)
2) 비린내와 기름진 맛을 제거하기 위해 레몬을 사용할 경우 다른 사람에게 튀지 않도록 한손으로 가리고 레몬즙을 뿌려 먹는다.
3) 소스가 따라나오는 요리는 소스가 식탁에 나올 때까지 기다린다.
4) 달팽이 요리(英: snail 佛: Escargot, 에스카르고)는 식탁에 나올때 매우 뜨거우므로 왼손을 이용하여 에스카르고 홀더로 껍질을 집고 오른손을 이용하여 Fork로 먹는다.
5) 스테이크는 굽는 온도에 따라서 맛이 달라진다.

구분	스테이크 상태	굽는시간
Rare	표면은 갈색, 속은 붉게 조금 구운 것 앞뒤만 굽는다. 외국의 미식가들 애용	2~3분
Medium Rare	중심부가 핑크색	3~4분
Medium	중심부가 핑크색	5~6분
Medium Well-done	핑크와 회색의 중간	8~9분
Well-done	표면과 중심부가 갈색, 회색으로 완전히 익힌 상태	10~12분

※ 단, 송아지고기와 돼지고기 요리는 굽는 정도가 구분되어 있지 않고 웰던임.

10. 샐러드 먹는 매너

1) 샐러드와 스테이크는 적절히 섞어가며 먹는다.
2) 야채는 좌측에 놓여있는 것을 먹는다.

11. 디저트(Dessert) 매너

1) 핑거볼(Finger Bowl)에 손가락을 씻을 때 한 손씩 교대로 씻는다.
2) 커피잔은 손가락을 끼우지 않고 손잡이를 잡는다.
3) 남성은 여성보다 먼저 식사를 끝내지 않도록 한다.
4) 식사를 마치고 남성이 먼저 나간 뒤 따라나오는 여성을 기다리는 것이 예의이다.

12. 식후주(Digestif) 매너

1) 디제스티프(Digestif)는 불어 명사로 "소화제"라는 뜻이며, 일반적으로 '소화를 돕는 식후에 마시는 술'을 의미한다.
2) 식전주보다는 알코올이 더 많이 첨가되어 있으며, 브랜디, 데킬라, 위스키, 코냑, 칼바도스 등이 있다.
3) 브랜디의 경우 커피에 타서 마시게 되면 훨씬 풍미가 좋다.

13. 글라스(Glass) 사용 매너

워터(Water) 글라스는 보통 밑부분을 잡으며, 와인·샴페인·칵테일 글라스처럼 다리가 있다. 사람의 체온이 술에 직접 전달되지 않도록 다리부분을 잡는다. 또 맥주 글라스처럼 손잡이가 있는 글라스는 손잡이 부분을 잡고, 브랜디 등 향이 있는 술을 담는 큰 글라스는 우선 글라스의 밑부분을 두 손으로 감싼 채 흔들어 향을 낸 다음 손가락 사이에 글라스를 끼우고 손바닥으로 받치는 것처럼 가져가 먼저 코끝에서 향을 즐긴 후 입으로 마신다.

제3장

일본식 테이블 매너

1. 일본음식의 개요

일본 요리의 특징은 해산물과 제철의 맛을 살린 산나물 요리가 많다는 것과, 혀로 느끼는 맛과 함께 눈으로 보는 시각적인 맛을 중시하는 것이다. 일본 요리는 맛과 함께 모양과 색깔, 그릇과 장식에 이르기까지 전체적인 조화에 신경을 쓴다.

2. 일본식 식사 매너

1) 일식에서는 일식 벽장 앞 중앙이 상석이며, 밥상 앞에서는 언제나 똑바른 자세로 앉아야 한다.
2) 젓가락으로 음식물을 주고 받지 않는다.
3) 길흉사시에 먹는 법이 다르다.(경사에는 밥부터, 흉사에는 국부터 먹는다)
4) 음식요리가 제공되면 바로 먹지 않는다.
5) 일본 요리는 보통 소반 위에 얹혀져 나오는데, 젓가락은 자기 앞쪽으로 옆으로, 음료용 컵들은 바깥쪽에 엎어서 놓는다. 밥이나 국을 받으면, 밥은 왼쪽에 국은 오른쪽에 놓았다가 들고 먹는데, 그릇을 받을 때나 들 때는 반드시 두손을 사용하게 되어 있다.
6) 밥을 먹을 때에는 반찬을 밥 위에 얹어 먹어서는 안되고, 추가를 원한다면 공기에 한술 정도의 밥을 남기고 청하는 것이 예의이다.
7) 국은 그릇을 들고 한 모금 마신 후 건더기를 한 젓가락 건져 먹은 다음, 상 위에 놓는 식으로 여러 번 들고 마시며, 밥그릇에 국물을 부어 먹어서는 안 된다.

8) 생선회는 겨자를 생선 위에 조금 얹고 살짝 말아서 간장에 찍어 생선맛과 겨자의 향을 즐기는 것이 원칙이다. 우리처럼 처음부터 겨자를 간장에 풀어서 먹으면, 겨자의 향이 날아가버리므로 바른 방법이 아니다.
9) 생선회에는 무나 향초 잎이 곁들어 나오는데, 이것은 장식용이지만 입가심으로 먹어도 좋다. 두서너 가지의 모듬회인 경우에는 희고 담백한 생선부터 먹는 것이 바른 순서이다.
10) 마지막으로, 잔이 비고난 후 술을 따르는 우리와는 달리 상대의 술잔에 술이 조금 남아있을 때 술을 채워 주는 것이 일본식 주도임을 함께 알아두면 좋을 것 같다.

3. 손님초대 시 주인의 매너

타인을 초대하거나 그 초대에 응해 방문하는 일은 무엇보다 세심한 배려가 필요한 일이다. 여러 사람이 어울릴 수 있는 자연스럽고 편안한 분위기를 이끌어내며, 그러한 분위기를 함께 즐기면서도 기본 예의를 지켜야하기 때문이다.

파티와 같은 사교모임이 성공적으로 잘 이루어지려면, 파티를 주최한 사람과 초대되어 간 사람이 각자 주인과 손님의 입장에서 역할을 충실히 해주어야 한다. 즉 주인은 파티의 계획과 준비를 빈틈없이 해서 손님이 즐거운 시간을 보낼 수 있도록 배려하고 손님은 다른 손님에게 폐를 끼치지 않고 예의 바른 태도로 파티의 분위기를 즐겁게 이끌어가야 할 책임이 있는 것이다. 친분이 있는 사람, 또 새로운 사람과 즐겁고 편안하게 만나는 자리에서 다음과 같이 주인으로서, 손님으로서, 지켜야 할 기본적인 예절들을 알아둔다면 도움이 될 것이다.

1) 주인으로서의 매너

① 적어도 일주일 전에 초대장을 보내거나 초대의 뜻을 전화로 알리고 손님의 참석여부를 미리 확인해 둔다.
② 주인은 현관이나 입구에서 손님을 맞고 여주인은 조금 떨어진 곳에서 맞이 한다.

③ 손님이 오면 별실에서 서로 인사를 나누게 하고, 안면이 없는 사람들끼리는 인사를 나눌 수 있는 자리를 주선하거나 주인이 직접 소개하여 서로 자연스러운 분위기를 느낄 수 있게 한다.

④ 식사시 음료수는 손님의 오른편 뒤에서 권하며 요리는 왼편에서 권한다. 또 식사가 끝난 후 손님의 빈그릇은 오른쪽에서 내가도록 한다.

⑤ 과일이나 빵을 함께 준비할 때에는 손님의 기호에 따라 선택할 수 있도록 여러 가지를 준비하는 것이 좋다.

⑥ 부드럽고 즐거운 화제로 식사 분위기를 리드하여 진행하는 것도 주인의 역할임을 잊어서는 안 된다.

⑦ 손님에게 음식을 무리하게 권하는 것은 예의가 아니며, 손님의 편의를 생각하는 친절한 마음을 지나치게 표현하는 과잉 서비스도 손님을 부담스럽게 할 수 있으므로 적당히 대접하도록 한다.

제4장

중국식 테이블 매너

1. 중국음식의 개요

중국음식은 수천년의 역사를 자랑한다. 중국은 워낙 넓고 큰 나라여서 각 지역마다 재료와 기후, 풍토가 달라서 일찍이 지방마다 독특한 식문화가 발달하였다. 지역에 따라 북경요리, 사천요리, 광동요리, 상해요리 등 네가지로 분류된다.

2. 중국요리의 종류

1) 북경요리

북경요리는 중국 북부지방의 요리로, 한랭한 기후탓에 높은 칼로리가 요구되어 강한 불로 짧은 시간에 만들어내는 튀김요리와 볶음요리가 특징이다. 재료도 생선보다 육류가 많으며 면, 만두, 병 등의 종류가 많다. 대표적인 요리로는 북경오리, 양통구이, 물만두, 자장면 등이 있다.

2) 사천요리

사천요리는 양자강 상류의 산악지대와 사천지방을 중심으로 한 운남, 귀주지방의 요리를 말한다. 바다가 먼 분지어서 추위와 더위의 차가 심해, 악천후를 이겨내기 위해 향신료를 이용한 요리가 발달했으며, 겨울 추위에 이기기 위해 마늘, 파, 고추 등을 넣어 만드는 매운 요리가 많다. 신맛과 매운맛, 톡 쏘는 자극적인 맛과 향기가 요리의 기본을 이룬다. 마파두부, 새우 칠리소스 등이 유명하다.

3) 광동요리

중국 광동성에 있는 광저우(Guangzhou)시를 중심으로 한 중국 남부지방의 요리를 말한다. 중국 남부 연안의 풍성한 식품재료 덕분에 어패류를 이용한 요리가 많고, 아열대성 야채를 사용해 맛이 신선하고 담백하여 중국요리 최고로 평가받고 있다. 광동식 탕수육, 상어지느러미 찜, 볶음밥 등이 유명하다. 홍콩요리도 해당된다.

4) 상해요리

중국의 중부지방을 대표하는 요리로, 풍부한 해산물과 미곡 덕분에 예로부터 식문화가 발달하였다. 특히 그 중에서 상해는 바다에 접해 있어 새우와 게를 이용한 요리가 많다. 상해 게요리는 세계적으로 명성이 높으며, 오향우육, 홍소육 등이 유명하다. 상해요리는 간장과 설탕을 많이 사용하는 것이 특징이다.

3. 중국식 식사 매너

1) 원형탁자가 놓인 자리에서는 안쪽의 중앙이 상석이고 입구쪽이 말석이다. 중국식은 원탁에 주빈이나 주빈 내외가 주인이나 주인 내외와 마주앉는다. 주빈의 왼쪽자리가 차석, 오른쪽이 3석이다.
2) 중국식당에서는 냅킨과 물수건이 함께 제공되는데, 이 때 물수건으로 얼굴을 닦는 일은 없어야 한다.
3) 중국요리는 요리접시를 중심으로 둘러앉아 덜어먹는 가족적인 분위기의 음식이다. 적당량의 음식을 자기 앞에 덜어먹고, 새 요리가 나올 때마다 새 접시를 쓰도록 한다. 젓가락으로 요리를 찔러 먹어서는 안되며, 식사 중에 젓가락을 사용하지 않을 때는 접시 끝에 걸쳐 놓고, 식사가 끝나면 상 위가 아닌 받침대에 처음처럼 올려 놓는다.
4) 중국식당에서는 녹차, 우롱차, 홍차 등의 향기로운 차가 제공된다. 한 가지 음식을 먹은 후에는 한 모금의 차로 남아있는 음식의 맛과 향을 제거하고 새로 나온 음식을 즐기면 된다. 중국 사람들이 기름진 음식을 먹고도 비만을 예방할

수 있는 것은 이 차 덕분이라고 한다. 그러므로 중국 음식을 먹을 때에는 중국 차를 많이 마시는 것이 좋다.

5) 생선머리는 상석으로 향하게 한다.

4. 중국요리 테이블에서 상석의 서열배치

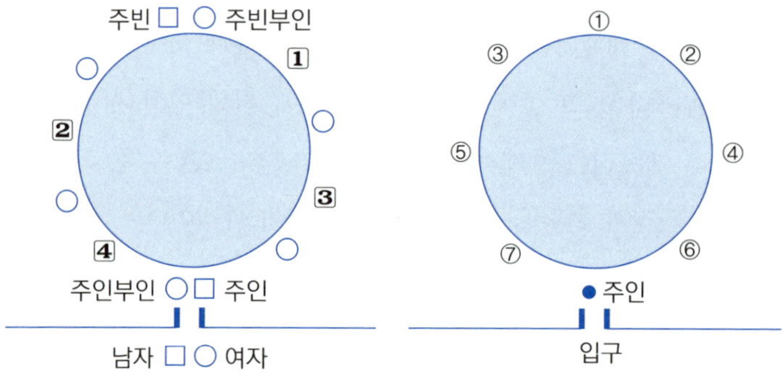

5. 중식 주문 요령

1) 세트메뉴가 있는 식당인 경우, 요리를 하나하나 주문하는 것보다 손님의 수와 취향을 고려하여 세트메뉴를 주문하는 것이 좋은 요리를 고루 먹을 수 있고 보다 경제적이다.
2) 4명 이상인 경우 요리 중에 수프류를 넣는다.
3) 재료와 조리법, 소스 등이 중복되지 않도록 주문한다.
4) 처음 이용시에는 웨이터의 도움을 받는 것이 합리적이다.

제5장

레스토랑의 기본적 회화표현(영어, 일어)

1. 오늘밤 7시에 4명을 예약하였습니다.
   I booked a table for four at seven this evening.
   今晩7時に4人予約しました.

2. 오늘 아침에 예약한 홍길동 부부입니다.
   I'm Hong Kil-Dong and this is my wife. We reserved a table this morning.
   今朝,予約をしたホンキルトン夫婦です.

3. 두 사람 좌석을 부탁합니다.
   Table for two, please.
   2人の席をお願いします.

4. 한쌍이 더 오는데 카터씨 부부입니다. 그들이 오면 이쪽으로 안내해 주세요.
   One more couple is coming. They are Mr. and Mrs. Cater. Please show them to us when they come.
   他にもう一組が來ます. カーターさんご夫婦ですが. その方達がおいでになればこちらへ案內して下さい.

5. 예약을 하지 않았습니다만 빈자리가 있습니까?
   I have not reserved my seats, but are there any seats available?
   予約はしませんでしたが, 席がありますか.

6. 메뉴를 보여주세요.

I'd like to see the menu, please.

メニューを見たいのですが.

7. 우선 셰리와인을 마시고 싶습니다(식사전).

May I have some sherry to begin with?

まず初めにシェリーをいただけますか.

8. 레드 와인 한 잔 주세요.

May I have a glass of red wine please?

赤ワインをください.

9. 어느 것으로 추천해 주시겠습니까?

What do you recommend?

おすすめ品は何ですか.

10. 이것은 어떤 요리입니까?

What kind of dish is this?

これはどんな料理ですか.

11. 애피타이저로 새우 칵테일을 먹겠습니다.

I'll have the shrimp cocktail for an appetizer.

エピタイザはエビのカクテルをいただきますね.

12. 어떤 수프가 준비되어 있습니까?

What kind of soup do you have?

どんなスープがありますか.

13. 샐러드 드레싱은 어떤 것으로 준비되어 있습니까?

What kind of salad dressing do you have?

どんなサラダドレッシングがありますか.

14. 스테이크는 "미디움레어"로 구어주세요.

I like my steak medium rare, please.

ステーキはミディアムレアにしてください.

15. 이것은 내가 주문한 것과 다릅니다.

This is not what I asked for.

これは私が注文したものと違います.

16. 물 한 잔 주시겠습니까?

May I have some water, please?

お水を一杯下さい.

17. 커피는 식사와 함께하겠습니다.

I'd like my coffee with dinner.

コーヒーは食事と一緒にします.

18. 후에 디저트 주문을 받아주세요.

Can you take my order for dessert later?

後でデザートの注文をとりに來てくれませんか.

19. 미국식 조식으로 하겠습니다.

I'd like the American breakfast.

アメリカ式朝食にします.

20. 계란요리는 반숙의 바삭바삭한 베이컨으로 하겠습니다.

I'll have a soft boiled egg with crisp bacon.

卵は半熟にして下さい, それにクリシッフベーコンをお願いします.

21. 디저트는 피칸파이로 하겠습니다.

Pecan pie for dessert, please.

デザートにはピカンパイをいただきます.

22. 커피는 슈가와 밀크를 함께 주세요.

Coffee with sugar and cream, please.

コーヒーに砂糖とミルクを下さい.

23. 계산을 부탁합니다.

Check, please.

計算をお願いします.

24. 콘플레이크를 주십시오.

Cornflakes, please.

コーンフレークを下さい.

25. 그것 뿐입니다.

That's it.

それだけです.

26. 크림 수프 대신 다른 것으로 바꿔 줄 수 없을까요?

May I have something else instead of cream soup?

クリームスープの代りに他のと,かえられませんか.

27. 저 역시 수프는 후렌치 어니언으로 하는데 아주 뜨겁게 해주세요.

I'd also like to have French onion soup.

Please make it very hot.

私もやっぱりフレンチオニオンスープにして, とても熱くして下さい.

28. 거기에 딸려 나오는 더운 야채는 무엇이 있습니까?

What hot vegetable will be served with it?

それについて出る野菜は何ですか.

29. 레몬 한쪽만 더 갖다 주세요.

Will you bring me another wedge of lemon?

すみませんが, 私にレモンをもら一切持って來てさい.

30. 한국 음식맛이 어떠신가요?

How do you like the Korean food, Sir?

韓國料理はいかがでしたか.

31. 우선 커피 한 잔 주세요.

Please give me a cup of coffee first.

まずコーヒーを一杯下さい.

32. 식사가 끝날 무렵 홍차를 주세요.

I'll take tea at the end of meal.

食事が終る頃, 紅茶を下さい.

33. 드라이하게 만들어 주세요.(술 주문 시)

I want it dry please.

ドライに頼みます.

34. 전 시원한 맥주로 한 잔 하겠습니다. 어떤 것이 있습니까?

I'll have chilled beer. What kind of beer do you have?

私は冷たいビールを一杯. どんなのがありますか.

35. 웨이터, 이 버번 콕이 조금 진한 것 같아요. 조금 묽게 해주세요.

Waiter, this Bourbon with coke is a little strong for me. Can you make it a little bit weaker?

ウェイターさん, このバアボンコックちょっときついよらだから薄目にて欲しいね.

36. 한 잔씩 더합시다. 어떠세요?

How about one more round?

もう一杯ずつしましょう. とうですか.

37. 모두 내앞으로 함께 계산하지요.

Please charge it to me.

全部私の所へ計算を回してください.

38. 오늘 저녁은 저희들에게 맡겨주세요.

Please leave tonight's dinner to us.

今晩は私たちにおまかせ下さい.

39. 현금을 내야 하나요?

Should I pay in cash?

現金で拂わないといけませんか.

40. 거스름돈은 그냥 가지세요.

You may keep the change.

おつりはそのままもらって下さい.

41. 각자 따로 계산해 주세요.

We will go Dutch.

ひとりずつ別ヶに計算してください.

42. 이렇게 두 사람하고 저렇게 두분해서 계산서를 두 장으로 만들어 주세요.

Please make two bills. One for us and one for them.

このふたり, そしてあのふたりに, 計算を二枚にして下さい.

※ 자료: 쉐라톤워커힐호텔

Hotel Service Manner

제 4 편

서비스 매너의 기본

제1장

에티켓과 매너

1. 에티켓의 유래

에티켓(Etiquette)은 영어에서 예절, 동업자 간의 불문율이란 뜻이며 두 가지의 전설적인 유래가 이어져 오고 있다. 첫 번째 유래는 프랑스 베르사이유 궁전에 들어가는 입장권(Ticket)이 발급되었는데, 그 입장권에는 궁전 내에서 유의해야 할 사항이나 예의범절이 수록되었다는 점에서 입장권(Ticket)이 에티켓이란 말의 기원이라고 전해지고 있다. 두 번째 유래는 루이14세 초기 베르사이유 궁전의 신하들이 지정된 화장실을 이용하지 않고 가까운 정원잔디에서 실례를 하자 당시 정원사가 "꽃밭을 해치지 마십시오"라는 입간판을 세움으로써 남을 해치지 않는 배려의 마음을 담긴 말이 에티켓을 "존중하다"라는 의미로 사용되었고, 오늘날 에티켓으로 널리 사용되고 있는 것이다.

2. 에티켓의 기본개념

서양 에티켓의 기본 개념은 다음 3가지로 요약된다.

첫째, 상대방에게 좋은 인상을 주라.

둘째, 상대방에게 폐를 끼치지 말아라.

셋째, 상대방을 존중하라.

즉 에티켓은 상대방에게 보여주는 예의범절을 갖춘 행동과 형식(form)이다.

3. 매너의 유래

매너(manner)의 어원은 Manuarius라는 라틴어에서 유래되었다. Manuarius라는 단어는 Manus(손을 의미)와 Arius(방식이나 방법을 의미) 단어의 복합어이다.

그 발전과정은 Manus → Manual → Manurius → Manner 의 변화를 가져왔다.

즉 매너란 사람마다 개인 간, 국가 간 제각각 가지고 있는 독특한 습관이나 몸가짐이다.

4. 에티켓과 매너의 차이점

에티켓은 사람이 기본적으로 취해야 할 행동(action)과 형식(form)이며 매너는 사람이 지켜야 할 태도(attitude)와 방식(ways)이다. 즉 인사를 한다는 행위는 에티켓이며 그 인사를 공손하게 하느냐 불손하게 하느냐 하는 것은 매너에 속한다고 할 수 있다.

5. 에티켓과 매너의 중요성

에티켓이나 매너는 상대방에게 불쾌감을 주지 않는 것이며 상대방을 진심으로 배려하는 마음이다. 즉 상대방의 입장에서 생각하는 마음가짐이 에티켓과 매너의 원천이라 할 수 있다. 특히 비즈니스에서는 에티켓과 매너가 성공과 실패를 좌우할 수 있고, 인간과 사회조직 관계의 기본이므로 매우 중요한 예의범절이다.

6. Lady First

서양의 에티켓은 멀리 기독교 정신이나 중세의 기사도에 기원을 두고 'Lady First(숙녀존중)'의 개념을 바탕으로 형성되어 있다고 해도 과언이 아니다. 신사는 무엇보다도 먼저 'Lady First'의 몸가짐을 몸에 익히도록 하는 것이 중요하다.

1) 서양에서는 방이나 사무실을 출입할 때 언제나 여성을 앞세우고, 길을 걸을 때나 자리에 앉을 때는 언제나 여성을 오른쪽에 또 상석에 앉히는 것이 원칙
2) 문을 열고 닫을 때 뒤에 오는 사람을 위해 잠시 문을 잡아 주는 것은 여성에 대한 것뿐 아니라 일반적 예의
3) 식당이나 극장·오페라에서 안내인이 있을 때는 여성을 앞세우나, 안내인이 없을 때는 남성이 앞서고, 또 여성을 먼저 좌석에 안내
4) 길을 걸을 때나 앉을 때는 남성은 언제나 여성을 우측에 모시는 것이 에티켓
5) 남성이 두 여성과 함께 길을 갈 때나 의자에 앉을 때 두 여성 사이에 끼지 않는 것이 예의이나, 길을 건널때만은 재빨리 두여성 사이에 끼어 걸으면서 양쪽 여성을 다 같이 보호
6) 호텔에서 여자 혼자 남자손님의 방문을 받았을 때는 로비(Loby)에서 만나는 것이 원칙--자기 방에서 만나는 것은 자칫하면 오해를 받기 쉬우며, 부득이 방문을 받았을 때는 출입문을 조금 열어놓는 것이 에티켓
7) 겨울철에 여성이 외투를 입고 벗을 때 꼭 도와주어야 하며, 식당이나 극장에서 외투를 벗어 Cloakroom에 맡길 때나 찾을 때도 남성이 맡기고 찾는 것이 예의
8) 자동차·기차·버스 등을 탈 때는 일반적으로 여성이 먼저 타고 내릴 때는 남성이 먼저 내려 필요하면 여성의 손을 잡아주는 것이 옛날 마차시대부터 내려오는 서양의 에티켓
9) 여성은 자동차를 탈 때 안으로 먼저 몸을 굽혀 들어가는 것보다는 차 좌석에 먼저 앉고, 다리를 모아서 차속에 들여 놓는 것이 보기 좋으며, 차에서 내릴 때는 반대로 차 좌석에 앉은채 먼저 다리를 차 밖으로 내놓고 나오도록 함
10) 계단을 오를때는 남자가 앞서고 내려올 때는 반대
11) 서양 에티켓에서는 "숙녀는 결코 오만불손해서는 안되며, 언제나 친절·선의·품위·총명·절도·예의 등을 갖고, 우아하고 아름답게 행동할 것"을 강조
12) 한국여성들 중에는 '레이디 퍼스트' 대접을 받을 때, 오랫동안의 습관탓으로 친절을 그대로 받아들이지 못하고 우물쭈물 눈치를 살피는 사람이 있는데 '레

이디 퍼스트' 대접을 받으면 미소를 짓고 "Thank you"하면서 가볍게 목례를 하고, 부담없이 호의를 받는 것이 옳고 자연스러움

13) 기타 외투를 벗을 때나 입을 때 도와주며, 숙녀에게 신체조건이나 나이에 대해서 이유없이 물어보면 실례가 된다.

7. 예약 에티켓

구미 선진국에서는 모든 생활이 예약으로 시작해서 예약으로 끝난다고 해도 과언이 아님

- 호텔·이발소·미용실·식당은 말할 것도 없고, 병원에 입원하거나 자동차의 수선·정비를 하는 데에도 먼저 전화로 예약함
- 사람을 만날 때에도 마찬가지
- "지나가다 들렀다"는 우리식 방문은 대개의 경우 서로 불편하고 경우에 따라서는 환영을 받지 못함

8. 팁(Tip) 에티켓

- To Insure Promtness?
- 신속하고 친절한 서비스에 대한 일종의 사례
- 오늘날 서양에서는 '팁'이 사례라기 보다 자기가 제공한 서비스에 대한 당연한 보상이라는 느낌이 들 정도로 보편화되어 있어, 관습상 주어야 할 때에는 꼭 '팁'을 줌
- 보통 요금의 10~20% 정도(식당에서의 봉사요금은 Bill속에 포함되어 있는 나라도 있으므로 지불 전에 확인하는 것이 좋다)

Host·Hostess·Madam의 의미?

1. 호스트(Host)란 사교적 모임의 주최자를 말하며,
2. 호스티스(Hostess)란 여주인, 즉 주최자의 부인을 말한다. 종종 우리나라 사람들은 호스티스를 술집에서 일하는 여주인이나 접대부로 생각하는 경우가 있으나 이는 그릇된 생각이다.
3. 마담(Madam)이란 프랑스어로 결혼한 부인을 뜻하는데 6·25이후 외국 군인들이 다방에서 커피를 마시며 다방주인을 부르던 것이 그대로 인식된 것이니 주의해야 한다.

9. 승용차의 승차 에티켓

1) 운전사가 있는 경우

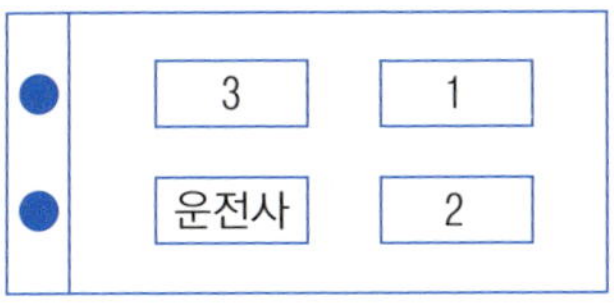

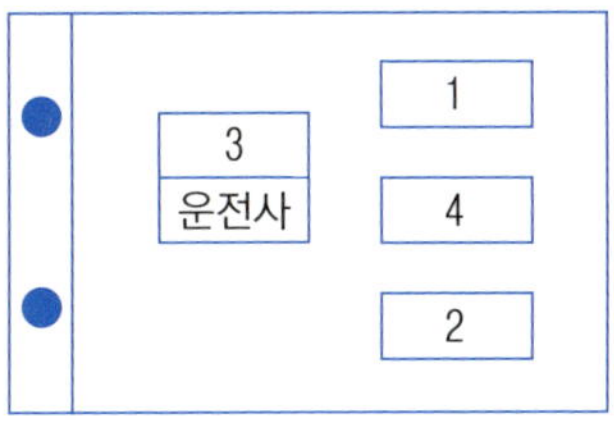

2) 차주인이 직접 운전할 경우

- 서양에서는 대부분 주인이 직접 자동차를 운전하고 있으며, 이 경우 운전석 옆자리, 즉 주인의 옆자리가 상석임

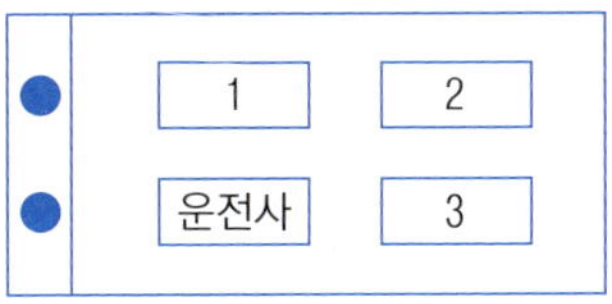

3) 지프의 경우

- 운전자의 옆자리가 언제나 상석
- 승차시는 상위자가 먼저, 하차시는 반대로 하위자가 먼저 하는 것이 관습

10. 호칭 에티켓

1) 미국 사람들은 처음부터 '퍼스트 네임'을 부르는 경우도 있으며, 영국사람들은 어느정도 친해지면 '퍼스트 네임'으로 부를 것을 제의하는 것이 일반적이다. Mr.는 성 앞에만 붙이고 '퍼스트 네임'앞에는 절대로 붙여 쓰지 않음
2) 기혼여성의 경우 Mrs. Peter Smith식으로 남편의 이름앞에 Mrs.라는 존칭만을 붙여 쓰는것이 오랜 관습. 그러므로 Mrs. Mary Smith 식으로 자신의 '퍼스트 네임'을 쓰면, 영국에서는 이혼한 여성으로 간주
3) 그러나 미국에서는 직장부인들이 이혼하지 않고도 Mrs.를 붙여 자신의 '퍼스트 네임'을 붙여쓰며 또 이혼한 경우에는 아예 미혼 때의 이름으로 돌아가, Miss Mary Nixon 식으로 호칭하는 사람들도 있다.

11. 사무실 금기 에티켓

1) 손님 앞에서 옆 직원과 장난치거나 잡담을 한다.
2) 사적인 통화를 자주하고 길게한다.
3) 의자에 기댄채 좌우로 몸을 흔든다.
4) 책상이나 서류함에 기대거나 걸터 앉는다.
5) 기지개를 켜거나 하품을 하며 괴성을 지른다.
6) 다리를 꼬고 앉아 있거나 신발을 반만 걸치고 있다.
7) 양손을 주머니에 넣고 다닌다.
8) 의자에 누운 듯이 눈을 감고 있다.
9) 손톱을 깍거나 귀를 후비고 있다.

10) 여직원이 남이 보는데 화장을 고치거나 무릎을 벌리고 있다.

11) 터벅터벅 걷거나 신발을 질질 끌며 다닌다.

12) 이쑤시개를 사용하며 걸어 다닌다.

12. 방문 에티켓

1) 방문은 약속하는 것에서부터 시작한다.

2) 방문전 준비

- 사전에 방문일시와 장소 약속
- 필요한 서류와 명함 등 확인
- 방문전 상대자에게 변동사항 여부를 전화로 확인
- 구강 청결 및 용모 점검
- 행선지와 귀사시간을 밝히고 출발

3) 도착 및 안내시

- 늦어도 약속시간 5분전까지 도착
- 부득이한 사정으로 늦어지는 경우, 도중에 상대에게 유선으로 연락
- 입구에서 안내자에게 반드시 문의한다.
  "안녕하십니까? ○○○부 ○○○입니다. ○○○건으로 ○○○와 3시에 약속했습니다만…."
- 코트, 모자 등은 사무실에 들어서기전 벗고 들어간다.
- 화장실에 들러 용모를 다시 한번 점검한다.

13. 음료수 접대 에티켓

1) 기본자세

(1) 먼저 출입문을 노크를 한 다음 들어가서 정중히 인사

(2) 찾아온 손님에게 먼저 차를 내어드린다.

(3) 가볍게 목례하고 퇴실

2) 준비과정

(1) 여러 종류의 차가 준비되어 있고 고객이 많은 경우와 적은 경우 체크

(2) 먼저 복장과 용모는 단정한가를 체크

(3) 차는 적당한 농도와 온도로 잔의 7할정도 붓는다.

(4) 찻잔의 물기는 항상 깨끗이 제거

(5) 차 준비는 신속하게

3) 차를 낼 때

(1) 인사(눈 마주침)

(2) 안정감 있는 자세로

(3) 오른쪽 뒤에서 내어 드린다.

(4) 가벼운 인사말

(5) 문앞에서 가볍게 목례 후 조용히 문을 닫는다.

4) 뒷정리

고객이 간 후에 다음 고객응대를 위해 바로 정리
(단, 고객이 볼 때는 하지 않도록 한다.)

14. 국가별 제스처(몸짓, 손짓)의 이해와 유의점

언어 소통이 잘 안 되는 외국에서는 의사전달을 위해 몸짓, 손짓을 자주 쓰게 된다. 이 때 자신의 의도와 상반된 표현이 되어 난처해질 수도 있으므로 유의해야 실수를 하지 않는다.

1) 미국식 OK의 사인

- 브라질 ⇒ 외설적 의미 • 한국, 일본 ⇒ 돈 • 프랑스 ⇒ 제로(0)

2) V자 사인

- 손 등이 상대를 향하면 외설적인 신호

3) 말없이 다정하게 손을 잡는 행위

- 미국에서는 동성애의 의미 • 아랍에서는 우정과 존경

4) 손바닥 전체를 상하로 움직이면

- 미국 ⇒ Bye-bye • 유럽 ⇒ No • 그리스 ⇒ 상대방을 모욕

5) 아랍인에게 있어 구두 밑창을 보이는 것은 불쾌감을 표시

6) 눈을 깜박거림

- 대만에서는 무례한 짓

7) OK 사인을 코 끝에 대고 하면

- 이야기의 상대자가 동성연애자임

8) 귀를 움켜쥔다.

- 인도 ⇒ 후회 • 브라질 ⇒ 칭찬

9) 엄지손가락을 코 끝에 댄다.

- 유럽에서는 남을 비웃을 때

10) 손가락 끝에 키스를 한다.

- 멋지다는 감탄, 존경

11) 손톱으로 턱을 바깥쪽으로 튕긴다.

- 흥미없다는 뜻

12) 귓가에다 인지로 원을 그린다.

- 돌았다.

13) 가운데 손가락을 뻗쳐 세운다.

- 몹시 외설적인 뜻

14) 고개를 끄덕인다.

- 불가리아, 그리스 ⇒ NO • 그 밖의 나라는 ⇒ Yes!

15) 인지와 가운데 손가락 사이에 엄지손가락을 내민다.

- 유럽 ⇒ 경멸 • 브라질 ⇒ 행운의 상징

제2장

인사 매너

1. 인사의 정의

인사는 한자로 사람인(人)자와 그리고 일사(事)자의 합성어로 결국 사람이 하는 일을 뜻한다. 즉 人事란 내 자신이 상대방을 진정으로 존중해 주거나 다정한 인상을 전해주기 위해서 자신의 겸손한 자세를 보이기 위한 수단이자 상대방을 배려하기 위한 최고의 방법이다.

사전적 의미에서의 인사(人事)정의는?

1) 상대방의 안부를 묻거나 공경의 뜻을 표하기 위하여 예(禮)를 갖추거나 표현하는 일(Greeting)
2) 서로 알지 못하던 사람끼리 성명을 통하여 자기를 소개하는 일(Introduction)
3) 인간 관계에서 지켜야할 예의 있는 언행 또는 그 일(Manner), 이라고 정의하고 있다.

이렇듯 인사란 상대에게 닫혀져 있는 마음의 문을 열어주는 구체적인 행동의 표현이며 환영, 감사, 반가움, 기원, 배려, 염려의 의미가 내포되어 있는 것을 알 수 있다.

☞ 호텔에서의 인사란 고객에 대한 서비스 정신의 표현이며, 상사에 대해선 존경심과 부하에 대한 자애심의 발로이고 바로 자신의 인격을 표현하는 행동이다.

결국 인사하는 그 사람의 모습 하나만으로도 그 사람의 자신감, 능력 등을 평가할 수 있는 인간 관계의 시발점이라고 할 수 있다.

2. 인사의 중요성

1) 인사는 도덕과 윤리형성의 기본이며 모든 예절의 기본이 되는 표현이다.
2) 인사는 마음의 문을 여는 열쇠이다.
3) 인사는 자신의 인격을 표현하는 최초의 행동이다.
4) 인사는 서비스의 기본이자 척도이다.
5) 인사는 개인적 소양을 나타내는 자기 표현이다.
6) 상대에게 예절의 시작이며 기본이다.
7) 상사에 대한 존경심과 동료 및 하급자에 대한 애정의 외적 표현이다.

3. 인사의 3요소

1) 표정 - 밝은 표정
2) 말씨 - 부드럽고 상냥한 솔톤의 말씨
3) 태도 - 바른자세에서 나오는 공손한 태도

4. 올바른 인사법의 KEY POINT

잘못된 인사	올바른 인사
• 망설이다 하는 인사 • 고개만 까딱하는 인사 • 무표정한 인사 • 눈맞춤이 없는 인사 • 말로만 하는 인사 • 기본 인사말만 하는 인사	• 인사는 내가 먼저 • 표정은 밝게 • 상대방의 시선을 바라보며(eye contact) • 밝은 목소리의 인사말 • 허리를 굽혀서 • 인사를 잘 받는 것은 또 한번의 인사

5. 올바른 인사방법

1) 인사의 각도

가) 목례(15도) - 친한 사람에게나 좁은 장소에서 하는 가벼운 인사

나) 보통례(30도) - 윗사람에게나 고객을 맞이할 때 행해지는 가장 일반적인 인사

다) 정중례(45도) - 정중히 사과를 하거나 감사의 마음을 전하는 인사

2) 인사의 속도

가) 마음속으로 하나, 둘, 셋 하면서 구부리고(1초)

나) 넷에 1초 동안 멈추었다가(1초)

다) 다섯, 여섯, 일곱에 원위치(1초)

3) 눈(시선)

가) 인사하기 전에 상대방의 시선을 바라본다.

나) 1.5m 전방을 봅니다.

다) 인사 후에도 상대방의 시선을 본다.

4) 허리, 어깨

가) 곧게 편다.

나) 머리에서 허리까지 일직선이 되도록 한다.

5) 양손의 위치(女右男左)

가) 오른손으로 감싸서 아랫배에 가볍게 댄다.(여자)

나) 왼손으로 오른손을 감싸서 아랫배에 가볍게 댄다.(남자)
혹은 자연스럽게 내려 바지 재봉선 위에 붙인다.

6) 발

가) 뒷꿈치를 붙이고(30도 각도)

나) 양 다리는 힘을 주어 곧게 편다.

다) 무릎을 붙인다.

7) HIP

가) Hip이 뒤로 빠지지 않도록 약간의 힘을 준다.

8) 표정

가) 얼굴엔 가벼운 미소

나) 입술 양 끝에 살며시 힘을 주어 약간 위로 올린다.

다) 용어 사용시에는 밝은 목소리로 한다.

6. 인사의 유형

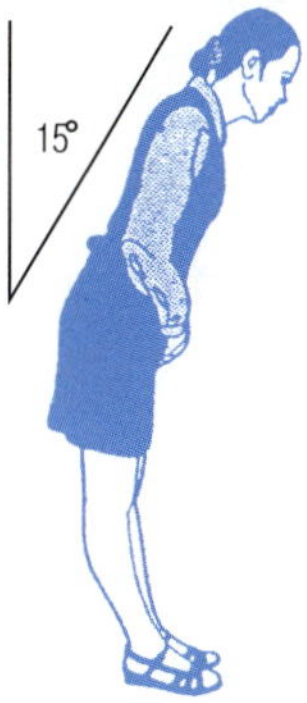

- 고객 응대시
  네, 잘 알겠습니다.
  곧 가져다 드리겠습니다.
  네, 손님 제가 도와 드릴까요?

- 좁은 공간에서 인사 시

- 자주 만나는 경우, 친한 경우

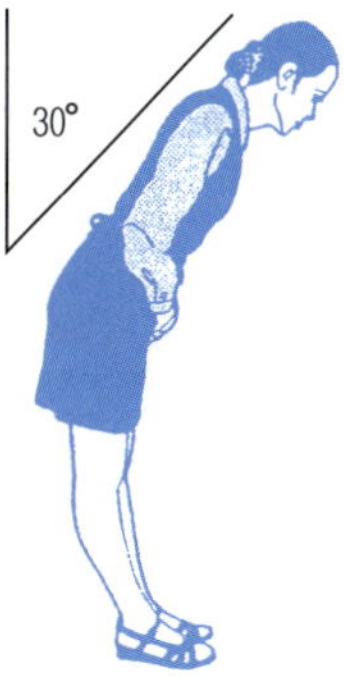

- 고객을 맞이하거나 전송할 경우
  안녕하십니까? 어서오십시오.
  안녕히 가십시오, 즐거운 쇼핑되시길 바랍니다,
  맛있게 드십시오.

- 감사드릴 경우
  감사합니다, 고맙습니다.

- 사죄드릴 경우
  죄송합니다.

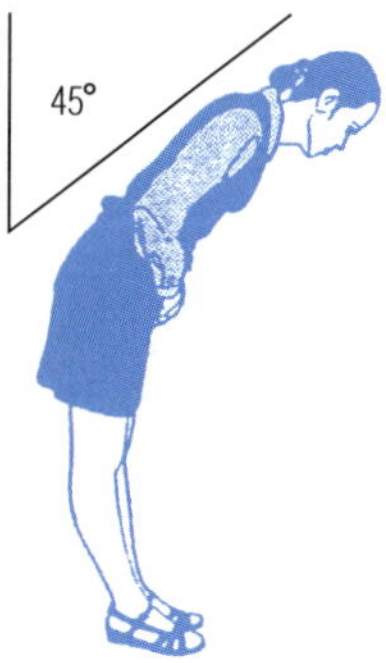

- 깊이 감사드릴 경우
  대단히 감사합니다.

- 깊이 사죄드릴 경우
  대단히 죄송합니다.

- VIP 응대

7. T.P.O(Time, Place, Occasion)에 의한 인사요령

1) 복도나 계단에서 상사를 만났을 때

- 적당한 거리에서 눈높이가 맞을때 인사한다.
- 목례를 먼저하고 가까이 와서 1.2~1.5m 정도가 되면 인사한다.
- 인사 후 상사가 지나갈 수 있도록 자리를 약간 옆으로 비껴나도록 한다.

2) 전화 통화중일 때 손님이 방문한 경우

- 먼저 가볍게 목례하거나 미소를 띄운다.
- 용무가 있는 경우는 "잠시 기다려 주시겠습니까?"라고 부탁한 후 전화를 끊도록 한다.

3) 하루에 여러 번 상대방을 마주칠 경우

- 상사에게는 가벼운 목례를 하고 동료에게는 가벼운 미소나 목례로 인사를 대신할 수도 있다.

4) 감사의 정중함과 사과를 표할 때

- 이 때는 최대한의 정중함이 필요하다. 가급적 자신의 상체를 최대한 숙이되 비굴하게 느껴지거나 아부를 하는 듯한 느낌이 없도록 30~45도 정도의 각도로 깊숙이 숙여 감사와 죄송함을 표하면 느낄 수 있다.

5) 상대방이 먼저 인사했을 때

- 친절도 하나의 반응입니다. 반드시 대답한 후에 인사를 하도록 합니다.
- "네, 안녕하십니까?, 반갑습니다."

6) 외출시 인사요령

- 외출하는 목적, 장소, 시간 등에 대해 분명히 말씀드리도록
- 외출시 "다녀오겠습니다", 외출후 "다녀왔습니다"라고 인사하도록 한다.

7) 퇴근시 인사요령

- 동료나 상사에게 "먼저 실례하겠습니다"라고, 인사하며 퇴근을 하도록 합니다.
- 상사는 부하에게 "수고했어요"라고 답례합니다.

8) 직원 상호간의 인사요령

- 인사는 누가먼저 하는 것일까요?
- 부하가 상사에게…?
- 젊은사람이 나이드신 분에게…?
- 남자가 여자에게…?

그러나 인사란 먼저 본 사람이 먼저 하게 되어있습니다.

결국 인사는 내가 먼저 상대의 눈을 보며 인사말을 크게 내어 상대에게 맞는 인사를 하여야 합니다. 그러면 인사를 할 때 어떻게 하면 상대에게 호감을 주고 친근감을 주게 될까요? 인사를 잘하기란 결코 쉽지 않습니다. 인사에는 기술이 필요하며 반복연습이 따라야 합니다.

8. 글로벌 인사법

인사종류	나라별 인사법
악수	• 미국: 손을 힘있게 잡고 두세 번 흔든다. • 독일: 언제나 강하고 짧게 흔든다. • 프랑스: 프랑스식 악수는 손에 힘을 많이 주지 않는다. • 한국: 악수가 인사로서 별 의미가 없고, 손을 잡는 그 자체에 의미를 둔다.
목례	• 중국을 비롯한 아시아의 유교 영향권 나라: 하급자, 연하자일수록 먼저 더 낮추어 고개를 숙인다.
입맞춤	• 프랑스, 스페인, 이탈리아, 포르투갈 그리고 다른 지중해 연안의 나라: 주로 양쪽 빰에 키스를 한다. 단, 이성간에는 연인이 아닌 경우라면 소리만 내고 실제 키스는 하지 않는다. • 러시아: 키스를 하고 포옹을 한다. • 사우디아라비아: 악수를 한 후 양쪽 빰에 키스를 한다.
와이	• 태국의 전통인사로 두 손을 모으고 팔과 팔꿈치를 몸에 붙인 채로 '와이'라고 말하면서 고개를 숙인다. • 합장한 손이 위로 올라갈수록 공경의 정도가 커진다. • 만날 때와 헤어질 때 또는 감사하거나 사과할 때도 같은 방법으로 한다. • 연하자가 먼저 인사를 한다.
나마스테	• 인도의 전통인사로 '와이'와 비슷한 합장인사이다. • '나마스테'는 인사이기도 하지만 존경의 표시이며, 산스크리트어로 '당신 앞에 절합니다'라는 뜻이 있다.
살람	• 싱가포르의 전통 인사로 손을 잡지 않고 인사하는 것을 말한다. • 한 손을 펴서 서로의 손에 가볍게 댄 후 그 손을 가슴 위에 올려놓는다.
아브라쏘	• 멕시코, 아르헨티나, 콜롬비아 등 중남미 나라: 서로 껴안고 키스를 한 후 친근함의 표시로 어깨를 몇 번씩 두드리는 행위이다. • 키스보다 훨씬 더 신체 접촉이 많으며 시간도 길다.
침 뱉기	• 아프리카 탄자니아의 마사이 한 부족: 만나거나 헤어질 때 상대방에 대한 존경과 친근함의 표시로 얼굴에 침을 뱉는다. • 갓 태어난 아이에게도 축복과 행운의 의미로 침을 뱉고, 상거래시 장사꾼 상호간의 흥정을 위해서도 다같이 침을 뱉는다.
코 비비기	• 뉴질랜드 북섬에 있는 로토루아 마오리족: 반가운 남녀가 만나면 "홍기"라는 인사가 자연스럽게 이루어진다. '홍기'는 코를 서로 두 번씩 비비는 것이다. • 터키: 친한 사람끼리 만나면 서로 볼을 비비거나 손을 붙잡는다.

9. 인사 매너 점검표

내용	check		
	A	B	C
① 밝은 표정과 바른자세로 인사를 하고 있습니까?			
② 상대방의 시선을 바라보며 인사를 하고 있습니까?			
③ 인사는 항상 적극적으로 먼저 행하고 있습니까?			
④ T.P.O에 의한 인사요령을 잘 실천하고 있습니까?			
⑤ 영업장 이외의 장소에서 동료나 고객을 마주쳤을 때 정감어린 인사를 하고 있습니까?			
⑥ 상대와 우연히 시선이 마주쳤을 때 밝은 표정으로 가벼운 눈인사를 하고 있습니까?			
⑦ 인사는 내가 먼저하는 것이라는 생각을 가지고 있습니까?			
⑧ 사람 사이를 지나갈 때 "실례하겠습니다"라고 말하고 있습니까?			
⑨ 상대방에게 사소한 것이라도 도움을 받았을 때 곧 "감사합니다."라고 말하고 있습니까?			
⑩ "잘먹겠습니다.", "잘먹었습니다."가 습관화되어 있습니까?			
개선할 사항			

제3장

서비스화법

1. 서비스 기본화법 3원칙

구분		표현요령	화제선택
① 밝게		• 명랑한 목소리 + 즐거운 기분 • 유머 센스를 활용	건전하고 밝고 건강한 이야기 즐거운 이야기
② 상냥하게	듣기쉽게	• 알기쉽게 말한다. • 전문어, 약어에 주의 • 적당한 속도, 정확한 발음	모두가 이해하기 쉬운 이야기
	상냥하게	• 상대방의 입장 고려 • 공손하게	마음을 따뜻이 하는 부드러운 이야기
③ 아름답게		• 은어, 유행어 지양	아름다운 이야기

2. 대화기술

1) CUSHION 표현 사용(부드럽게 만드는 말)

상대방에게 의뢰할 때나 상대방의 의도와 다른 경우에 덧붙인다.

예) 실례합니다만~

공교롭게도~

죄송합니다만~

2) "부정문"은 "긍정문"으로

밝은 표현은 긍정적 언어를 사용하는 것이 POINT임

예) 없습니다. → 죄송합니다만, 준비가 되어있지 않습니다.

3) "명령문"은 "의뢰문"으로

예) ~해 주십시오. → 해 주시겠습니까?

4) 항상 부드러운 미소를 띠고 상냥하게 말할 것
5) 목소리의 크기와 말의 속도는 T.P.O에 맞출 것
6) 시선은 상대방에게 둘 것
7) 칭찬할 것
8) 잘 듣고 맞장구칠 것
9) 똑똑한 체 하지 말 것
10) 고객의 입장을 존중할 것
11) 침착하게 말할 것
12) 반말 엄금

3. 대화의 기본원칙

1) 말할 때의 유의점

(1) 말하는 목적을 의식하며 상대방의 입장을 생각합시다.
(2) 정확한 발음, 솔톤의 밝은 목소리, 적당한 속도로 말합시다.
(3) 상대방의 눈을 보며 좋은 태도로 말합시다.
(4) 상대방에 맞춰 알아듣기 쉽게 말합시다.
(5) T.P.O에 맞도록 말을 하도록 합시다.

- Time(때) + Place(장소) + Occasion(경우)

(6) 공적인 장소에서는 친한 사람 끼리도 경어를 사용합시다.

2) 들을 때의 유의점

(1) 침묵을 지키고 귀를 기울입니다.

(2) 상대방의 표정과 동작을 주시합니다.

(3) 눈과 귀는 물론, 모든 감각을 총동원하여 듣습니다.(시각, 청각, 촉각)

(4) 상대방이 이야기에 열중하도록 분위기를 깨지 맙시다.

(5) 반응을 보일 것, 적당한 맞장구를 칩니다.

(6) 상대방의 말을 도중에 중단시키지 맙시다.

(7) 상대방의 입장에서 들읍시다.

(8) 상대방의 거울이 될 것, 웃으면 같이 웃고 울면 같이 우는 마음으로 듣습니다.

(9) 선입관을 버리고 개방적이고 편안한 자세로 듣습니다.

3) 1,2,3화법

(1) 1분 동안 말하고

(2) 2분 동안 듣고

(3) 3분 동안 맞장구를 칩니다.

4) 호텔의 4대 금지 용어

(1) 안 된다.

(2) 모른다.

(3) 못한다.

(4) 없다.

4. 서비스맨의 금지 언어 10가지

1) 안됩니다.

2) 제 소관이 아닙니다.

3) 잘 모르겠습니다.

4) 글쎄요.

5) 다른 곳에 알아 보세요.

6) 지금은 바쁩니다.

7) 곤란합니다.

8) 다음에 한 번 오세요.

9) 힘들어 죽겠네.

10) 아휴, 신경질 나.

5. 비언어 커뮤니케이션

언어를 통해서는 자신의 의사가 극히 일부분만 타인에게 전달되며 더 큰 효과를 내는 것은 비언어적인 메시지이며, 그 중 가장 중요한 것은 바디랭귀지(Body Language)와 목소리이다. 화가 났을 때 말을 하지 않고 입을 꽉 다물고 있는 것 자체도 말을 하는 것이다. 오히려 '나는 무척 화가 났다'고 이야기하는 것보다 더 강한 의사를 전달하는 바디랭귀지(Body Language)인 것이다. 그러므로 상대의 바디랭귀지와 목소리를 잘 관찰해서 상대의 감정을 알아내야 한다.

6. 고객과 서비스맨의 응답 표현법

	고객	서비스맨
신속의 "네"	이 옷 빨리 포장 좀 해주세요.	"네, 바로 준비해 드리겠습니다."
인정의 "네"	여기 음식이 좀 비싼 것 같아요.	"네, 손님 그렇지만 아마 우리나라에서 가장 맛있는 음식일 겁니다."
이해의 "네"	내가 다리가 좀 불편해서…	"네, 그러시군요. 그럼 제가 가져다 드리겠습니다."
기쁨의 "네"	우리 아들이 이번 수능에 합격해서 이 옷을 사주는 거예요.	"네! 정말 축하드립니다. 아마 잘 어울리실 거예요."
슬픔의 "네"	우리 강아지가 일주일 전에 죽었거든…	"네, 참 안됐군요. 아마 이 강아지가 손님의 빈자리를 채워줄 겁니다."
완충의 "네"	이 따위 서비스가 어디 있어!	"네, 손님 정말 죄송합니다. 즉시 시정하겠습니다."
시작의 "네"	ㅇㅇ은행이죠?	"네, 정성을 다하는 ㅇㅇ은행입니다."
마무리의 "네"	그럼 그 날 찾아가면 되죠?	"네, 손님 전화주셔서 감사합니다."

이렇게 다양하게 표현될 수 있다.

위의 대화에서 "네"라는 표현이 없다고 가정하면 서비스맨이 의도한 방향이 50%는 감소되어 들릴 것이다.

"네"는 고객에 대한 관심의 표현이고 Communication의 시발점이다.

7. 대화매너 점검표

내용		CHECK		
		A	B	C
듣기	① 상대가 얘기를 꺼내기 쉽도록 당신의 분위기가 몸에 배어 있습니까?			
	② 남의 얘기를 들을 때 상대의 눈을 보고 진지한 자세로 듣습니까?			
	③ 남의 얘기를 편견이나 선입견에 사로잡히지 않고 들을 수 있습니까?			
	④ 상대의 얘기를 중간에 끊지 않고, 끝까지 들을 수 있습니까?			
	⑤ 사실과 의견을 바르게 구별해 듣고 있습니까?			
	⑥ 5W 1H를 잘 파악하면서 듣습니까?			
	⑦ 일의 지시를 받았을때 복창합니까?			
	⑧ 당신과 얘기한 사람이 자신감을 가지고 안심할 수 있도록 적당히 대답하고 아낌없이 칭찬하여 듣습니까?			
말하기	① "안녕하십니까?" "어서 오십시오" 등의 인사를 항상 스스로 먼저 합니까?			
	② "감사합니다." "수고하셨습니다"라고 감사와 위로의 말을 진심으로 아낌없이 합니까?			
	③ 순수하게 "정말 잘못했습니다"라고 사과의 말을 할 수 있습니까?			
	④ 경어를 바르게 사용합니까?			
	⑤ 거절할 수 없을 경우 상대가 상처받지 않도록 말을 정중히 합니까?			
	⑥ 주위 사람의 장점을 발견하면 진심 어린 칭찬을 하고 있습니까?			
	⑦ 말은 사람의 됨됨이입니다. 항상 스스로의 인간성, 감정을 연마하는 노력을 합니까?			
개선할 사항				

8. 대화예절 - 말하기

상황	실행표준
1. 똑바른 자세를 취한다.	1) 등을 편다. 2) 상대방을 마주보고 말한다. 3) 성의와 신의의 마음자세로 말한다.
2. 밝고 명랑한 표정으로 말한다.	
3. 발음을 정확하게 밝은 목소리로 말한다.	
4. 말의 속도조절을 유념하여 강조할 부분에는 반드시 악센트를 가한다.	
5. 상대방의 관심분야에 초점을 맞춘다.	
6. 말끝을 흐리지 않고 명료하게 전달한다.	
7. 상대방이 알아듣기 쉬운 용어를 사용한다.	1) 상황에 A자는 적절한 표현을 듣는 이의 입장을 고려하며 듣는다.

9. 대화예절 - 듣기

상황	실행표준
1. 자세를 바로한다.	1) 절대 다른 일을 하면서 듣지 않는다. 2) 시선은 상대방과 마주본다. 3) 몸은 정면을 향해 앞으로 조금 내밀듯이 한다. 4) 앉아서 대화시 팔장을 끼거나 다리를 꼬지 않도록 주의한다.
2. 자신의 의견을 먼저 전달하기 보다는 상대방의 이야기를 먼저 경청한다.	
3. 상대방의 이야기를 끝까지 경청한다.	1) 자신과 견해차이가 있을지라도 끝까지 경청한다.
4. 상대의 의견을 흥미와 성의를 갖고 경청한다.	1) 긍정적인 태도를 보이며 맞장구를 쳐준다. 2) 이해가 안되면 중간중간에 질문을 한다.

5. 메모를 하면서 경청한다.	1) 중요한 사항이나 요점을 적으면서 경청한다.
6. 이야기의 끝무렵에 이야기의 요점을 정리하여 상대방과 확인해 본다.	

10. 대화예절 - 언어사용

상황	실행표준
1. 언어 표현에 주의한다.	1) 동료, 사원 간의 언어사용에도 주의한다. 2) 저속어, 비속어, 한정어(예: 절대로 안돼요. 죽겠어. 돌아버리겠어!)사용을 금한다. 3) 쿠션언어를 사용한다. (예: 실례합니다만, 죄송합니다만, 귀찮으시겠지만, 잘 알고 계실거라 생각합니다만 등)
2. T.P.O에 따른 언어사용을 한다.	1) 시간, 장소, 때에 따라 적절한 언어를 선택한다.
3. 명령형을 의뢰형으로 바꾼다.	1) 쿠션언어+의뢰형+감사의말 (예: 실례합니다만 + ~해주시겠습니까?+ 감사합니다.)
4. 부정형을 긍정적으로 바꾼다.	1) 쿠션언어 + (이유) + 긍정형 + (대안) (예: 죄송합니다만 + ~해서 —하시면 어떠시겠습니까?)
5. 애매모호한 표현을 사용하지 않는다.	1) 완전한 문장으로 말한다. 2) 말끝을 흐리지 않는다.
6. 전문용어, 생략어, 동음이의어에 주의한다.	
7. 경어를 사용한다.	
8. 항상 기본태도 주의한다.	

11. 대화예절 - 기본 인사말

상황	실행표준
1. 평상시 인사말(아침인사, 만났을때—)	안녕하십니까?
2. 고객을 반갑게 맞이할 때	어서오십시오.
3. 사례를 표할 때	감사합니다.
4. 고객이 돌아가실 때	안녕히 가십시오. 또 오십시오.
5. 사과할 때	(대단히) 죄송합니다.
6. 갑자기 말을 걸 때	말씀 도중에 죄송합니다.
7. 주문을 받은 후에	맛있게 준비해 드리겠습니다.
8. 고객이 주문하신 음식이 나왔을 때	주문하신 ○○○나왔습니다.
9. 음식/그릇이 뜨거울 때	뜨거우니 조심하십시오.
10. 고객이 식사를 마치셨을 때	접시 치워 드리겠습니다.
11. 고객이 식사 시작한 지 5분 정도 되었을 때	음식은 마음에 드십니까?
12. 고객의 식사 중, 식사 후 객실 손님이 어떤 요청을 하셨을 때	더 필요하신 것은 없으십니까?
13. 고객의 만족 상태를 확인할 때	불편하신 점은 없으십니까?
14. 커피잔이 비거나 물컵에 물이 30% 정도 남았을 때 70% 정도로 채워준다.	커피 한잔 더 하시겠습니까? 제가 물 채워 드리겠습니다.
15. 객실손님이 Check Out 하실 때	저희 호텔에 계시는 동안 불편하신 점은 없으셨습니까?
16. 객실 손님이 물품 등을 요청하신 후 확인할 때	○○시경에 요청하신 ~~는 받으셨습니까? ○○분전에 신고하신 XX고장은 수리되었습니까?
17. 책임 전가하지 않고 적극적으로 응대할 때	제가 처리해 드리겠습니다.
18. 고객에게 방향 안내를 할 때	○○은 이쪽입니다. 제가 안내해 드리겠습니다.
19. 대답할 때	예. (1번만 한다.)
20. "알았습니다"라는 대답 대신에	예, 잘 알겠습니다. 예, 그렇게 하겠습니다.
21. 고객을 기다리게 할 때	(죄송합니다만) 잠시 기다려 주시겠습니까?
22. 고객을 기다리게 했을 때	오래 기다리셨습니다.
23. 상대방의 노고를 위로할 때	수고 많으셨습니다.

제4장

호칭 매너

호칭은 개인이나 단체의 비즈니스에서나 사교생활에서 중요한 에티켓이다.
호칭에 대하여 국내와 외국을 구분하여 살펴보자.

1. 호칭의 필요성

- 상대를 나에게 집중시킴
- 다수 중에서 지정하는 힘
- 조직사회에서 서로를 신뢰하고 협조할 수 있는 힘 발휘

2. 효과적인 호칭방법

1) 상대방을 부를 때는 듣는 사람이 거부감이 없는 호칭을 사용
2) 결례가 되는 호칭사용 금지
3) 고급 용어를 사용(존경어, 겸양어, 공존어)
4) 상대가 알아들을 수 있는 크기의 톤을 사용

3. 한국인의 호칭법

1) 고객에 대한 호칭

- 직함이나 성명을 확실히 아는 경우: ○○○님, 성+직함+님
- 객실 번호만 아는 경우: 객실번호+손님, 선생님
- 아무것도 모를 경우: 손님, 선생님

2) 상급자에 대한 호칭

- 상급자의 성과 직위 다음에 '님'자를 붙인다.
  → "김 사장님", "서 부장님"
- 성명을 모르면 직위에 '님'의 존칭을 쓴다.
  → "부장님", "과장님"
- 상사에게 자기를 호칭할 경우는 '저'또는 성과 직위를 사용한다.
  → "김 부장입니다."

3) 본인에 대한 호칭

- 상대가 연상이거나 상사인 경우: 저는, 제가
- 상대가 연하이거나 동급인 경우: 나는, 내가
- 상대에게 본인을 소개할 경우: 직함(소속)+이름

4) 하급자 또는 동급자에 대한 호칭

- 하급자나 동급자에게는 성과 직위로 호칭한다.
  → "김 주임", "매니저"
- 초면이나 선임자일 경우 '님'자를 붙여주는것이 상례이다.
- 부하라도 연장자일 때엔 적절한 예우가 필요하다.

5) 고객에게 대한 상급자의 호칭

- 고객에게 상사를 호칭할 때는 상사의 직책이나 이름에서 '님'자를 뺀다.
- 전화 시에도 상대방의 신분이 분명하지 않을 땐 일단 고객으로 보고 상사의 직책이나 이름에서 '님'자를 뺀다.

6) 직책이 없는 남녀 직원 간의 호칭

- 업장안(고객앞)에서는 반드시 000씨로 부른다.
- 업장밖(고객이 없는 경우)에서는 손아래 직원이 선배직원을 부를때는 '선배님'이라고 호칭한다.

7) 틀리기 쉬운 호칭

- 상사에 대한 존칭은 호칭에만 쓴다.
  → "사장님실"(X) "사장실"(O)
- 문서에는 상사의 존칭을 생략해도 실례가 아니다.
  → '사장님 지시' → '사장 지시'
- 본인이 참석한 자리에서 그 지시를 전달할 때엔 '님'을 붙인다.
  → "부장님 지시를 말씀드리겠습니다."

4. 서양인(영어권)의 호칭법

호칭은 국제매너부분에서 대단히 중요한 역할을 차지한다.

동양적인 호칭은 이름보다는 성 뒤에 직함을 붙여서 부르는 경우가 대부분인데, 서양은 직위대신 이름을 부르는 사회이다.

1) 서양인 이름형태와 호칭

First name	Middle name	• Last name • Family name • Sur name
William	Jefferson.(J)	Clinton

서양인 이름은 middle name인 경우 호칭할 때 생략되며 First name + Family name 으로 부르거나 이 중 하나를 부르는 관행이다.(William + Clinton)

단 편지나 공식문서상에서는 Middle name을 쓰는 경우가 많다.

2) 서양인의 약식 호칭

서양인들은 정식 호칭과 약식 호칭의 이름으로 구분하여 부른다.

- 정식호칭 → 공식석상, 초면일때에 사용(미국 클린턴 대통령 정식 이름: William Jefferson Clinton)

- 약식호칭 → 아는 사람간에 격의없이 부르는 호칭

(1) 서양인들은 정식호칭을 사용한다는 의미는 덜 친하다는 의미이며 약식호칭으로 사용할수록 친밀감이 높다는 의미이다.

(2) 미국인들은 첫인사 소개가 있고, 그 자리에서 first name을 불러줄 것을 선호하고 요구하는 경향이 있다.

(3) 한국인들은 미국인들을 사귈 때 first name으로 부를 정도의 친밀감을 빨리 쌓는 것이 사교효과를 높이는 방법이다.

(4) formal address: title + family(last name): 정식 호칭으로 공식석상이나 초면인사를 할 때 부르게 되는데, 개인적으로 친밀해지면 퍼스트네임의 약식 호칭으로 서로 부르게 된다.

예) Dr. Johnson(존슨 박사)
Professor Schoolcraft(스쿨크래프트 교수)
Dean Schoolcraft(스쿨크래프트 학장)
Mrs. Newman(뉴먼 여사)

(5) Informal Address

- last name only(성만 부를 때)

상위자가 하위자에게, 같은 지위자 간에 부르며, 친한 사이에서도 부른다.

예) Anderson Smith, Pearson

- Short First Name Only(닉네임을 부를 때)

모든 구미인이 다 short name을 갖고 있지는 않으나 많은 사람이 갖고 있다. 아주 친한 사이에 부른다.

예) Sue, Barb, Pat

(6) 구미에서는 여성이 결혼하면 결혼전 이름이 없어지고 남편의 Full Name 앞에 Mrs.를 붙이는 경우와 자기이름에 남편의 성(last name)을 붙여 결혼이름(married name)으로 부르는 경우가 있다.
예) Richard Murphy(남성)과 Elaine(여성)이 결혼하면 남편의 성(last name)인 Murphy로 대체되어 Mrs. Elaine Murphy 가 된다.

〈표 4-1〉 남편과 부인의 호칭

남편 이름 사용의 경우		본명 사용의 경우
사업상	사교상	사업 · 사교 응용
Mrs. Margaret Weeks Mrs. Margaret Barkley Weeks Ms. Margaret Barkley Weeks Ms. Margaret Weeks	Mrs. Barkley weeks	Mrs. Margaret Barkley Ms. Margaret Barkley Miss Margaret Barkley

(7) 학위를 가진 여성은 이름 앞에 이를 표기하여 주며, 다음과 같은 경우는 호칭에 차이가 있다.

가. 부부가 같은 학위가 있을 때

Dr. John Williams and Dr. Mary Williams

Drs. John and Mary Williams

Dr. and Mrs. john Williams

나. 부인은 학위가 있고 남편이 학위가 없을 때

Mr. and Mrs. john williams

Dr. Mary Williams and Mr. John Williams

Dr. Mary and Ms. john Williams

〈표 4-2〉 미국 first name 의 3가지 호칭법

First name			
full		short(닉네임)	diminutive
처음 만났을때		full name을 부르기쉽게 음절을 단축한것 (구면인 사용)	부부가 또는 아주 친한사이에부름 (어미는 ie,sy,y)
여성이름	Barbara Christina Jean Patricia Susan Roselyn	Barb Chris, Tina Jean Pat, Trish Sue Rose	Barbie Chrissy Jeannie Patty, Pntti Sussie, Suzy Rosie
남성이름	Alfred Charles David James Richard Joseph Patrick Robert	Al Chuck Dave Jim Rich Joe Pat Bob, Rob	Alfrie Charlie Davy, Dabie Jimmy Richie Joey Paddy Babby, Robby

(8) You must be Mr. and Mrs. Murphy.

(댁은 머피씨 부인인 것 같습니다.)

(9) We'r the Murphys. Bill's parents.

(우리들이 머피 부부입니다. 빌의 부모가 됩니다.)

The+남편 last name에 복수형 s를 붙여서 가족, 부부를 뜻한다.

(10) 초청장에 부부 이름을 쓸 때 Mr. and Mrs.+남편 이름의 형식으로 가령 Mr. and Mrs. Richard Murphy(리처드 머피 부부)와 같이 한다.

(11) 미망인은 남편의 풀네임 앞에 Mrs.를 붙여 부르나. 사업을 할 때는 자신의 First name과 Married name앞에 Mrs.나 Ms.를 붙인다.

(12) 이혼녀 이름은 전 남편 이름이 남아 있는 경우에 따라 사용이 달라진다.

제5장

기본 고객응대 매너

1. Plus One Service

1) 목적

다양한 고객의 욕구중 고객이 단편적으로 원하는 욕구보다 한 가지 이상 추가하여 응대함으로써 고객만족 극대화를 유도하기 위함.

2) 시행방법

(1) 고객이 원하는 바를 고객입장에서 정확히 파악

(2) 고객이 원하는 바에 대하여 정확이 응대

(3) 사소한 것이라도 고객이 원하는 바에 관련되어 도움이 된다면 추가하여 응대한다.

(4) 직원이 고객을 대신하여 도움이 된다면 추가하여 응대한다.

(5) 직원 자신의 권한 이외의 사항일지라도 무리가 없을 때에는 담당자를 통하지 않고 직접 해결하고 사후에 통보한다.

(6) 고객만족 극대화를 위하여 무엇을 할 것인가를 항상 생각한다.

2. Eye Contact Service

1) 목적

최초의 직원이 고객을 맞이하고 난 후 시야에서 사라질 때까지 전직원이 한결같이 관심과 미소를 유지함으로써 우리 호텔을 이용하는 고객에게 안락하고 편안함을 제공하는데 그 목적이 있음.

2) 시행방법

고객이 부르지 않더라도 항상 달려갈 마음의 준비를 갖고 항상 고객에게 시선을 집중한다.

아무리 바쁜 상황이라도 고객의 시선을 외면해서는 안되며, 오히려 고객의 시선과 마주치도록 적극 노력한다.

전직원이 모두 동참한다.

3. One Step Ahead Service

1) 목적

고객의 Needs를 사전에 파악하여 한발 앞선 서비스를 전개함으로써 고객만족을 극대화하여 고객감동을 이루기 위함.

2) 시행방법

(1) 고객에 모든 주의를 집중한다.

(2) 고객의 영접, 영송시 적극적으로 행동한다.

- 영접시: 정해진 위치에서 2~3보 앞으로 나와서 반갑게 영접한다.
- 영송시: 2~3보 따라가면서 정중히 인사한다.

(3) 업장 안내시 고객이 업장의 위치를 물을 때에는 가급적 직접 업장까지 안내하도록 한다.

(4) 고객의 Needs를 사전에 파악하여 고객이 요구하기 전에 미리 충족시킬 수 있도록 노력한다.

(5) 필요시에는 선 조치하고 후 보고하도록 한다.

(6) 고객접점 서비스 10원칙을 명심하고 항상 실천토록 한다.

고객 접점 서비스 10원칙
① 고객과 마주치면 즉시 인사한다. ② 고객에게 주의를 집중한다. ③ 처음 30초를 잘 활용한다. ④ 가식적, 기계적이지 않고 자연스럽게 행동한다. ⑤ 열정적이고 예의 바르게 행동한다. ⑥ 고객의 대리인이 된다. ⑦ 고객의 문제에 대해 깊이 생각하고 상식을 활용한다. ⑧ 매뉴얼을 지키되 상황에 따른 신속한 대처를 위해 규정을 어길 줄도 알아야 한다. ⑨ 마지막 30초를 잘 활용한다. ⑩ 자신을 잘 관리한다.

4. 눈높이 서비스

"눈높이 서비스"란 고객의 시선보다 높은 곳에서 고객을 응대함으로써 발생할 수 있는 고객불편을 없애고, 고객의 눈높이에 맞춰 보다 정성어린 마음으로 고객을 모시겠다는 의미의 서비스!

예전과는 달리 고객과 같은 눈높이에서 주문을 받음으로써 고객의 요구와 불편함을 놓치지 않고 서비스를 제공한다는 취지이다.

5. 서비스 실명제 서비스

서비스 직원 모두가 가슴에 자신의 사진이 부착된 명찰을 패용하고, 고객이 확실히 볼 수 있도록 하여 서비스를 하는데 그 목적이 있다.

눈높이 Service, Plus One Service, One step Ahead Service, Eye Contact Service 등을 끝까지 책임지겠다는 의미로 서비스 실명제 운동을 전개하여 고객들로 하여금 신뢰를 받을수 있도록 하는 서비스이다.

제6장

NO TIPPING의 매너

1. TIPS 개념

TIPS는 TO INSURE PROMPT SERVICE의 약자이다.

"신속한 서비스를 보증한다."는 의미로, 구미사회에서 서비스업에 종사하는 직원이 봉사하는 것에 대한 사례의 형식으로 관습화 되었으며, 통상 이용요금의 10% 정도를 지불하는 것이 상식화되어 있다.

2. 외국과 국내의 TIP의 실태

1) 구미, 유럽: 개인 TIPPING이 관습화 되어 있다.
2) 일본, 한국: 계산서에 10% 봉사료를 성문화하고 일괄 관리하여 종사원에게 봉사료 형식으로 지급되고 있다.

3. NO TIPPING 의의

NO TIPPING은 우리나라 호텔에서 추구하는 깨끗하고 신뢰받는 호텔이미지 구현을 위해 1979년 8월1일 이용요금의 10%를 의무적으로 받는 봉사료제도를 법제도화 시킴으로서 시작되었으며 필수조건인 5대 부정행위(TIP받는 행위, 업장 취식행위, 알선행위, 공금부정행위, 풍기문란행위)를 척결함으로서 우리의 마음을 깨끗하게 하여 서비스맨으로서 자긍심을 가지고 근무에 임하며 정직하고, 예의있는 행동의 표현으로 개인 TIP을 사양하는 건전한 직장윤리를 확립하는 것이다.

4. TIP에 따른 의식의 메커니즘

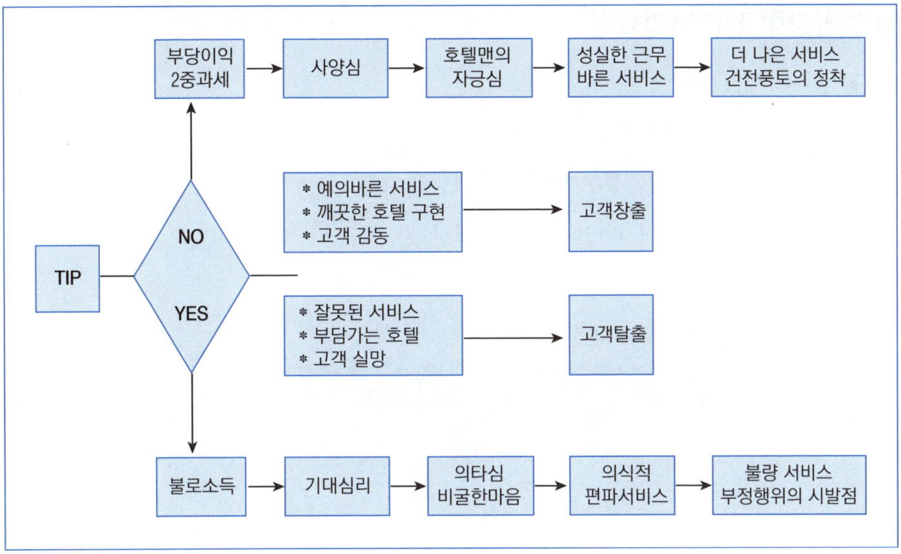

5. TIP 거절 요령

1) 한국어: "감사합니다만, 저희 호텔에서는 개인적인 TIP은 못 받게 되어 있습니다. 먼저 손님께서 지불하신 객실료에 10%의 봉사료가 이미 계산되어 있기 때문에 사양하오니 양해해 주십시오."
2) 영어: "No thank you sir, 10% service charge will we be added on your bill. No tipping is our pride sir."
3) 일어: "ありがとう ございきすが
   私の ホテルでは サービスナャーヅガ 計算書に 加算されますので TIPは 下さなくてもよろしゅう ございます"

6. 불가항력 TIP 관리 규정

1) 불가항력 TIP 처리요령

가. 불가항력 TIP이란

- 거절할 수 없었던 경우
- 고객이 놔 두고 간 경우(객실 내, 식당테이블 등)

나. 처리요령: 불가항력 TIPPING 처리대장에 기록

〈표 4-3〉 불가항력 TIPPING 처리대장

일시	장소	금액	발견자	확인	총무파트 확인	비고

2) 불가항력 TIP 사용규정

가. 불우이웃돕기 기금

나. 소녀, 소녀 가장 돕기

다. 중·고등학교 장학금 지급

사고의 전환

사고(思考)가 바뀌면 행동(行動)이 바뀌고
행동(行動)이 바뀌면 습관(習慣)이 바뀌고
습관(習慣)이 바뀌면 인격(人格)이 바뀌고
인격(人格)이 바뀌면 운명(運命)이 바뀐다

−윌리암 제임스−

7. 세계 각국의 팁 관행

해외여행자를 난처하게 하는 것 중 하나가 팁이다. 나라마다 팁 문화가 달라 언제 어느 때 얼마만큼을 주어야 하는 문제는 생각만큼 쉽지 않다.

미국에서 발행되는 여행전문지 「트래블 앤드 레저」는 여행자들이 알아 두면 편리한 세계 각국의 팁 형태를 소개했다.

1) 유럽에서는 많은 개인택시들이 운영되고 있지만 미터요금의 10% 정도는 추가해주는 것이 일반적이다.

2) 프랑스 식당에서는 형태에 따라 다르긴 하지만 20프랑 정도는 놓아둔다. 독일에서도 웨이터를 위해 영수증 금액의 5% 정도를 더 놓고 나온다.

3) 노르웨이, 스웨덴, 핀란드 등 스칸디나비아 국가들은 부가세와 함께 서비스 요금이 부과된다. 이에 따라 별도의 팁은 필요 없으나 잔돈까지 맞춰 주지는 않는다.(예, 음식점 영수증 금액이 780크로네일 경우 800크로네, 택시 요금이 37크로네면 40크로네를 주는 것)

4) 미국, 영국에서는 서비스 요금이 영수증에 부과되지 않는다.

5) 영국에서는 다중 술집의 바텐더에게 팁을 주지 않는다. 대신 호의를 표시하고 싶다면 잔돈을 호주머니에 집어넣기 전에 바텐더에게 '술 한 잔 사고 싶다'고 말하면 된다. 그러면 바텐더는 맥주 한 잔 가격의 돈을 집어 간다.

6) 서유럽에서는 칩을 줘야하는 특별한 상황이 벌어지기도 한다. 극장이나 오페라하우스, 개봉극장에서 안내원이 자리를 안내할 때 1달러 상당을 줘야 한다. 안내원이 팁을 달라며 종종 조그마한 지갑을 펼쳐 보이기도 한다. 서유럽에서는 일반적으로 10~20% 봉사료가 호텔이나 식당에서 봉사료로 붙어 나온다. 암스테르담, 브뤼셀, 코펜하겐, 제네바, 헬싱키, 오슬로, 파리, 취리히 등의 유럽대도시가 이에 해당한다.

7) 동유럽의 팁 문화도 상당히 변화됐다. 헝가리에서는 웨이터에게 10~15%를, 택시 운전자에게는 평균요금의 20%를 준다. 폴란드나 체코, 슬로바키아 등지에서는 서비스 요금이 영수증에 부과되지는 않는다. 레스토랑에서는 10~15%, 택시를 탔을 때는 5%를 더 준다.

8) 아프리카 케냐의 사파리 투어의 경우 가이드에게 하루에 한 사람당 적어도 5~6$은 줘야 한다.

● 국가별 팁의 의미

1. 터키, 이집트, 인도, 기타 국가들에서는 '바크쉬스(baksheesh)'라 하여 감사의 표시 또는 자선의 의미를 갖고 있다. 그러나 간혹 정치헌금이나 상납 등에 이용되기도 한다.

2. 프랑스에서는 팁을 '프아보워르(pourboire)'라 부른다. 문체적 번역으로는 '당신의 서비스에 대한 감사의 표시로 술을 한 잔 주시오'나 '술을 위하여'라는 뜻이다.

3. 독일에서는 '트링크겔드(trinkgeld, drink gift)'로 스페인에서는 '프로피나(propina)'로 부른다.

4. 브라질에서는 '헤이토(jeito)'라는 말을 알아두는 것이 매우 중요하다. 이 말은 기본적으로 "편의 좀 봐주세요(You do favor for me)"와 "편의를 봐드리죠(I'll do a favor for you)"라는 의미를 갖고 있다.

5. 아프리카에서는 '대쉬(dash)'라 하는데, 전통적으로 돈을 선물로 준다는 말이다. 이곳에서는 비자를 얻거나 비행기 좌석 예약까지 대쉬(dash)를 주지 않으면 되는 일이 없을 정도이다.

6. 동남아에서는 '큼샤우(kumshaw)'라는 말로 통하는데, 뇌물의 성격이 짙다. 또, 미국에서는 '뇌물' 혹은 '기증'이라는 의미의 '그리스(grease)'라는 말이 있

는데, 이는 공식적인 급행료로 완벽히 법적으로 인정되고 통용된다. 공무원들의 신속한 서비스에 대한 일종의 수수료로 보아야 할 것이다.

7. 멕시코에서는 서비스업계에 종사하는 사람들 대부분에게 팁은 수입의 절대적인 비중이다. 대부분의 종사자들은 급료가 낮기 때문에 팁에 의존할 수밖에 없다. 심지어는 자동차를 지켜주겠다고 팁을 요구하는 젊은이들도 흔히 볼 수 있다.

8. 일본, 싱가포르 역시 팁은 호텔이나 식당의 청구서에 포함되어 나오므로 신경을 쓸 필요는 없으나, 기타 지역은 지불하기 전에 물어볼 필요가 있다.

제7장

Complaint 처리방법

1. Complaint의 개념

컴플레인은 고객의 기대치에 미치지 못하는 상품이나 서비스를 제공받았을 때 고객이 표현하는 불만과 불평이다.

고객은 일반적으로 불만과 불평을 체험하는 순간부터 컴플레인을 표현하는 경우는 4%에 불과하지만 나머지 96%는 불평과 불만을 가지고도 표현하지 않는 경우이기 때문에 컴플레인을 하지 않는 고객이 어쩌면 더 심각한 상태라고 볼수도 있다.

그러므로 컴플레인을 표현하는 4%는 한편 고마운 고객이기도 하다. 그 4%의 컴플레인 고객을 적극적으로 대처하여 만족하는 고객으로 전환시켰을 때 그 고객은 더 높은 호감과 충성도를 높일 수 있게 되는 점에 유의할 필요가 있다.

2. Complaint 발생원인

1) 회사측에 책임이 있을 때

① 응대사원의 지식 부족

② 설명의 불완전, 의사소통의 서툼

③ 사무처리의 미숙 착오

④ 고객의 감정에 대한 배려 부족

⑤ 불친절, 서비스 정신의 부족

⑥ 교육훈련의 미흡

2) 고객측에 잘못이 있을 때

① 지식, 상식, 혹은 인식의 부족

② 기억 착오, 과실 성급

③ 성급한 결론, 독단적인 해석

④ 사정의 변화

⑤ 감정적인 반발

⑥ 고압적인 고집

⑦ 고의, 악의

3. Complaint에 대한 쌍방의 심리

1) 고객의 심리

① 난처함, 문제해결에 대한 초조함

② 피해자 의식

③ 불신감과 다른 회사도 있다는 선택의식

④ 자존심을 깎이고 싶지 않다.

⑤ 친절, 공정하게 취급받고 싶다.

⑥ 빨리 처리해 주길 바란다.

⑦ 규칙 또는 법률에 어둡기 때문에 불안감이 있다.

⑧ 가족이나 주위 사람들로부터 오는 압박감

2) 서비스맨의 심리

① 바쁘다.(귀찮다)

② 규칙이나 관례는 파손할 수 없다.

③ 어느 한 손님에게만 특별취급은 안 된다.

④ 업무(기술)는 정확하다.

⑤ 만약 과실이 있다면 신용문제나 회사의 책임문제로까지 미칠까 두렵다.

4. Complaint 처리방법

1) 고객의 입장을 동조해가면서 긍정적으로 듣는다.
   (네, 맞습니다. 대단히 죄송합니다. 등등)
2) 논쟁이나 변명은 피하고 솔직하게 사과한다.
   (손님, 정말 죄송합니다.)
3) 고객의 입장에서 성의있는 자세로 임한다.
   (컴플레인을 해결하려는 최선의 노력을 보인다.)
4) 감정적 요인, 노출은 피하고 냉정하게 검토한다.
   (순간의 상황에 얽매이지 말고, 냉정하게 판단한다.)
5) 설명은 사실을 바탕으로 명확하게 한다.
   (손님의 입장에서 6하 원칙에 의거해서 차분히 설명한다.)
6) 신속하게 처리한다.
   (문제점 처리에 대한 지연은 더 큰 불만을 낳는다.)

5. Complaint 처리의 3원칙

컴플레인 발생시 자기 혼자서 해결하려 하지 말고 상사나 선배에게 인계하여 해결토록 하면 좋은 결과를 얻을 수가 있고 장소나 시간을 바꿈으로써 원만한 해결을 볼 수가 있다. 이와 같은 사람, 장소, 시간을 바꾸어 컴플레인을 처리하는 방법을 3변주의 라고 한다.

1) 사람을 바꾼다.

① 서비스맨 → 상사

② 신입 서비스맨 → 선배 서비스맨

2) 장소를 바꾼다.

① 영업장 → 사무실 → 고객상담실

② 서서 이야기하는 것에서 앉게 해서 진정시킨다.

③ 경우에 따라서 고객을 혼자있게 해서 냉각기간을 둔다.

3) 시간을 바꾼다.

① 즉답을 피하고 냉각기간을 둔다.

② 고객에게 꼭 중간보고를 한다.

6. Complaint 처리의 Flow Sheet

단계	흐름	유의점
1. 컴플레인에 귀를 기울인다.(정보수집)	우선 사과한다. ↓ 고객측 주장을 듣는다. ↓ 문제점을 메모한다	– 감정적이 되지 않도록 한다. – 끝까지 듣는다. – 고객입장에서 듣는다. – 이해해 줄 것. – 불평에 거역하지 말 것.
2. 컴플레인을 분석한다.(문제파악)	사실을 확인한다. ↓ 문제점을 파악한다. ↓ 전례와 비교한다. ↓ 원인을 확인한다.	– 문제점을 상세히 들어본다. – 상대방의 잘못을 말하지 않는다. – 관점을 바꾸어 재검토한다. – 자기의 의견이나 평가는 넣지 않는다. – 객관적으로 사실을 추구한다.
3. 해결책을 발견한다.	회사의 방침 정책 ↓ 해결의 방안 설정 ↓ 자기 권한 내인가?	– 고객이 요구하는 것이 무엇인지 – 회사의 방침이나 정책의 적합여부를 검토하고 신속한 해결을 촉구한다.
4. 해결책을 전한다.	해결을 전한다. ↓ 권한 외 권한 내 ↓ 상사에 제시 즉각 처리함	– 권한의 유무는 사내문제 – 고객에게 끝까지 책임을 진다. – 알기 쉬운 말을 쓴다.

5. 결과 검토	고객의 반응을 본다. ↓ 다른곳의 영향도를 살핀다. ↓ 결과를 재검토 ↓ 다시 반복하지 않도록노력	– 고객의 만족도를 확인한다. – 다른 곳에서는 해결할 수 있는 것인가? – 판매촉진은 이어졌는가?

7. 고객이 거래를 중단하는 이유

- 직원의 무례한 행동(68%)
- 상품에 대한 불만족(14%)
- 경쟁력이 떨어지는 경우(9%)
- 다른 이권의 관계(5%)
- 문을 닫는 경우(1%)

제8장
전화응대 매너

1. 전화예절의 필요성

1) 고객을 직접 만났을 때

음 성
용모 · 복장
표 정
태 도
인 사
→ 5가지의 조화 → 자신의 올바른 이미지 표현

2) 고객을 간접적(전화)으로 만났을 때

음 성
용모 · 복장
표 정
태 도
인 사
→ 음성만으로 4가지를 표현 → 자신의 올바른 이미지 표현

2. 전화응대 포인트

- 신속, 간결하게 (6하 원칙, 용건만 간단히)
- 정확하게 (바른음성, 중요한 부분 강조)
- 정성스럽게 (경어사용, 정성스러운 마음)

3. 222법칙

- 전화벨이 2번 울리기 전에 받는다.
- 통화 내용은 2분 이내로 간결하게 한다.
- 상대방이 전화를 끊은 후 2초 후에 끊는다.

4. 상황별 응대방법

1) 상대를 기다리게 할 때

- 반드시 사과의 말로 양해를 구한다.
  → "죄송하지만 잠시만 기다려 주시겠습니까?"
- 1분 이상 오래 기다리게 할 경우 사정을 이야기한 후 양해를 구한다.
- 통화도중 타인과 대화시 송화구를 막고 대화한다.

2) 다른 부서를 찾는 전화

- 부서명을 밝히고 타부서로 연결한다.
  → "여기는 00파트입니다. 제가 **파트로 연결해 드리겠습니다."
- 잘못 걸린 전화도 반드시 원하는 부서로 직접 연결한다.

3) 전화 연결시

- 반드시 직통 전화번호를 알려준다.
  → "혹시 연결도중 전화가 끊어지면 770-0000으로 다시 전화해 주십시오."

4) 부재자에게 걸려온 전화

- 부재중인 이유와 일정을 알려준다.
  → "죄송하지만 ○○씨는 잠시 외출중입니다. 오후 2시쯤 돌아올 예정입니다."
- 상대방의 연락처 및 간단한 메시지를 받아둔다.
  → "괜찮으시다면 제가 메모를 전해드리겠습니다."

5) 항의전화

- 사실을 규명하기 전에 일단 사과부터 한다.
  → "손님 불편을 끼쳐 드려서 대단히 죄송합니다."
- 사실 규명 후 상황을 설명드린다.

6) 잘 들리지 않을 때

- 한 번 더 말씀해 주실 것을 요청하거나 다시 걸도록 정중히 요청한다.
  → "죄송하지만 잘 들리지 않습니다. 다시 한 번 전화 주시겠습니까?"
- 상대방의 연락처를 알고 있을 경우 전화를 건다.
  → "제가 다시 전화를 드리도록 하겠습니다."
- 책임 회피성 발언은 삼간다.
  → "저희 부서 잘못이 아닙니다."

7) 통화도중 고객이 올 때

- 눈인사나 가벼운 목례로 곧 응대할 것을 알린 후 가능한 통화를 빨리 끝낸다.
- 통화가 길어질 경우 양해를 구하고 끊는다.
  → "죄송하지만 제가 곧 전화를 드리겠습니다."

8) 전화를 끊을 때

- 전화를 끊을 때는 반드시 끝인사를 한다.
  → "전화 주셔서 감사합니다."
- 상대방이 끊은 것을 확인한 후 끊는다.

5. 전화를 잘 받는 매너

1) 벨이 세 번 이상 울리지 않도록 합니다.
2) 한 손에는 수화기, 다른 손에는 필기구를 준비합니다.
3) 자기의 소속과 성명을 밝힙니다.

4) 잘못 걸린 전화도 정중히 대합니다.

5) 용건을 잘 들읍시다.

6) 전화를 이리 저리 돌리지 맙시다.

7) 응답은 책임 있게 합시다.

8) 받은 전화내용을 재확인 합니다.

9) 끝맺음의 인사를 합니다.

10) 수화기는 상대방 보다 늦게, 조용히 내려 놓읍시다.

11) 전화받을 때는 회사대표자라는 마음으로 전화를 받는다.

6. 전화받는 매너 실습차트

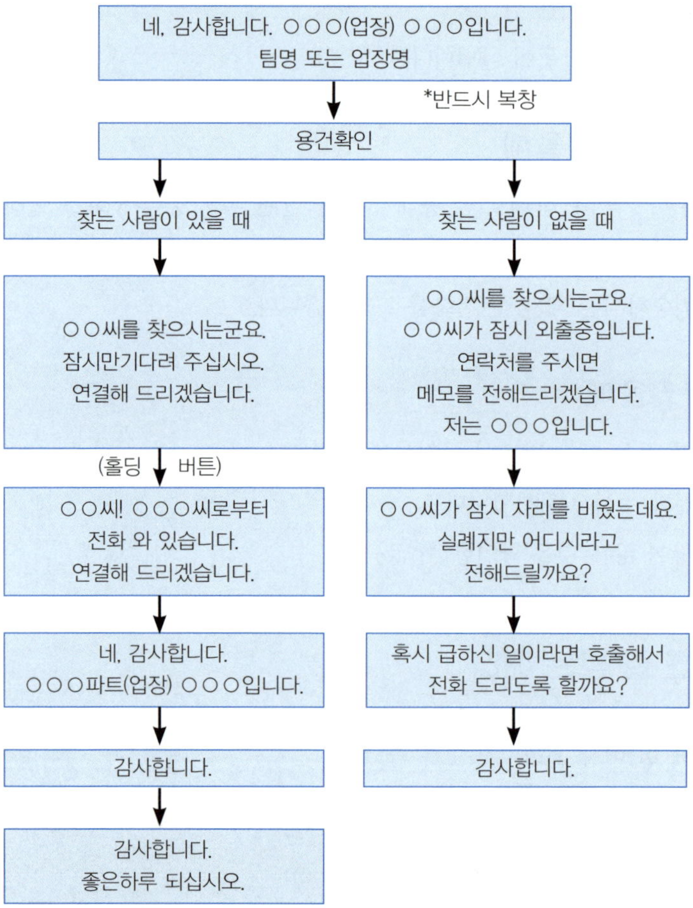

7. 전화 거는 매너 실습차트

안녕하십니까? 뉴욕호텔 ○○○입니다. (회사명)(이름)

↓

(직접연결)

가) ○○○님의 댁이죠? 죄송합니다만, 00좀 부탁합니다.

(전화연결)

나) 실례하지만 ○○○씨 계시면 부탁드립니다.

↓

안녕하십니까? (회사) (부서) (이름)입니다. ○○○님 되십니까?

(통화양해)

↓

다름이 아니라 ○○건으로 전화를 드렸습니다. 잠시 시간 좀 내 주시겠습니까?

↓

(용건이 끝난 후)

감사합니다. 좋은 하루 되십시오.

※상대가 수화기를 놓은 후 살짝 내려 놓는다.

8. 전화응대 체크리스트

내용	YES	NO
① 전화를 사용할 때는 항상 메모준비를 하십니까?		
② 전화벨이 울리면 즉시 받습니까? (2번 이내)		
③ 밝고 친절하게 자신의 소개를 했습니까?		
④ 전화를 이리저리 돌려 상대방에게 불편을 주고 있지는 않습니까?		
⑤ 고객의 문의사항을 정확히 파악하고 있으며 답변은 친절하고 성의 있게 하고 있습니까?		
⑥ 근무 중 불필요한 사적인 전화를 자주 하지는 않습니까?		
⑦ 전화통화는 너무 길게 하고 있지는 않습니까?		
⑧ 전화내용의 전달을 정확하게 직접 본인에게 전달하였습니까?		
⑨ 바르고 안정된 자세로 통화를 하고 있습니까?		
⑩ 통화 중 끊어졌을 때에는 비록 상대방에게서 걸려온 전화라도 자신이 먼저 다시 하고 있습니까?		
⑪ 불필요한 말을 자주 사용하고 있지는 않습니까?		
⑫ 통화 중 다른 사람과 말할때는 수화기를 막고 말하고 있습니까?		
⑬ 너무 큰소리로 통화하여 주위 동료들에게 불편을 주고 있지는 않습니까?		
⑭ 잠시 기다리라고 한 후 지체 하거나 중간보고를 소홀히 하고 있지는 않습니까?		
⑮ 전화 끊는 태도나 말씨는 올바른 편입니까?		

제9장

소개와 악수 에티켓

1. 소개 에티켓

1) 소개방식

사람을 소개할 때에는 'A씨입니다(This is Mr. A)'하는 방식과 'A씨를 소개합니다(May I present Mr. A?)'하는 방식의 두 가지가 있다. 이 때에는 소갯말 속에 소개되는 사람의 신상을 간략하게 알려주는 것이 좋다.

소개된 두사람은, 우리나라의 경우 '처음 뵙겠습니다'라고만 하는 경우가 많은데, 외국 사람과 인사할 때는 'How do you do?'라고만 하지 말고 반드시 상대방의 성을 Mr.나 Miss. Mrs.의 존칭을 붙여서 부르는 것이 정식이다. 그러므로 소개받을 때나 소개를 할 때에는 상대방의 이름을 주의해서 들어두어야 한다.

2) 소개원칙

요즘은 소개의 절차와 형식이 예전만큼 엄격하지는 않다. 우선 다음의 3가지 원칙을 알아두면, 언제 어디서 누구를 소개하더라도 에티켓에 어긋나는 일이 없을 것이다.

① 남성을 여성에게 소개한다.

② 손아랫사람을 손윗사람에게 소개한다.

③ 덜 중요한 사람을 더 중요한 사람에게 소개한다.

④ 미혼인 사람을 기혼자에게 소개한다.

그러나 ① 의 경우, 상대가 성직자나 고관이라면 예외적으로 그들에게 여성을 소개하는 것이 올바른 예의라는 것을 알아두는 게 좋다.

2. 악수 에티켓

1) 악수방식

(1) 가볍게 위아래로 2~3회 정도 흔든다.

(2) 여자와 악수할 때는 남자처럼 손을 흔들지 않는다.

(3) 악수 도중 시선은 상대방 시선을 향한다.

2) 악수원칙

(1) 여성이 남성에게

(2) 손윗사람이 손아랫사람에게

(3) 상급자가 하급자에게

(4) 선배가 후배에게

(5) 기혼자가 미혼자에게 먼저 손을 내민다.

제10장

고객응대 매너

1. 고객응대 요령

1) 고객응대의 중요성

(1) 고객의 Needs를 받아들이고 해결해야 한다.

(2) 나와 고객이 아닌 회사와 고객 간의 만남이다.

(3) Sales의 연장이라고 볼 수 있다.

2) 고객의 욕구

(1) 기억되기를 바란다.

(2) 환영받고 싶어한다.

(3) 관심을 바란다.

(4) 존중받기를 바란다.

(5) 칭찬받고 싶어한다.

3) 고객응대의 5단계

(1) 처음 맞이하는 단계

(2) 상대를 확인하고 용건을 듣는 자세

(3) 판단하는 단계

(4) 처리하는 단계

(5) 만족을 주었는지를 확인하는 단계

4) 고객을 안내하는 경우

(1) 인사, 출발을 알린다.

(2) 두서너 걸음 앞에서 걷는다.

(3) 뒤따라오는 고객의 상태를 살핀다.

(4) 목적지 도착을 알린다.

(5) 좌석을 안내한다.

5) 고객응대 표현

바람직하지 않은 표현	바람직한 표현
미안하지만…	죄송합니다만…
누구를 부를까요?	누구를 불러 드릴까요?
무슨일입니까?	어떤 용건이신지요?
기다리세요.	기다려 주시겠습니까?
여기에 써 주세요.	여기에 써 주시지 않겠습니까?
지금 보고 올께요.	지금 확인해보고 오겠습니다.
제가 가지고 갈께요.	제가 가지고 가겠습니다.
곧 올께요.	곧 돌아오겠습니다.
알았어요.	잘 알겠습니다.
연락하겠습니다.	연락 드리겠습니다.

2. 고객안내

1) 감각적인 신체언어

흔히 '얘기를 잘 못하더라도 내용만 좋으면 된다. 복장이니 태도니 하는 따위는 상관없다.'고 말하는데, 이는 잘못된 생각이다.

자신이 상대방에게 얘기/발표 후 청중이 받는 감명과 인상에 대한 조사를 실시한 결과 무엇을 얘기했는가의 '얘기 내용'이 갖는 중요도는 놀랍게도 7% 밖에 되지 않는 것으로 나타났다.

EX) * NON VERBAL(55%)…… 넥타이색, 얼굴모양, 제스추어, 의상, 액세서리…

* VERBAL(38%) ………… 억양, 말투, 사투리, 발음…

* WORDS(7%) …………… 얘기 내용

2) 고객과 나와의 관계(심리학적 인상형성)

- 초두 현상(Primary Effect)
- 현저성 효과(Vividness Effect)
- 맥락 효과(Context Effect)
- 주의감소(Attention Decrement) 현상
- 중요성 절감(Discounting) 현상
- 부정성 효과(Negativity Effect)
- 수면자 효과(Sleeper Effect)
- 빈발 효과(Frequency Effect)

3) 나의 모습을 형성하는 요소

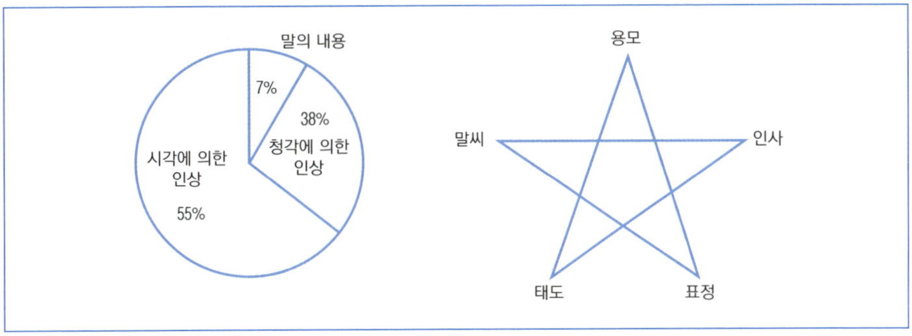

[그림 4-1] 이미지 형성요소, 이미지 전달요소

3. 성공적인 고객응대의 기본 철칙

1) 고객의 요구파악, 정보취득을 위해 적극적으로 경청한다.

- 입은 하나, 귀는 둘!

2) 상대가 어떤 타입인지 먼저 파악하는 것이 성공적 계약을 이끈다.
   - 표상체계: 시각적, 청각적, 운동지각적
   - 유형파악(성격, 취향, 관심거리…)
3) 계약을 성사시키려는 생각보다 고객에게 좋은 인상을 주는데에 더 중점을 둔다.
   - 250명의 법칙: 'CATCH THE CUSTOMER, NOT SALES.'
4) 고객응대시 모든 것을 긍정적인 방향으로 생각한다.
5) 고객과의 상담도중 메모하는 습관을 갖는다.
6) 고객이 이야기를 많이 하도록 유도하며 고객의 이야기를 중간에서 막지 않도록 한다.
7) 무슨 얘기든 깊이 알지는 못해도 폭넓게 알아두는 것이 유리하다.

4. 고객종류별 접객응대방법(식당)

<table>
<tr><th colspan="2">종류</th><th>응대방법</th></tr>
<tr><td colspan="2">1인 고객</td><td>▲ 단체객 옆자리는 되도록 피한다. ▲ 카운터나 2인용 식탁에 안내함. ▲ 본인이 좌석을 선택하게 하는 것이 무난함. ▲ 신문이나 잡지 등의 서비스 필요</td></tr>
<tr><td colspan="2">2인 고객</td><td>▲ 좌석에 안내 후 가급적 자리를 피해주는 것이 상책</td></tr>
<tr><td rowspan="3">단체객</td><td>남성이 많은 경우</td><td>▲ 우선 여성을 칭찬하는 말을 한다. ▲ 여성을 눈에 잘 띄는 곳에 안내</td></tr>
<tr><td>여성이 많은 경우</td><td>▲ 여성들은 대개 먹고 그들끼리 이야기하는 것을 좋아하므로 할 일을 한 다음 그냥 놔두는 것이 좋다. ▲ 느긋한 분위기의 연출 ▲ 남성이 약간 끼어 있는 경우에는 남성은 '행복하시겠군요 멋진 여성들에 둘러싸여서' 정도의 표현 ▲ 여성에게도 감사의 표현을 하는 것이 바람직</td></tr>
<tr><td>남녀 동수인 경우</td><td>▲ 자기들끼리 분위기를 이끌어가기 때문에 기본 서비스만 제공하면 무난하게 끝남</td></tr>
<tr><td rowspan="2">가족객</td><td>자녀가 어린 경우</td><td>▲ 아이의 칭찬 ▲ 아이의 나이를 부모에게 물은 다음 다시 칭찬함 ▲ 나이보다 크다고 얘기해주면 좋아함. ▲ 남자의 특징을 여자 어린이에게 사용해서는 안됨(예: 건장하게 생겼다)
▲ 남녀가 잘 구분되지 않는 경우 호칭 생략이 무난함</td></tr>
<tr><td>자녀가 큰 경우</td><td>▲ 연령을 종업원이 추측해서 묻지 않음</td></tr>
</table>

5. 고객유형별 접객응대방법 14가지

유형	응대방법
1) 신체장애자	▲ 청각장애자의 경우: 메뉴를 보여주고 주문을 받음 ▲지체 부자유자의 경우: 출입을 도와줌, 지팡이의 보관 ▲ 동정심은 금물이며, 성의를 보여 주는 것으로 족함.
2) 본인이 지체 높은 고객이라고 생각하는 사람	▲ 행동으로 나타내는 사람: 신경을 쓰지 말고 접대함 ▲ 말로 나타내는 사람: 성질이 나지만 꾹 참고 그 사람이 불쌍한 사람으로 생각하고 접대할 것
3) 자기를 뽐내는 고객	▲ 흥분하지 말고 빠른 대답을 함으로써 말을 잘 듣고 있다는 것을 확인시켜주면 됨 ▲ 무시하는 태도는 금물
4) 일일이 시비를 거는 고객	▲시비를 거시는 것이 취미로 자세를 낮추어 '많이 아시고 계시는데요.', '이 방면에 조예가 깊으시네요.' 등 말을 하여 치켜 세워줌 ▲ 무시하는 듯한 태도는 절대 금물
5) 성질이 급한 고객	▲ 시간이 걸리는 요리의 경우 예정시각을 통보해 주는 것이 상책 ▲ 입이 심심하지 않도록 안주 정도 서비스함
6) 이야기를 좋아하는 고객	▲ '예,예, 대단하십니다.' 등 상투적인 대답을 하고 '그럼 이만 실례하겠습니다.'하고 일단 자리를 피하는 것이 상책, 그렇지 않으면 일을 할 수 없음
7) 말이 없는 고객	▲ 호젓한 자리에 안내하는 것이 좋음 ▲ 밝은 표정으로 서비스
8) 술에 취한 고객	▲ 야무진 태도를 보이는 것이 상책 ▲ 매상을 많이 올리려고 술에 취하도록 하는 것은 좋은 서비스가 아님 ▲ 술이 어지간히 들어갔으면 식사를 주문함
9) 우유부단한 고객	▲ 요리에 대한 안내를 자세하게 해 준 후 이석한 뒤 다시 가서 주문함 ▲ 요리의 보증법 또한 제안법이 좋다.
10) 얼핏 보아 거칠게 보이는 고객	▲ 절대 겁먹은 태도를 보여서는 안 된다. ▲ 힐끗힐끗 훔쳐보는 태도는 절대 안됨(시비의 대상이 됨) ▲ 장황한 대답이나 말을 돌리는 대답은 금물 ▲ 간단 명료한 활기찬 대답이 상책
11) 접대하는 측의 고객	▲ 접대받는 측의 만족감을 주도록 노력함 ▲ 접대하는 측과 친하다 하여 친밀감을 보이거나 하면 도리어 해가 됨
12) 변태성 고객	▲ 가급적 옆에 접근하지 않는 것이 상책 ▲ '지금은 업무중입니다.'라는 말을 하고 늠름하고 확실한 태도를 보임 ▲ 어머나! 하는 등의 소리를 내도록 하는 일은 절대 피할 것

13) 신경질적인 고객	▲ 세심하게 배려하고 꾸중 듣는 일이 있으면 사소한 일이라도 정중히 사과한다.(남자직원으로 교체 서비스)
14) 자기를 남에게 과시하고 싶은 고객	▲ 고객에게 조금씩 장단을 맞추어 가며 응대하면 기분이 가라앉게 되어 기분 좋게 협력할 일들이 생길 수도 있다.

6. 고객상황별 응대방법 20가지

상황별	응대방법
1) 급한 고객(제일 빨리 되는 음식을 찾는 경우)	▲빨리 되는 음식 한 두가지는 준비해 두는 것이 좋다. ▲먼저 온 사람에게 들리도록 급한 "음식이 나왔습니다."라고 전언
2) 영업장 외에서 고객과 마주친 경우	▲고객측(1명)↔접객측(1명): 인사무방 ▲고객측(남 · 여)↔접객측(남 혹은 여 혼자: 눈을 마주치지 않는 것이 예의)
3) 복수의 고객과 응대할 경우	▲먼저 부른 쪽에 응대함 ▲2~3번째 고객에게도 수신호를 보내고 손이 나는 사람에게 부탁함 ▲2~3곳의 주문을 한 번에 주령하여 처리하는 것이 쓸데없는 동작을 줄임
4) 상담을 바라는 고객의 경우	▲금일의 추천요리를 골라주는 지혜가 필요 ▲금액과 예산의 균형
5) 할인서비스 기간 중 응대의 경우	▲할인상품서비스에 대한 설명 우선 ▲가격을 할인해도 요리의 질은 똑같이 제공하는 것이 필수적임
6) 시끄럽게 하는 어린이의 경우	▲어린이에게 음식을 빨리 제공하는 법 연구 ▲어린이에게 '이름은 무어라고 하지?'하고 묻는다. 'ㅇㅇ라고? 저 ㅇㅇ군(양)식당에서 달리면 다치니까 어머니한테 가세요. 참 말 잘 듣네. 훌륭한 어린이야.' 등 눈높이에 맞추어서 확실한 태도로 이야기 함 ▲돌아갈 때 돌아다니지 않고 잘 있어 준 것에 대한 칭찬을 해 줌
7) 양복이나 스커트의 지퍼가 열려있는 경우	▲같은 성의 경우에는 다른 고객이 눈치 채지 않도록 살짝 귀띔해 준다.(이 경우 "약간"열려 있다고 해야함) ▲이성인 경우에는 다른 사람에게 부탁하거나 직접 말하는 경우에는 미완전화법이 좋다.(예: 죄송합니다 바지가…)
8) 컵 등이 깨진 경우	▲다친 곳은 없는지를 확인함 ▲주의를 깨끗이 정리하여 안전하게 식사를 마칠 수 있도록 함 ▲너무 지저분한 경우에는 별도 테이블에 안내함

9) 오랜만의 고객에게 응대하는 경우	▲그간 왜 안들렸는지를 확인하지 마라. ▲건강한 모습으로 다시 뵙게 되어 반갑다는 인사를 함
10) '화장실은?'하고 물어온 경우	▲나지막한 목소리로 손 전체로 가리킴
11) 밖에 비가 올 때	▲ 젖은 우산은 여기서 보관하겠습니다.(실패의 예: 손님 젖은 우산을 가지고 들어가면 안 됩니다) ▲돌아갈 때는 우산을 챙겨드리는 수고를 해야함
12) 개인적 친분의 사람이 영업장에 들렸을 때	▲고객과는 색다른 용어로 반말을 하거나 자세가 흐트러지는 것은 좋지 않음 ▲업무 중의 대화는 고객과 동등한 언어를 사용하는 것이 상례
13) 출입업자에게 응대하는 경우	▲납품업자라고 해서 함부로 대하지 말라. 그들은 큰 고객이다.
14) 잊어버린 물건에 응대하는 경우	▲단언하지 말고 일단 조사해 본다는 말을 하고 자세한 설명을 부탁할 것 ▲연락처를 물어 메모하여 차후 연락해 줄 것
15) 좀처럼 돌아가지 않으려고 하는 고객의 경우	▲빈 그릇을 치운다. ▲물을 서비스한다 ▲주위에 바쁜 모습을 연출한다. ▲다른고객을 합석시킨다. ▲이 때에도 죄송합니다. 찾아주셔서 감사합니다라는 말을 해 둔다.
16) 젓가락이나 포크 등을 떨어뜨린 고객의 경우	▲불쾌한 얼굴을 보이면 안됨 ▲잠깐 기다리라고 한 후 신속히 갖다준다.
17) 단체객의 주문을 받을 경우	▲한가한 때는 좋습니다만 바쁜 때에는 2~3가지 요리로 주문하시면 시간절약이 됩니다만 이라든가. ▲어느 정도 의견의 일치를 보시는 것이 시간이 덜 걸립니다 라든가 하여 유도법을 사용한다.
18) 냄새 등 문제의 요리를 권하는 경우	▲좋아하는 고객과 좋아하지 않는 고객이 있다고 확실하게 이야기 해 두는 것이 좋다.
19) 테이블을 잘못 파악하여 요리를 낸 경우	▲요리에 손을 댄 경우 다시 요리를 만들어 제공 ▲손을 대지 않은 경우 사과 후 이동함
20) 고객의 정면에서 주문요리를 내는 경우	▲고객마다 주문요리 기억 ▲주문한 요리를 그 사람앞에서 제공함

7. 사무실 고객응대 매너

상황별	응대방법
1. 신속히 일어나 인사한다.	1) "안녕하십니까? 어서오십시오. 무엇을 도와드릴까요?"
2. 용건과 약속여부를 확인한다.	2) "혹시 사전에 약속을 하셨습니까?"
3. 안내를 한다.	3) 찾는 직원이 잠시 자리를 비웠거나 회의중인 경우에는 응접실로 안내한다. "지금 자리를 비우셨는데 10분후에 돌아오실 예정이십니다. 잠시 기다려 주시겠습니까?"
4. 음료나 읽을거리를 제공한다.	4) "음료수 한 잔 하시겠습니까?" "기다리는동안 신문을 보시겠습니까?"
5. 담당 직원에게 알려준다.	5) "○○회사에서 손님이 오셨습니다." "○○회사에서 오신 손님이신데 10분 동안 기다리셨습니다."

8. 엘리베이터 고객응대 매너

1) 고객이 1인일 경우: 엘리베이터 앞에서 Open 버턴을 누른 후 고객이 먼저 타도록 한다.
2) 고객이 다수일 경우: 문이 열리는 시간을 감안하여 안내자가 먼저 탑승한다.

9. 면담 중의 응대매너

1) 면담 중 응접실에 들어갈 때

(1) 노크한 다음 들어가 가볍게 목례한다.
(2) 문이 열려 있을 때에는 "실례합니다"라고 인사한 다음 들어간다.

2) 면담 중인 상사 또는 직원에게 연락해야 할 때

(1) 연락은 메모로 하여 알려준다.

(2) "말씀 중에 죄송합니다"라고 고객에게 양해를 구한 다음 메모의 내용이 고객에게 보이지 않도록 건네준다.

(3) 응접실을 나올 때에는 고객에게 인사하는 것을 잊지 않도록 한다.

3) 면담 중 상사가 인사하러 들어왔을 때

(1) 반드시 일어나서 상사를 고객에게 소개한다.

(2) 소개 후 고객이 앉은 다음에 자신도 앉는다.

(3) 상사에게 지금까지의 상담 경과를 간략하게 보고한 다음 계속 상담을 한다.

4) 고객을 장시간 기다리게 할 때

(1) 우선 기다리게 하는 것에 대하여 양해를 구한다.

(2) 상사를 대리할 수 있는 사람이 고객을 상대한다.

(3) 고객을 오랫동안 기다리게 할 경우에는 고객에게 지체사유를 다시 한 번 상세히 설명하도록 한다.

10. 언어권별(영어/일어/중국어) 고객응대 매너

외국 관광객에게 대한 서비스도 일반적인 원칙과 절차에 따르면 되나, 각 언어권별 문화와 습성의 차이를 알고 거기에 맞추어 응대한다면 완전한 서비스가 될 수 있다.

1) 영어권 관광객

(1) 밝고 명랑하며 동작이 크다.

(2) 합리적 개인주의자들로 이치에 맞는 선택을 좋아한다.

(3) 여성을 존중하는 사회습관이 지배적이다. 엘리베이터나 자동차 등에서 여성이 타고 내리도록 배려하는 것을 볼 수 있다.

(4) 프라이버시를 존중하여 사적인 질문은 삼가고 여성에게 나이나 결혼여부를 묻지 않는다.

(5) 약속을 존중하며 시간관념이 강하다.

(6) 신속하고 정확한 일처리를 기대한다.

(7) 13이라는 숫자를 꺼리므로 이러한 관광객들을 위해 호텔 등에서 층이나 객실 번호에 아예 숫자를 없애거나 배정하지 않을 정도이다.

(8) 신체에 대해 일정한 거리와 공간을 유지하기를 원한다. 쾌적한 공적 서비스거리는 1.2m로 알려져 있다. 어린아이라도 머리를 만진다든지 하는 신체접촉을 삼간다.

(9) 관광의 시작은 관광안내소를 방문하는 것으로 시작하는 경우가 많다.

(10) 체류기간 중 하루에 한 번씩 코스를 정하기 위해서, 교통편을 알기 위해서, 심지어는 일기예보를 알기 위해서 안내소를 방문하는 경우도 있다.

(11) 자신이 필요한 정보는 철저히 알고 간다. 예를 들면, 1시간 30분까지 안내소에 머물면서 투어버스, 택시관광, 렌트카정보를 문의한 후 결국은 렌트카로 결정하기도 한다.

(12) 비싼 호텔보다는 민박, 유스호스텔 등 저렴한 숙박시설을 선호한다.

(13) 투어버스나 택시를 이용하기보다는 렌트카와 대중교통수단을 선호한다.
그러므로 관광안내소 근무자는 버스노선, 요금과 배차간격 등을 숙지하고 있어야 하며, 노선번호가 없는 시외버스인 경우에는 자세한 설명이 필요하다.

(14) 안내책자 등은 필요한 정도만 가지고 가며 불필요한 책자는 사양한다.

2) 일어권 관광객

(1) 감정을 잘 드러내지 않는 것을 미덕으로 여기므로, 가능한 세부질문을 하여 의견을 이끌어 낸다.

(2) 절의 각도가 관계를 나타내므로 일본인이 했던 만큼의 맞절을 하도록 한다.

(3) 이름 뒤에는 "씨"에 해당하는 "상"을 붙이나 직책 뒤에는 붙이지 않도록 한다.

(4) 작게 이야기하는 것을 교양으로 여기므로 큰소리로 말하지 않도록 한다.

(5) 흑백논리를 싫어하므로 직설적인 표현은 자제한다.

(6) 위생관념이 철저하고 상거래가 확실하다.

(7) 소식하는 성격으로서 음식을 남기는 것을 꺼리므로 음식점 안내 시에도 참고 한다.
(8) 4자를 싫어하므로 선물, 물건구입 등에 4개를 권하지 않도록 한다.
(9) 2차 대전에 대한 화제는 싫어한다.
(10) 여행시에는 꼭 그 지역의 작은 기념품을 사고 싶어하므로 부담스럽지 않은 토산품 종류와 구입처를 알아두어 소개한다.
(11) 기록을 중시하고 구전효과가 높으며, 민감한 편이라 고객만족을 위해 섬세한 배려가 필요하다.
(12) 조심스럽게 안내를 요청하며, 어떤 경우는 안내소에 들어와서도 눈을 마주치려하지 않고 안내 책자만 뒤적거리기도 한다.
(13) 이쪽에서 응대하면 겨우 교통편, 식당 등 필요한 정보 5가지 중 1가지만 묻고 간다.
(14) 일본어로 한국을 소개하는 관광안내 책자를 소지하고 다니며 비교적 코스를 선택하고는 교통편 정도만 묻는다. 식당도 책자에 추천된 장소를 선호한다.

3) 중국어권 관광객

(1) 시간을 어기면 모욕적으로 생각한다.
(2) 직위에 민감하므로 가능한 직책으로 부르도록 한다.
(3) 직함이 없는 경우에는 성에 선생(先生)을 붙이거나 이름에 영어호칭을 붙인다.
(4) 악수는 중국인이 먼저 손을 내밀 때까지 기다리는 것이 좋다.
(5) 종교 전도를 금기시 한다.
(6) 의리와 개인적 우정을 매우 중요하게 생각한다.
(7) 작은 일에도 박수를 잘 친다.
(8) 술자리에서 노래하거나 떠들지 않는다.
(9) 단체관광으로 오는 경우가 많으며 안내책자는 가지고 갈 수 있을 만큼 가지고 간다.
(10) 대륙적 자존심이 강하며 외국여행을 많이 한 관광객도 많으므로 국제적 손

님대접에 소홀하면 강하게 불만을 나타낸다. 특히 내국인 중국어 안내자가 많지 않으므로 언어소통부족에서 많은 오해가 일어날 소지가 있다.

(11) 중국어 안내직원이 없을 경우라도 단체 중에 영어가 가능한 고객을 발견하여 원하고자 하는 바가 무엇인지 알아 내도록 한다.

11. 신체부위별 글로벌 문화와 에티켓

신체부위	내용
머리	▶ 머리 끄덕이기 – 일반적으로 위 아래로 머리를 끄덕이면 'YES'의 의미이고, 좌우로 흔들면 'NO'를 뜻한다. – 불가리아 · 그리스 · 터키 · 이란 등에서는 반대로 된다. ▶ 집게(두 번째) 손가락으로 머리 두드리기 – 아르헨티나 · 페루에서는 '나는 생각중', 북아메리카에서는 '매우 현명하다'라는 뜻.
눈	▶ 윙크하기 – 네덜란드에서는 '그는 미쳤다' 라는 뜻 – 미국과 유럽에서는 '비밀을 공유'할 때, 홍콩에서는 예의 없는 행위이다. ▶ 눈꺼풀 당기기 – 영국과 프랑스에서는 '날 속일 생각 마', 이탈리아에서는 '조심해'란 뜻 – 유고에서는 '슬픔 · 실망'의 의미
귀	▶ 귀 잡기 – 이탈리아에서는 귓불을 만지면 '호모'를, 인도에서는 귀를 잡으면 '사과'를 의미한다.
코	▶ 코 두드리기 – 영국에서는 '비밀'을, 이탈리아에서는 '주의하라'는 의미이다.
볼(뺨)	▶ 검지로 볼 돌리기 – 이탈리아에서는 아름다운 여성에 대한 매혹의 의미로, 독일에서는 '미쳤다'라는 의미. ▶ 검지로 볼 두드리기 – 그리스 · 스페인에서는 여성에 대한 '매혹적임', 유고에서는 '성공'을, 미국에서는 '고려중 · 고민중'을 뜻한다.

입과 입술	▶ 손끝을 모아 입술 가볍게 튕기기 – 프랑스 · 지중해권 · 라틴 계의 나라에서는 '멋지다 좋다'라는 의미 ▶ 휘파람 불기 – 유럽에서는 '조롱', 미국에서는 '찬성'을 나타낸다. 대부분의 나라에서는 무례한 행위로 간주된다.
턱	▶ 턱 튕기기 – 프랑스 · 북부 이탈리아에서는 '꺼져라', 남부 이탈리아에서는 '아니다. 할수없다'라는 의미 – 튀지니에서는 모욕의 의미이며, 프랑스에서는 수염을 상징한다. ▶ 턱 어루만지기 – 대개 남성의 수염을 상징하나, 아랍에서는 여성에 대한 매혹을 상징한다.
팔	▶ 두팔 들기 – 승리 또는 항복을 의미한다. ▶ 방향지시 – 한국 · 일본 등은 팔 전체를 사용하여 '오라가라'를 표시한다. 손보다는 팔 전체를 사용하는 것이 더 공손하게 간주된다. – 미국 등 서구에서는 손가락으로, 말레이시아 · 영국은 엄지로, 아메리카 인디언은 입술로 방향을 가리킨다.
손	▶ 왼손과 오른손의 차이 – 오른손은 진실함을 나타낸다. 예: 법정선언, 선물을 줄 때, 악수할 때 – 왼손은 불결함을 나타낸다. 예: 중동을 포함한 이슬람 국가들 ▶ O.K – 한국 · 일본에서는 '돈', 미국은 '좋다', 터키에서는 '동성연애', 프랑스에서는 '0, 없다', 브라질에서는 외설의 의미이다. ▶ 엄지 위로 치켜 들기 – 일반적으로는 'O.K · 좋다 · 해냈어'라는 의미로 사용되나, 오스트레일리아 · 파키스탄 등에서는 외설적인 의미로 사용된다. ▶ 'V' 표시 – 손바닥을 바깥으로 하는 'V'표시는 일반적으로 '승리'를 나타내나 그리스에서는 외설적인 의미이며, 영국에서도 손바닥을 안으로 하면 외설적인 의미로 간주된다.

제11장

용모와 복장 매너

1. 용모와 복장은 왜 중요한가?

처음 만난 사람이라도 단정한 용모와 깔끔한 복장을 하고 있으면 왠지 모르게 신뢰가 간다. 그러나 옷이 구겨지거나 너저분한 사람, 용모가 단정하지 못한 사람을 만나면 상대에 대한 신뢰가 떨어지며 더 나아가 자신이 무시당하고 있다는 기분이 들어 불쾌해진다. 용모와 복장은 바로 나 자신의 인격을 표현하는 하나의 전략이요 수단이다.

1) 용모와 복장은 나의 첫인상을 좌우한다.

2) 용모와 복장은 마음의 표현이다.
마음가짐이 정돈되어 있으면 몸가짐도 단정하지만, 내면이 흐트러진 사람은 아무리 겉치장을 그럴듯하게 하더라도 밖으로 드러나게 되어 있다. 몸가짐이 제대로 되어 있지 않은 사람은 일에 임하는 자세도 정돈되어 있지 않다.

3) 용모와 복장은 인격의 표현이다.
사람의 몸가짐을 보고 그 사람의 품격을 짐작할 수 있다. 내면이 갖추어진 사람은 겉모습도 좋기 마련이다.

4) 용모와 복장은 개성을 표현하는 수단이다.
용모와 복장은 개성의 표현이다. 현대인 특히 젊은 세대들은 자기 개성에 맞는 옷차림이나 복장을 갖춤으로서 자기의 개성을 표현한다. 센스 있는 옷차림, 개성을 살린 용모는 이 시대의 진정한 필요 감각이다.

5) 회사나 소속단체의 이미지를 결정한다.

용모와 복장, 특히 유니폼의 색상이나 디자인은 그 소속단체의 중요한 언어표현이다. 무언의 표현과 커뮤니케이션의 요소는 그 종사원의 용모와 복장에 따라 그 기업의 이미지를 결정한다.

2. 용모와 복장의 의미

1) 용모: 얼굴의 모양과 표정
2) 복장: 신분 및 직업에 맞추어 입는 옷
3) 유니폼(제복): 제정된 복장(규정된 복장)

3. 유니폼의 상징

1) 집단의 상징
2) 직책에 대한 긍지
3) 규율에 대한 엄수
4) 고객에 대한 존중
5) 행동의 통일

4. 고객을 맞이할 준비 자세(남/여)

[그림 4-2] 고객을 맞이할 준비자세와 복장(남)

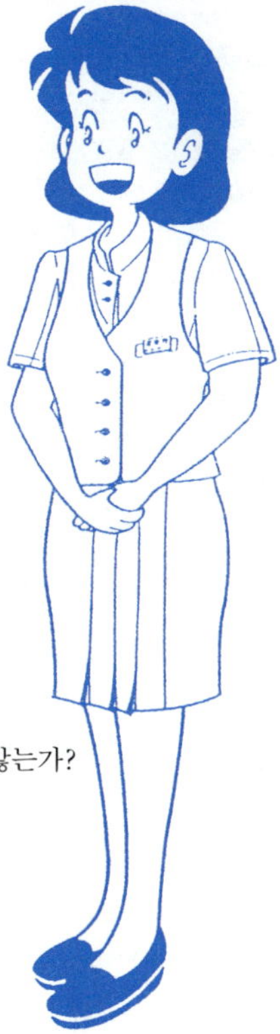

화장

- 짙은 화장을 하고 있지 않은가?
- 청결하고 건강한 느낌을 주고 있는가?

얼굴

- 항상 밝은 미소를 짓고 있는가?

유니폼

- 깨끗하게 잘 다려져 있는가?
- 얼룩, 주름은 없는가?

손

- 손은 항상 깨끗한가?
- 짙은 매니큐어를 바르고 있지 않는가?
- 손톱은 단정히 깎여져 있는가?

두발

- 머리가 단정하며, 긴머리일 경우 그물망을 착용하고 있는가?
- 염색이나 지나친 파마를 하고 있지 않은가?

액세서리

- 목걸이, 반지, 귀걸이, 팔찌 등 너무 화려한 액세서리를 착용하고 있지 않는가?

명찰

- 좌측가슴에 단정히 부착되어 있는가?

스타킹

- 피부색에 가까운 색깔을 착용하고 있는가?

신발

- 회사에서 지정한 신발을 단정히 착용하고 있는가? (슬리퍼, 통굽 착용 금지)
- 구두 뒤꿈치를 꺾어 신지는 않는가?

[그림 4-3] 고객을 맞이 할 준비자세와 복장(여)

5. 용모와 복장단정의 표준화(남/여)

1) 남직원(전 부서 공통)

구분	표준화	
	지도기준	금지사항
사복 규정	1. 회사에서 지정한 유니폼을 단정하게 착용한다. 2. 여름철 지나친 온도차로 인해 업무가 어려울 시 상의를 벗을 수 있으나 반드시 명찰을 패용토록 한다. 3. 겨울철 옥외업무 및 현격한 온도차로 근무가 어려울 시 지정된 점퍼를 착용할 수 있으나 반드시 명찰을 패용토록 한다.	1. 그림 및 글씨 등이 나열된 것 등 저속 또는 화려한 색상의 와이셔츠의 착용은 금한다. 2. 화려한 무늬가 있는 양말은 금한다. 3. 실내 및 보행중에 뒷짐을 지거나 주머니에 손을 넣는 행위는 금한다. 4. 점퍼차림으로 영업장 출입은 금한다.
유니폼	1. 회사에서 지정한 유니폼을 단정하게 착용한다. 2. 유니폼은 항상 깨끗하게 손질하고 단추가 떨어진 곳은 즉시 수선하여 항상 단정한 차림을 한다. 3. 업장 내에서는 손수건, 볼펜, 메모지 등을 제외한 기타 불필요한 물품의 소지를 금한다.	1. 업장에서는 유니폼 이외의 다른 복장 착용을 금함.(단, 동계시 도어맨의 경우 지정된 외투 및 목도리는 예외로 할 수 있다) 2. 소매를 접거나 팔짱을 끼는 행위는 금한다.
구두	–정장에 어울리는 검정색 구두 외에 업장에서는 지정된 구두를 착용한다.	– 장식이 있는 캐주얼 구두는 금하고 업장에서는 지정된 구두 이외는 금한다.
명찰	–명찰은 왼쪽 상단 주머니에 부착하되 항상 잘 보이도록 한다.	1. 타인의 명찰 또는 써서 붙인 명찰은 금한다. 2. 명찰 미부착 금지
얼굴	1. 면도는 매일하여 단정한 느낌을 준다. 2. 식사후에는 반드시 양치질을 한다. 3. 은은한 향의 화장품 사용으로 상쾌한 느낌을 준다. 4. 손과 손톱은 항상 청결하게 유지한다.	1. 수염, 코털이 길지 않게 한다. 2. 지나치게 강한 화장품이나 향수의 사용은 금한다.
두발	1. 머리는 항상 짧고 깨끗하게 손질하여야 한다.(귀는 완전히 노출되고 뒷머리는 와이셔츠 칼라를 덮어서는 안 된다) 2. 무스,헤어젤 등을 이용하여 잔머리가 흘러내리지 않도록 한다.	1. 귀를 덮는 장발, 파마, 스포츠형 머리는 금한다. 2. 머리는 자연갈색 이외의 염색은 금한다.
악세사리	1. 반지는 결혼반지와 금색, 은색으로 보석 없는 단순한 디자인은 허용한다. 2. 시계착용은 허용한다.	1. 기준 이외의 일체의 악세사리 착용은 금하며 주방부서의 조리사는 업무 중 반지 착용을 금한다.

2) 여직원(전 부서 공통)

구분	표준화	
	지도기준	금지사항
유니폼	1. 회사에서 지정한 유니폼을 단정하게 착용한다. 2. 유니폼은 항상 깨끗하게 손질하고 단추가 떨어진 곳은 즉시 수선하여 단정한 차림을 한다. 3. 사무실 근무자는 사복 착용시 정장류의 단정한 차림을 한다. 4. 업장내에서는 손수건, 볼펜, 메모지 등을 제외한 기타 불필요한 물품의 소지를 금한다. 5. 근무부서 특성상 현격한 온도차로 인해 근무가 어려울시 영업장의 별도규정에 따른다.	1. 업장에서는 유니폼 이외의 다른 복장 착용을 금한다. 2. 사무실 근무자는 사복 착용시 속옷이 보이는 현란한 복장 및 청바지차림 등은 피한다. 3. 소매를 접거나 팔짱을 끼는 행위는 금한다. 4. 가디건을 착용하고 업장을 출입할 수 없다.
스타킹	– 스타킹은 피부색에 가까운 색을 착용하여야 한다.	– 레이스무늬, 컬러무늬, 노스타킹은 금한다.
구두	1. 회사에서 지정한 구두를 유니폼과 더불어 동일하게 착용하여야 한다. 2. 구두는 항상 깨끗하게 닦고, 지정된 구두만 착용한다.	1. 굽이 높거나 규정된 구두 이외의 색상은 금하며, 꺾어 신거나 끌고 다니는 행위는 일체 금한다. 2. 리본 모양 등 다양한 장식의 구두 착용은 금한다.
명찰	– 명찰은 왼쪽가슴에 상대방이 알아볼 수 있도록 단정히 부착한다.	1. 타인의 명찰, 써서 붙인 명찰은 금한다. 2. 명찰 미부착 금지

두발	1. 머리는 항상 깨끗하게 손질하여야 한다.(무스, 헤어젤 등을 이용하여 잔머리가 흘러내리지 않도록 한다) 2. 두발의 길이는 자유로 한다. 단, 업장 내에서는 뒷머리를 기준으로 어깨끝선을 넘을 때는 그물망을 씌워 단정하게 넘긴다. 3. 사무실 근무자는 사복 착용시 어깨끝선을 넘을 때는 단정하게 묶는다. 4. 머리의 염색은 자연색(갈색계통)에 가까운 색상은 허용한다.	1. 색조가발, 선정적인 염색머리(브릿지포함), 웨이브가 심한파마, 혐오감을 주는 헤어스타일 및 헤어핀의 사용을 금한다. 2. 머리는 자연에 가까운 갈색 이외의 염색은 금한다.
화장	1. 깨끗한 피부를 유지하고 밝고 건강한 느낌의 색조 화장을 하는 것이 기본 규정이며 혐오감을 주는 지나친 화장은 금한다. 2. 손과 손톱은 항상 청결하게 손질하여야 하고, 매니큐어의 색상은 무색 및 피부색에 가까운색은 허용한다.	1. 짙은 색조화장은 일체 금하며 no make-up도 피한다. 2. 긴손톱과 지정된 색상 이외의 매니큐어는 금한다. 3. 지나치게 강한 향수의 사용은 금한다.
악세사리	1. 귀걸이는 단정한 부착용 귀걸이 허용 2. 반지는 결혼반지와 금색, 은색으로 보석없는 단순한 디자인은 허용한다. 3. 목걸이는 실목걸이 허용 4. 두발 악세사리는 단정한 머리를 위한 것 외에 헤어밴드, 헤어핀(단, 무장식, 검정색, 진갈색)은 착용가능	1. 한쪽 귀에 2개 이상의 귀걸이 부착금지 2. 주방 부서의 조리사는 업무중 일체 반지 착용을 금한다.

6. 남성의 얼굴 및 피부관리

실행순서	표준화
1. 거울을 본다.	1) 스마일과 표정관리를 한다.
2. 면도 상태를 확인한다.	1) 턱수염, 콧수염이 남아있지 않아야 한다. 코털이 보이지 않도록 짧게 깎는다.

3. 눈이 충혈 되었는지 확인한다.	1) 눈꼽이 없어야 한다. 2) 충혈되어 있을 경우 눈운동을 하여 긴장을 풀어준다.
4. 피부상태가 양호한지 확인한다.	1) 기초화장을 충실히 한다. 2) 번들거리지 않도록 조심한다.
5. 구강상태를 확인한다.	1) 담배냄새, 술냄새, 입냄새 등 나쁜 냄새가 나지 않아야 한다. 2) 구강청정제 혹은 양치질을 생활화한다.
6. 입술은 밝고 부드러운 느낌이어야 한다.	1) 마르지 않도록 립 글로스(크림)를 자주 바른다.

7. 여성의 얼굴 및 피부관리

실행순서	표준화
1. 거울을 본다.	1) 스마일과 표정관리를 한다.
2. 귀걸이, 목걸이 등 액세서리를 착용하지 않는다.	1) 출근시 착용한 것을 빼어 놓는다.
3. 눈썹을 그린다.	1) 부드러운 반달형으로 그린다.
4. 아이섀도우를 바른다.	1) 자연스러운 색깔을 바른다. 보라색과 같은 화려한 색상, 짙은 밤색 계열은 절대 피한다. 2) 아이라인은 속눈썹이 난 부위에 가늘게 그리고 눈 전체에 그리지 않는다.
5. 속눈썹을 정리한다.	1) 얼굴이나 눈가에 떨어진 속눈썹이 없어야 한다.
6. 입술은 밝고 부드러운 느낌을 주어야 한다.	1) 짙은 빨강, 어두운 커피색 계열은 절대 피한다. 2) 밝은 빨강, 주황, 분홍계열을 사용한다. 3) 립라인은 립스틱과 같은 색상을 사용한다. 짙은 립라인에 옅은 립스틱을 발라 립라인이 두드러져 보이는 화장은 피한다. 4) 본인의 입술보다 너무 크거나 작게 립스틱을 바르지 않는다. 5) 립스틱이 치아에 묻지 않아야 한다.

7. 입냄새가 나지 않아야 한다.	1) 식사 후에는 반드시 양치질을 한다. 2) 구강청정제 스프레이를 갖고 다닌다.
8. 얼굴 바탕은 밝아야 한다.	1) 짙은 화장은 피한다. 2) 화장을 하지 않은 듯이 자연스럽게 보여야 한다. 3) 번들거리지 않도록 조심한다.
9. 향수는 사용하지 않는다.	1) 근무시에는 향수냄새가 나지 않도록 한다. 2) 사무실에서는 고객과 동료들에게 불쾌감을 주지 않도록 조심하여야 한다.

8. 남성의 헤어스타일 관리

실행순서	표준화
1. 깔끔하고 단정한 머리스타일을 택한다.	1) 뒷머리가 와이셔츠 깃을 넘거나 덥수룩 하지 않아야 한다. 2) 옆머리는 귀에 닿은 부분이 없어야 한다. 3) 구렛나루는 너무 길지 않도록 자른다.
2. 머리에 무스, 스프레이를 바른다.	1) 번들거리지 않도록 주의한다. 머리 화장품 냄새가 나지 않아야 한다.
3. 이마를 훤히 보여야 한다.	1) 앞머리는 위로 1cm 정도 세운다. 2) 가운데 가르마는 타지 말아야 한다. 3) 앞가르마를 3:7 비율로 탄다.
4. 거울을 보며 확인하고 단정하지 못하면 다시 손질한다.	

9. 여성의 헤어스타일 관리

실행순서	표준화
1. 깔끔하고 단정한 머리스타일을 택한다.	1) 가능하면 머리 끝이 어깨에 닿지 않는 스타일로 한다.
2. 무스, 스프레이를 사용하여 머리모양을 만든다.	

3. 이마가 환히 보이도록 하되, 자기 얼굴개성을 살린다.	1) 화려한 핀이나 액세서리는 하지 않는다. 검은색 계열의 실핀을 사용한다. 2) 인사를 하거나 음식을 나르는 경우 앞머리가 내려오지 않도록 고정해야 한다.
4. 거울을 보며 확인하고 단정하지 못하면 다시 손질한다.	1) 헤어 액세서리(핀,네트 등)는 잘 보이지 않는 색상을 사용한다.
5. 머리의 색깔은 검고 윤이 나야 한다.	1) 염색이 필요한 경우 검은색 계열로만 한다.
6. 어깨 위에 떨어져 있는 머리카락이나 비듬이 없어야 한다.	1) 자주 거울을 보고 점검한다.
7. 머리냄새가 나지 않아야 한다.	1) 자주 감고 상쾌한 냄새가 느껴져야 한다.

10. 남성의 용모와 복장 Check List

항목	점검내용	평가
두 발	두발은 청결하고 손질은 잘되어 있습니까?	
	뒷머리가 드레스셔츠 칼라에 닿지는 않습니까?	
얼 굴	면도는 깨끗이 되어 있습니까?	
	청결하고 건강한 느낌을 주고 있습니까?	
	손톱의 길이는 적당합니까?	
	입냄새가 나거나 콧털은 길지 않습니까?	
복 장	청결하며 구김이 가지 않았습니까?	
	바지 길이는 적당하며 넥타이는 단정합니까?	
	주머니가 불룩하여 보기 흉하지 않습니까?	
	드레스셔츠 안에 색깔있는 런닝을 입지 않았습니까?	
명찰 · 뺏지	명찰과 뺏지의 패용위치는 적당합니까?	
양 말	양말의 색상은 바지색이거나 유사한 색상인가요?	
구 두	구두는 깨끗이 닦여져 있습니까?	
	구두의 색상이나 형태는 규정에 알맞습니까?	
악세사리	규정 외 액세서리를 하지 않았습니까?	

11. 여성의 용모와 복장 Check List

항목	점검내용	평가
두 발	두발은 청결하고 손질은 잘 되어 있습니까?	
	염색머리, 심한 파마 머리는 아닌지요?	
	뒷머리가 어깨선을 넘지는 않았습니까?	
	유니폼에 어울리는 스타일입니까?	
화 장	청결하고 건강한 느낌을 주고 있습니까?	
	손톱은 깨끗하고 손톱의 길이는 적당합니까?	
	규정에 벗어난 짙은 화장을 하지는 않았습니까?	
유니폼	복장은 청결하며 구김이 가지 않았습니까?	
	스커트 길이는 적당하며 단추가 떨어진 곳은 없습니까?	
	어깨에 비듬이나 머리카락이 붙어 있지는 않습니까?	
명 찰	왼쪽가슴에 패용된 명찰의 위치는 적당합니까?	
	타인의 것이나 써서 붙인 명찰은 아닌가요?	
스타킹	스타킹은 살색에 가까운 색깔입니까?	
	예비 스타킹은 준비하고 있습니까?	
구 두	구두는 깨끗이 닦여져 있습니까?	
	회사에서 지정한 구두입니까?	
	구두를 꺾어 신거나 끌고 다니지 않았습니까?	
악세사리	규정 이상의 액세서리를 착용하지는 않았습니까?	

제12장

서비스 자세와 태도

1. 서비스 자세는 왜 중요한가?

1) 자신감을 준다.
2) 적극적인 성격이 되도록 한다.
3) 신체의 내부기관이 적절하게 기능하도록 하여 신체를 건강하게 유지시킨다.
4) 똑바로 선 자세가 목소리의 근원인 횡경막을 자유롭게 하여 좋은 목소리가 나오게 한다.
5) 작업시의 올바른 자세는 일의 능률을 높이며 신체에 무리를 주지 않는다.

2. 상황별 올바른 자세와 태도

1) 대기자세(Stand-by)

① 얼굴엔 가벼운 미소로
② 자신도 편하며 남이 보기에도 부담스럽지 않아야 한다.
③ 허리와 가슴을 펴고
④ 머리를 곧게 세워 자신감 있는 모습으로
⑤ 손의 위치는 여우남좌로 포개어 선다.

2) 대기동작

- 기본자세: 양손을 포개서 아랫배에 대고 발뒷꿈치를 붙이고 똑바로 선다.(고객이 가장 편안하게 접근할 수 있는 위치, 고객의 접근을 잘 분별할 수 있는 위치)

- 표정: 미소띤 밝은 표정
- 시선: 부드러운 눈길로, 한 곳에 고정하지 말고, 천천히 주위를 살핀다.
- 마음가짐: 언제, 어디에서 다가올지 모르는 고객을 정성껏 응대하려는 마음으로 업무 이외의 다른 생각은 하지 않도록 한다. 누구든 눈이 마주치면 마음속으로 인사한다.

〈금지사항〉

- 동료와의 잡담
- 특정 고객을 지목, 손가락질 하는 행위
- 잡념으로 멍한 표정

2) 앉는 자세

① 되도록 깊숙이 앉는다.

② 허리와 가슴을 펴고 두 무릎을 단정히 모아 붙이고 두 손을 가볍게 무릎위에 얹는다.(남자는 무릎간격을 20cm, 여자는 무릎과 발끝을 가지런히 모은다.)

③ 어깨와 턱에 힘주지 말고 고개를 바로 하며 입을 다물고 앞을 보는 편안한 자세

3) 걷는 자세

① 머리와 윗몸을 곧게 하여 흔들리지 않고 걷는 것이 바른 걸음이다.

② 자세는 바르게 하고 시선은 똑바로 3~6m 앞을 바라보고 걷는다.

③ 어깨는 수평으로 유지하면서 몸을 흔들어서는 안 된다.

④ 발은 일직선상으로 떼어 놓도록 하고, 발의 중심과 두 어깨가 정삼각형이 되도록 하되 발바닥이 보이지 않도록 주의하여야 한다.

⑤ 걸을 때 신을 끄는 것은 상스러워 보이므로 주의해야 하며, 발끝과 뒤꿈치가 동시에 땅에 닿도록 하되 소리가 나지 않도록 사뿐히 내딛도록 한다.

4) 물건 다룰 때의 자세

① 물건을 주고 받을 때에는 반드시 두손으로 주고 받는다.

② 서류, 물건 등은 상대방에게 위 아래가 거꾸로 되지 않도록 반듯하게 준다.

③ 받을 경우에는 양손으로 정중하게 받으며 손은 가슴보다 아래로 내려오지 않는다.

④ 명함주고 받기 → 오른손으로 주면서 왼손으로 상대방의 명함을 동시에 받는다.

5) 안내할 때의 자세

① 손바닥을 가지런히 하여 손바닥 전체로 가리켜야 한다.

② 손바닥이 아래를 향하고 있거나 손목이 굽어지지 않도록 한다.

③ 팔과 몸의 각도에 의해서 거리감을 나타낸다.

④ 시선처리: 가르키는 방향 → 상대의 눈

⑤ 오른쪽을 가르킬 때는 오른손을 사용하고, 왼쪽을 가르킬 때는 왼손을 사용하여 가르킨다.

⑥ 손바닥 정면이나 손등 정면이 상대에게 보이지 않게 45도 각도 유지가 적당하다.

6) 악수를 할 때

① 악수는 서구적인 인사로서 우리나라에서도 거의 생활화 되어 있다.
② 수줍어하지 말고 당당하게 하되, 반드시 선자세로 오른손을 내밀어 자연스럽고 가볍게 쥐는 것이 예의에 맞는 것이다.
③ 상대방의 눈이나 얼굴을 주목하도록 하며 절을 같이 할 필요는 없으나 다소 상체를 앞으로 기울이는 듯한 기분으로 하는 것이 좋다.
④ 서양인과 악수시 약간 힘있게 악수한다.

7) 계단을 오르내릴 때

① 계단을 오를 때는 남자가 앞선다.
② 계단을 내려 올 때는 여자가 앞선다.
③ 고객과 함께 계단을 오르내릴 경우에는 안내자가 항상 앞선다.

✤ 동행안내 동작

1. 안내할 방향을 가르키고 표정을 살핀 후 손을 내린다.
2. 두서너 걸음 앞서 비껴서서 간다.
   - 왼쪽에서 안내하는 것을 원칙으로 하되, 고객을 안전한 쪽, 복잡하지 않는 쪽에 모시는 것을 우선으로 한다.
   - 고객의 입장이 되어 궁금하지 않도록 안내하는 곳의 층수나 위치 등은 사전에 말씀드린다.
3. 앞만 보고 가지말고 5~6보에 한번씩 사선걸음으로 고객의 발끝을 바라본다. (고객의 형편을 살피고 고객에게 신경쓰고 있음을 나타낸다.)
4. 모퉁이를 돌아설 경우, 반드시 손지시를 다시 한 번 해 드린다.
   - 앞의 상황을 미리 살펴 복잡한 경우, 미리 돌아간다.
5. 도착한 경우, 목적지를 다시 복창한다.
6. 정중히 인사하고, 고객이 시선을 옮긴 후 이동한다.

〈표 4-4〉 정면 전신 체크로 체형 교정

내용	YES	NO
1. 머리가 좌우 어느 쪽으로 기울어져 있다.		
2. 어깨선이 수평으로 되지 않았다.		
3. 요골의 좌우 높이가 한쪽으로 치우쳐서 다르다.		
4. 무릎과 무릎을 붙이기가 어렵다.		
5. 턱을 너무 당겨서 눈을 치켜뜨게 된다.		
6. 머리가 앞이나 뒤로 넘어가 있다.		
7. 앞이 반듯하게 옆으로 내려져 있지 않다.		
8. 목덜미에서부터 등에 걸쳐 군살이 붙어 있다.		
9. 몸 전체가 S자형으로 되어 있다.		
10. 등뼈가 굽어 있다.		
11. 좌 · 우 히프의 크기가 다르다.		
12. 구두 밑창이 한쪽으로만 닳아 있다.		
13. 발뒤꿈치로 지면을 차거나 발뒤꿈치를 끌면서 걷는 일이 있다.		
14. 조금만 많이 걸어도 허리가 아프다.		

제13장

의전서열 에티켓

정부관리 또는 대표자가 참석하는 공식 행사나 연회에서 참가자의 서열을 존중하는 것은 의전에 있어서 가장 중요한 원칙이다.

서열이란 모임에 참석한 사람들의 순위를 말하는 것이다. 통상적으로 공식적인 서열과 관례상의 서열 두 가지로 나눌 수 있다.

공식적인 서열은 신분별 지위나 관직에 따라 공식적으로 인정되어 있는 서열을 말하며, 관례상 서열은 사회적 예의로 정해놓은 서열을 말한다. 사실 공식서열은 나라에 따라 성문으로 규정하고 있어 별 문제가 없는편이지만, 관례상 서열은 공적인 것보다 사적인 의미의 비중이 큰 편이므로 그 관계가 복잡하여 이를 적용하는 데는 다소 어려움이 있다. 특히 남편이 대통령이 아니고 단지 국가의 대표로서의 자격을 가지고 있는 경우에는 그 부인에 대해 레이디 퍼스트의 원칙이 적용되지 않는 점에 주의해야 하며, 한 사람이 2개 이상의 사회적 지위를 가지고 있을 때는 상위직을 기준으로 한다.

1. 의전서열을 정하는 순서

공식서열과는 달리 관례상 서열은 사람과 장소에 따라 정해야 하므로 그리 간단하지 않다. 따라서 서열을 정하는 것은 그 모임의 성격과 상황에 따라 다르겠으나 기본적인 기준은 아래와 같다.

① 부부동반인 경우 부인의 서열은 남편과 같다.

② 연령을 중시한다.

③ 미혼 여성은 기혼 여성보다 서열이 낮다.

④ 외국인을 상위로 한다.

⑤ 높은 직위 쪽의 서열을 따른다.

⑥ 남성보다 여성을 우대한다. 단, 남성이 한 나라의 대표자격으로 참석한 경우에는 예외가 된다.

⑦ 주빈을 존중한다.

2. 우리나라의 의전서열 관행

서열을 결정할 때에는 그 사람의 현 직위 외에도 연령, 행사와의 관련성 정도, 관계인사 상호간의 관계 등을 검토하여 결정해야 한다. 우리나라에는 정해진 공식서열은 없지만 외무부를 비롯 기타 의전당국에서 실무상 일반적 기준으로 삼고있는 비공식 서열을 소개하면 대략 다음과 같다.

① 대통령

② 국회의장

③ 대법원장

④ 국무총리

⑤ 국회부의장

⑥ 감사원장

⑦ 부총리

⑧ 외무부장관

⑨ 외국특명전권대사, 국무의원, 국회 상임위원장, 대법원 판사

⑩ 3부 장관급, 국회의원, 검찰총장, 합참의장, 3군 참모총장

⑪ 차관, 차관급

3. 외국 주요국가의 의전서열 관행

1) 미국의 경우

① 대통령

② 부통령

③ 하원의장

④ 대법원장

⑤ 전직 대통령

⑥ 국무장관

⑦ 유엔사무총장

⑧ 외국대사

⑨ 전직 대통령 미망인

⑩ 공사급 외국 공관장

⑪ 대법관

⑫ 각료

⑬ 연방예신국장

⑭ 주유엔 미국대표

⑮ 상원의원

2) 영국의 경우

① 여왕

② 귀족

③ 켄터베리대주교

④ 대법관

⑤ 요크대주교

⑥ 수상

⑦ 하원의원

⑧ 옥새 상서

⑨ 각국대사

⑩ 시종장관

제 5 편

응급처치와 안전관리

제1장

응급처치 요령

1. 응급처치의 기본조치 사항

1) 긴급을 요하는 환자를 우선으로 조치한다.

2) 환자의 정확한 상태를 조사한다.(A, B, C)

(1) 기도(Airway) 유지

머리를 뒤로 젖히고 턱을 밀쳐 올리는 방법으로 의식이 없는 부상자의 기도를 즉시 열어 주는 것이다.

(2) 호흡(Breathing)

숨을 쉬는지 확인한다. 가슴이 올라가고 내려가는지 보고, 숨소리에 귀를 기울이고, 환자의 코와 입밖으로 공기가 나오는지 살펴본다.

(3) 순환(Circulation)

- 환자의 심장(맥박)이 뛰고 있는지 확인한다.
- 심장이 박동하고 있는지 확인하기 위해서는 목옆에서 맥박이 뛰는 것을 확인해야 한다.
- 환자가 피를 흘리고 있는지 확인한다.

3) 보온을 유지한다.

4) 음료를 준비한다.(단, 환자가 의식이 있을 경우에만 해당됨)

5) 병원(의사)에 연락한다.

6) 협력자를 구한다.

7) 안정을 취한다.

8) 증거물, 소지품을 보존한다.

9) 처치기록표를 부착한다.

2. 재해상태에 따른 응급처치 요령

1) 충격시 응급처치

(1) 충격의 원인

충격이라 함은 순간적인 혈액순환의 감퇴로 말미암아 몸의 전 기능이 부진되고 허탈된 상태를 말한다. 충격은 부상에 의해서 뿐만 아니라 정신적으로 일어나는 경우도 있다. 대출혈, 심한 화상, 골절 그 밖의 가슴 또는 머리의 부상 등이 충격을 일으키는 원인이 된다.

(2) 증세

① 얼굴이 창백해진다.
② 식은땀이 나며, 현기증을 일으킨다.
③ 구토나 구역질을 하게 된다.
④ 맥박이 약하고 때로는 빠르다.
⑤ 심하면 의식이 없어진다.
⑥ 호흡은 불규칙하게 된다.

(3) 응급처치방법

① 자세: 환자를 머리와 몸이 수평되게 조용히 눕힌다.
머리에 부상을 당하여 호흡이 힘든 환자인 경우에는 반대로 호흡을 좀더 쉽게 하도록 하기 위하여 환자의 머리와 어깨를 높인다.
② 보온: 환자의 몸이 식으면 충격이 악화된다. 체온을 유지하기 위하여 담요, 겉옷, 신문지 등으로 잘 덮어주고 깔아준다.
③ 음료: 환자가 의식이 있고, 마실 것을 줄 필요가 있을 때에는 더운물, 국물, 우유, 엽차 같은 것을 조금씩 마시게 한다.

2) 상처에 대한 응급처치

(1) 상처의 원인

칼이나 깨진 컵, 날카로운 물체에 베이거나 못, 핀, 파편 같은 뾰족한 물체에 찔리면 피부나 조직에 병을 일으키는 것이 상처의 원인이 된다.

(2) 상처의 증세

상처난 부위의 피부나 조직에 통증이 있고, 열이 나거나 붓는 증상이 나타나고 심하게 되면 출혈 및 감염으로 전이된다.

(3) 응급처치방법

① 상처에 청결유지: 상처를 덮고 있는 의복은 잘라내고, 상처부위의 오염물은 식염수나 수돗물로 씻어낸 후 소독하고 거즈를 바른다.
② 편안한 자세를 취해주고 상처부위를 움직이지 않게 한다.
③ 출혈부위가 있으면 소독된 붕대를 감고 손이나 밴드 등으로 지혈한다.
④ 상처부위에 이물질이 박힌 경우 절대로 뽑지 말고 그 위에 소독된 마른거즈를 덮어 의사의 치료를 받는다.(출혈과 주변 조직 손상 예방을 위해)

3) 골절, 탈구, 염좌시 응급처치

(1) 골절

골절은 뼈가 부러졌거나 금이 간 것을 말하며 단순골절과 복합골절로 구분된다. 상처가 보이지 않을 때 뼈가 부러졌거나 금이 간 것을 단순골절이라고 하고 복합골절은 상처가 밖으로 나타나있고 감염의 위험이 높다.

늑골이 골절된 부상자는 폐, 신장, 간에 손상이 있을 수 있다.

- 증세

① 붓는다. 상처 부위가 매우 아프다.
② 피부색이 변한다.

③ 다친 곳에 통증이 있다.

④ 형태에 변화가 있다.

- 응급처치 방법

① 부러진 뼈를 맞추려고 하지 않아야 한다.

② 골절된 뼈를 움직이지 않게 하고, 골절된 뼈와 연관된 관절도 움직이지 않게 한다.

③ 충격을 방지한다.

④ 상처가 있을 때에는 깨끗한 거즈나 천을 대고 붕대를 맨다.

(2) 탈구

관절이 삐어서 뼈가 제자리에서 벗어난 상태를 탈구라 한다.

매우 아프고 관절의 모양이 변하며, 부어올라 관절운동이 불완전해진다.

- 응급처치 방법

① 의사 아닌 사람이 탈구를 바로 잡으려고 하여서는 안 된다.

② 찬물수건 찜질을 하여 아픔을 가라앉히고 붓는 것을 막는다.

③ 충격을 방지한다.

(3) 염좌(Sprain)

관절이 정상범위를 벗어난 운동을 하거나, 혹은 심한 근육운동을 할 때 생기며 대체로 발목, 손목, 무릎, 손가락 등에 생긴다.(흔히 삐었다고 함)

- 응급처치 방법

① 염좌된 부분을 높이 올린다.

② 의사가 올 때 까지 상처 부분에 찬 물수건을 댄다.

③ 심하면 움직이지 말도록 한다.

4) 화상(Burns) 시 응급처치

화상은 화학물질, 전기 또는 열에 노출되어 생기는 부상을 말한다.

(1) 화상의 분류

① 1도 화상: 가벼운 화상으로 피부가 붉어지거나 변색되고 가볍게 붓거나 통증이 있다.
② 2도 화상: 1도 화상보다 심하고 깊다. 붉게 보이거나 반점과 물집이 있다. 손상된 피부층을 통해서 생기고 작은 습기처럼 보이는 물집이 생긴다.
③ 3도 화상: 가장 심하고 깊은 화상이다. 허옇게 보이거나 까맣게 탄 것처럼 보이고 증세는 피부층이나 피하조직으로 점차 확산한다.

(2) 화상에 대한 응급처치

① 물집이 터지지 않은 1도와 2도 화상은 식염수를 사용한다.
젖은 드레싱을 해주고 느슨하게 붕대를 감는다.
② 물집이 터진 2도와 3도 화상은 마른 드레싱을 대고 붕대를 느슨하게 감아준다.

3. 인공호흡(심폐소생술: CPR) 실시 요령

1) 인공호흡의 정의

심장의 활동이나 호흡이 갑자기 정지되는 동안에 환자의 생명을 구하기 위하여 응급적으로 가해 주는 처치술

심장이 정지한 후 4~5분 이내에 실시할 것. 5분 이상 지나면 사망 - 뇌사

2) 적용대상

(1) 무의식환자
(2) 심장질환자
(3) 익사, 뇌졸중, 심장마비, 기도폐쇄, 약물과용, 석탄가스 등 가스중독, 두부외상, 감전 등으로 인한 호흡정지환자

3) 실시요령 및 순서

(1) 제일 먼저 119에 신고한다.

(2) 환자의 의식 유무를 확인한다: 호흡정지 여부 확인

(3) 환자의 자세를 유지한다: 부상 유무 확인(딱딱한 바닥에 눕혀야 효율적이다)

(4) 기도의 개방: 기도가 폐쇄된 환자의 머리를 될 수 있는 대로 뒤로 젖히고 목이나 턱을 들어 올리면 쉽게 기도개방이 된다.

(5) 구강대 구강법으로 인공호흡을 실시한다.

(6) 맥박확인: 환자의 경동맥 맥박이 뛰는지 확인하고 맥박이 뛰지 않으면 흉부압박법을 같이 실시한다.

(7) 대부분의 무의식환자는 기도개방만 시켜도 의식이 회복된다.

4) 구강대 구강법(Mouth to Mouth)

- 가장 효과적이고 많이 사용하는 인공호흡법

(1) 환자의 자세를 바르게 하고 기도를 개방한 후 한손으로 환자의 이마를 누르고 그 손의 엄지와 검지로 환자의 코를 막은 뒤, 느리게 두번, 충분한 공기를 환자의 입속으로 불어 넣어 주고 환자의 가슴이 올라가는지 확인한다.(다른 한손으로는 턱을 밀어 올린 자세를 유지할 것)

(2) 처음 인공호흡 할 때 5초에 걸쳐 2회 실시하고 그 후 1~2초 사이에 2회 실시해야 한다.

(3) 호흡정지만 있을 경우 5초마다 2회씩 인공호흡만 제공한다.(분당 12~15회 실시)

(4) 맥박이 약하거나 정지했을 경우 반드시 흉부압박법(심장마사지)을 실시한다.
정상 성인의 경우 흉골이 4~5cm 내려갈 정도로 흉부를 눌러야 한다.
인공호흡 1회 실시 후 심장마사지 5회 실시한다.

(5) 환자의 호흡이 돌아오면 기도개방자세를 유지하고 호흡상태를 관찰한다.

(6) 환자의 호흡이 돌아오지 않을 때는 의사가 올 때까지 인공호흡을 실시한다.

5) 흉부압박법(심장마사지)

- 맥박이 뛰지 않을 때 인공호흡과 흉부 압박법을 동시에 실시해야 한다.

(1) 환자의 검상돌기 부분에 두 손바닥을 겹쳐 팔을 엇갈리게 한다.

(2) 무릎을 꿇고 엉덩이를 든 상태의 자세로 흉골이 소아는 4~5cm, 성인은 5cm 정도 내려갈 만큼 흉부를 눌러준다.

(3) 흉부압박을 멈추지 말고 규칙적으로 부드럽게 실시해야 한다.

(4) 1인 심폐소생술 때에는 인공호흡 대 흉부압박을 2:30의 비율로 실시하고 2인 심폐소생술 때에는 인당 1:15로 실시한다. 한 명은 기도유지 및 인공호흡을, 다른 한 명은 흉부압박을 전담한다.

1인 심폐소생술을 실시할 경우 인공호흡동안 흉부압박을 멈추게 되므로 성인 기준 분당 100~120회의 속도로 실시해야 한다. 심장에 산소공급이 40% 정도 밖에 안 되므로 5초 이상 정지하면 안 된다.

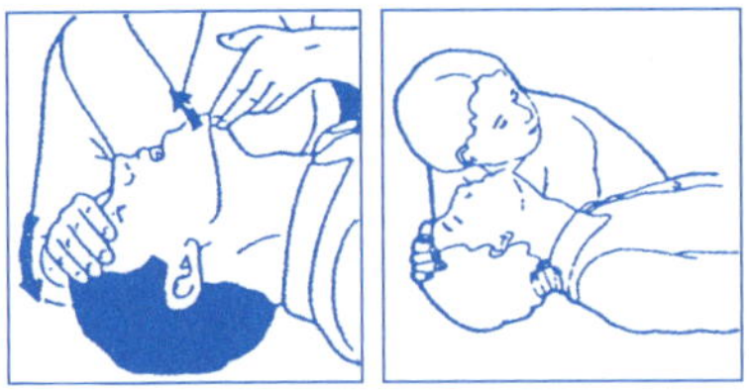

기도유지방법

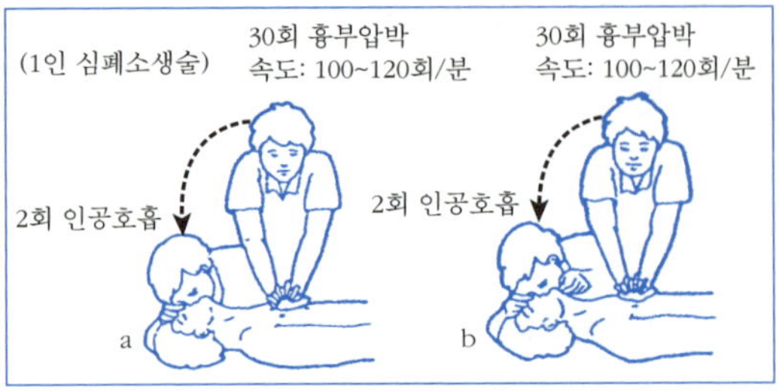

a) 목을 들고 기도를 개방한 상태에서 실시함
b) 턱을 밀고 기도를 개방한 상태에서 실시함

1인 심폐소생술

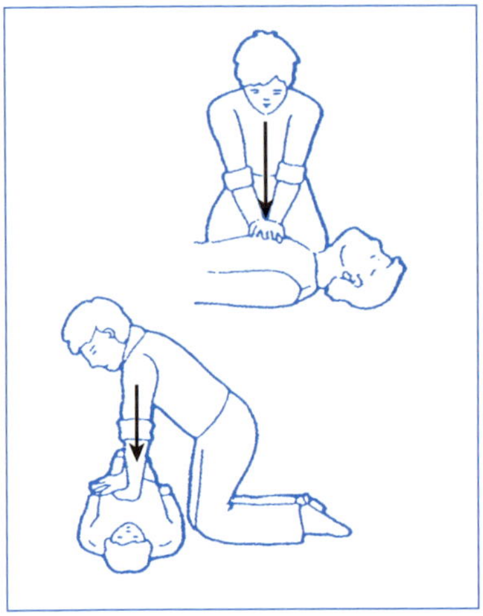

처치자 손의 바로 위에 처치자의 어깨가 위치해
흉부압박시의 힘이 곧바로 환자흉부에 전달된다.

흉부압박시 처지자의 자세

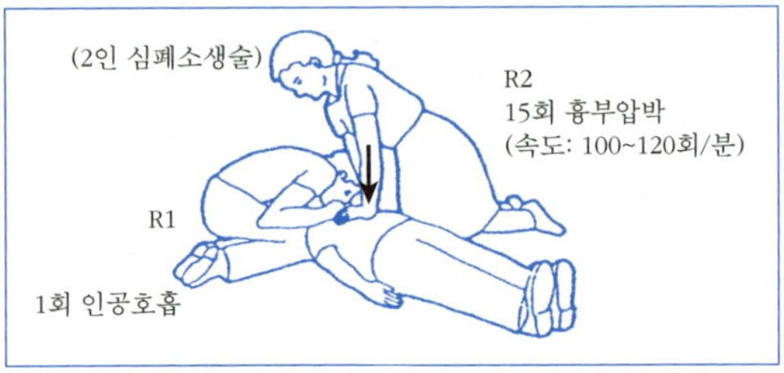

R1은 기도유지 및 인공호흡을 실시한다.
R2는 흉부압박을 실시한다.

2인 심폐소생술

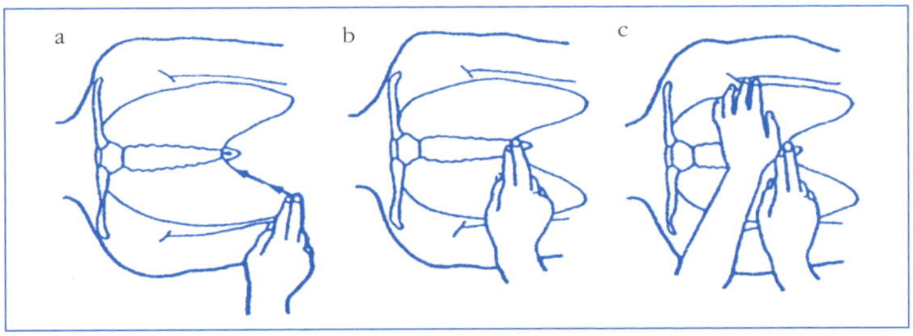

a. 손가락으로 늑골을 따라 올라가 검상돌기에 이른다.
b. 중지를 흉골하단의 검상돌기에 대고 그 위에 검지를 붙인다.
c. 반대편 손바닥의 손꿈치를 그 위에 붙인다.

심장압박부위 확인방법

제2장

안전관리

1. 사고란?

계획 없는 사건으로 사람의 불안전한 행동, 불안전한 상태 또는 두 가지 복합적 작용에 의해서 생기며 심할 때에는 사람의 상해, 재산상의 피해를 말한다.

2. 재해란?

사고의 마지막 결과로 사람의 상해 재산상의 피해를 말한다.

사고의 요인별 분석

- 사람의 부주의 88%
- 기계장비 요인 10%
- 천재지변 요인 2%

3. 일반 빌딩(호텔, 백화점, 병원 등)의 안전사고 유형

1) 화재(일반화재, 유류(가스)화재, 전기화재)
2) 전기감전
3) 충돌
4) 미끄러짐
5) 화상, 동상
6) 척추디스크

7) 고객의 각종 안전사고

8) 기계장비에 의한 각종 산재사고

4. 소방교육과 훈련의 유형

1) 예방훈련
2) 소방훈련
3) 대피훈련
4) MENTAL PRACTICE

5. 화재(연소)의 조건

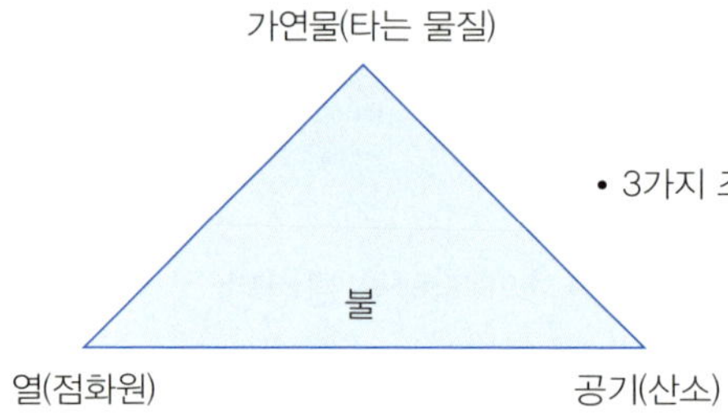

• 3가지 조건이 만족될 때 연소 가능

6. 소화의 원인

1) 가연물: 제거 효과

2) 열: 냉각 효과

3) 공기: 질식 효과

7. 화재의 종류와 사례

1) A급 화재(일반화재) = 흰색

2) B급 화재(유류화재) = 황색

3) C급 화재(전기화재) = 청색

8. 소화기의 종류 및 취급요령

분화, 포말, CO_2 , 하론 등

9. 화재사고 사례와 원인분석

연기 = 탄산가스 + CO_2 → 공기 중 1% 함유때 1~3분 호흡시 질식한다.

10. 피난 요령

1) 냉정한 판단
2) 평상시 자신의 근무지 주위 통로 숙지
3) 낮은 자세, 물수건 또는 방연마스크 이용, 짧은 호흡, 민첩한 행동

11. 평상시 직원 숙지사항

1) 자위소방대 소속 및 임무
2) 소화기 취급 요령 및 소화전 사용법
3) 소속업장 주위의 비상구 위치, 발신기 위치, 피난장비 위치
4) 화재시 행동요령
   ① 불이야! 고함친다.
   ② 발신기 버턴을 누른다.
   ③ 전화로 신고한다.
   ④ 초기 소화 실시: 소화기로 응급처치 및 복도벽에 내장된 소화전을 열고 호스 밸브를 열고 물줄기를 뿌린다.
   ⑤ 고객대피 유도(자위소방조직 임무)

Hotel Service Manner

제 6 편

이미지 메이킹

제1장

이미지가 바뀌면 인생이 달라진다

사람은 6초 동안 눈깜박하는 사이에 얼굴 표정과 외모를 통해서 상대방에게 큰 인상을 남긴다고 한다. 그 이유는 얼굴 표정과 외모가 비록 그 사람의 모든 것을 나타내거나 결정짓는 것은 아니지만, 사람들은 우선 얼굴 표정과 외모를 보고 판단하는 경향이 많고, 또한 깨끗하고 청결한 사람은 어디서나 환영받기 때문일 것이다.

1. 이미지란?

이미지(Image)란, 특정한 대상으로부터 느껴지는 모든 정보가 사람의 마음속에서 하나의 형상으로 떠오르는 것이라 할 수 있다. 하나의 형상으로 떠오르기 위해서 느껴지는 모든 정보에는 얼굴모습, 키, 피부색, 목소리, 표정, 말씨, 옷차림, 두발상태, 손, 걸음걸이, 행동 등이 포함된다고 하겠다.

이러한 여러 가지 요소들에 의해서 그 상대편에 대한 첫인상이 결정됨에 따라서 이미지의 좋고 나쁨으로 판단된다.

2. 이미지 메이킹이란?

상대방이 가지고 있는 매우 다양한 특징이나 모습들을 마음속에서 형상화하는 것을 이미지라고 했으며, 이러한 이미지를 보다 호감적으로 개선, 변화시키는 것을 이미지메이킹(Image Making)이라고 한다.

3. 이미지 메이킹은 왜 중요한가?

First Impression! 첫인상! 이미지가 곧 경쟁력이다.

그만큼 첫인상이 중요하기 때문이다. 중요한 이유는 이미지 메이킹이야말로 대인 관계에서 또는 비즈니스에서 절대적으로 영향을 미치기 때문이다. 그렇기 때문에 서비스나 상품판매에 있어서 상품의 질도 중요하지만, 상품을 판매하는 판매자의 이미지도 매우 중요하다. 이것은 곧 이미지 메이킹을 잘 갖춘 직원이 매출을 더 올려주는 연구결과가 발표될 만큼 이미지 메이킹에 대한 중요성이 부각되고 있다는 점이다. 이러한 직원은 결국 최대의 상품을 팔 수 있는 능력자로 인식될 것이며, 이는 곧 우리가 흔히 얘기하는 '성공'이라는 결실을 창조하기 때문에 이미지 메이킹의 중요성이 강조되고 있다.

제2장

이미지 메이킹의 요소

1. 얼굴 부문

1) 표정관리

얼굴에 나타나는 눈, 코, 입의 3위 일체가 적절히 조합되어 얼굴 전체의 표정이 밝게 빛나야 하며, 화장이 조화롭게 잘되어 있어야 한다.

(1) 눈과 시선

눈이 빛나는 사람은 호감이 가며 눈동자에 생기가 돈다. 그리고 자신감이 없는 눈은 시선처리가 밑으로 내려간다. 눈동자가 안정이 되지 못하고 이리저리 굴리게 되면 뭔가 불안 초조하다는 인상이 초래되므로 이미지관리에는 치명적이다.

(2) 코의 조화

코는 얼굴의 중심에 위치하고 전체 얼굴의 균형을 유지하는 중요한 부분이다. 코는 얼굴 전체에 어울리는 균형과 조화가 이루어져야 한다.

(3) 입술과 메이크업

입술은 크기나 모양에 따라 메이크업의 중요성이 가장 강조되는 부분이기도 하다. 따라서 립스틱의 색상은 환경, 위치, 의상에 따라 조화롭게 선택해야 하며 일반적으로 립스틱은 아이섀도우와 반비례되는 것을 원칙으로 하고, 아이섀도우가 강할 때는 약하게 하고 아이섀도우가 약할 때는 강하게 한다.

2. 헤어스타일 부문

헤어스타일이 호감 가는 인상 3가지 중에서 가장 으뜸이라고 한다. 즉 얼굴 형태에 따라 헤어스타일은 매우 다양한 이미지 메이킹을 연출할 수 있다.

1) 긴 얼굴

이러한 얼굴형에는 쇼트헤어가 무난하며 긴 머리에는 웨이브가 필수적이다. 너무 긴머리를 허거나 머리칼을 뒤로 바짝 넘기는 경우와 너무 짧은 헤어스타일은 어울리지 않는 형이다.

2) 세모형 얼굴

세모형에는 모든 헤어스타일이 다 잘 어울리는 형이지만, 특히 중앙 가르마를 타는 머리가 더욱 잘 어울린다.

3) 둥근 얼굴

둥근 얼굴형에는 머리를 둥글게 올린 듯이 정돈하는게 잘 어울린다. 중앙 가르마 타는 것은 금물이다.

4) 네모형 얼굴

개성이 매우 강한 얼굴인데, 머리 모양을 좌우 똑같이 손질한다.

3. 자세 부문

1) 앉은 자세

의자에 앉을 때는 히프를 등받이에 닿도록 깊숙이 앉고 허리는 바로 편다. 다리를 포개어 앉거나 발을 떠는 경우엔 경망스럽게 보일 수 있다.

2) 걸음걸이

상체를 곧게 펴고 무릎을 편 채로 보폭을 조금 크게 걷는다. 손을 앞뒤 평형으로 정확히 걷는 습관이 필요하다.

4. 패션 부문

1) 복장

(1) 깨끗하고 단정하게 얼룩이 없고 구겨지지 않을 것
(2) 어깨에 비듬이나 머리카락이 묻어 있지 않을 것
(3) 너무 화려하거나 노출이 심하지 않은가?
(4) 코디는 잘 되어있는가?
(5) 스타킹 색상은 무난한가?

2) 손톱

(1) 손톱의 길이와 네일은 너무 화려하지 않은가?
(2) 너무 혼란스러운 반지는 끼지 않았는가?

3) 구두

(1) 깨끗한가?
(2) 뒷굽이 너무 닳아 있지는 않은가?

제3장

미소(Smile)

1. 미소의 의미

일반적으로 사람들은 낯선 환경에 접했을 때나 혹은 모르는 사람과 만났을 때, 불안감이나 긴장감을 느끼게 된다. 특히 상대방을 맞이하는 입장에 있는 경우라면, 나의 표정이 상대에게 예민하게 작용할 수 있는 것이다. 이런 경우 상대방에게 편안한 기분이 들도록 도와주는 방법 중의 하나가 미소이다.

본래 우리나라 사람은 다른 사람에게 미소를 보이는 일에 인색하므로 자연스럽고 진심에서 우러나오는 미소가 습관화 될 수 있도록 부단히 노력해야 한다. 미소가 넘치는 생활 속에 기쁨과 행복 건강이 함께 있고 부드럽고 자연스런 대화가 존재하는 것이다.

〈미소의 중요성〉

1) 상대방에게 편안한 기분이 들도록 해 준다.
2) 자기 자신에 대한 호감을 갖도록 해 준다.
3) 좋은 이미지 속에서 원만한 인간 관계를 형성하게 해 준다.
4) 본인 스스로의 마음도 즐거워 진다.

2. 미소 연습방법

얼굴 모양은 선천적으로 타고난 개인차가 있으나 수련과 수양에 의해 호감을 줄 수 있는 미소를 만들 수 있다.

1) 부드러운 미소 짓기 훈련

거울을 보며 '아, 이, 우, 애, 오'를 입을 크고 분명히 움직여 발음하며 근육을 풀어 자신의 표정을 관찰한다.

① 눈: 눈동자가 한가운데 고정되어 안정된 눈매가 가장 좋은 느낌을 준다. 따라서, 얼굴을 움직이는데 따라 눈의 표정이 달라지므로 고객 응대시에는 몸 전체를 고객쪽으로 돌려 응대하도록 한다.

② 입: 항상 입의 양끝이 올라가도록 입 모양을 가진다. 이러한 입 모양을 지닌 사람은 관상학적으로도 언제나 명랑하고 사물을 선의로 해석하는 긍정적인 사람이다. 남의 사랑도 받고 건강상태도 좋고 입신 출세할 수 있는 관상이라 한다.

〈그밖의 미소〉

- 밝고 순수한 미소
- 마음에서 우러 나오는 미소
- 얼굴 전체가 웃는 자연스러운 미소
- 품위가 있는 미소
- 돌아서는 뒷모습에도 계속되는 미소

3. 안면운동과 미소연습

1) 안면체조

- 눈썹: 양손의 검지 손가락만 펴서 눈썹에 닿는 위치에 댄다. 눈썹을 위쪽으로 올렸다가 손가락이 닿도록 제자리로 원위치한다.(3~4회 반복)
- 눈: 눈동자를 위, 아래, 좌, 우로 바로 옮긴다.
- 코: 코에 주름이 잡히도록 찡그렸다가 다시 편다.(2회 반복)
- 입, 뺨: 양볼에 바람을 잔뜩 넣어 부풀린다. 바람을 힘껏 뱉어낸다.(2회 반복) 왼쪽 볼에 바람을 잔뜩 몰아 넣는다. 오른쪽 볼로 바람을 옮긴다.(2회 반복)

- 입술: 입술을 오므려 "쪽" 빨아들인다. 입술 전체를 최대한 왼쪽 볼 쪽으로 이동시킨다. 정면으로 원위치한다. 입술 전체를 최대한 오른쪽 볼 쪽으로 끌어당긴다. 정면으로 원위치한다.(2회 반복) 입술에 힘을 빼고 위, 아래 입술이 흔들리도록 바람을 길게 뱉어 낸다.(반복)
- 턱: 턱 전체를 왼쪽, 오른쪽으로 이동시키면서 반복한다.

2) 미소연습

(1) 눈웃음 연습과 입모양 만들기연습

4. 웃음의 법칙

1) 사람만이 웃을 수 있는 유일한 생명체입니다.
2) 사람에겐 언제든지 웃을 수 있는 천성이 주어져 있습니다.
3) 웃음은 자본입니다. 영원히 소멸되지 않는 자본입니다.
4) 웃음은 일을 합니다. 문제를 해결하고, 목표를 달성케 합니다.
5) 웃음은 일을 효율화시킵니다.
6) 웃음은 건강을 유지하고 협동심을 유발시킵니다.
7) 웃음이 인간관계를 원할히 하고, 성공으로 이끕니다.
8) 이제부터 나는 빙그레 웃는 습관을 생활화 하겠습니다.
9) 나는 누구에게나 늘 미소로 대하고, 우아하게 행동하며 신선하고 참신한 태도로 대하겠습니다.
10) 나는 앞날의 행복을 위하여 아무리 일에 시달려도 빙그레 웃는 마음으로 참고 견디겠습니다.
11) 웃음은 전염성이 있습니다.
12) 웃음은 나를 위한 것이지만 미소는 상대방을 위한 것입니다.

5. 웃음의 효과

1) 대화 효과: 웃음은 그 자체가 훌륭한 대화다.
2) 마인드 컨트롤 효과: 일부러라도 웃다보면 저절로 기분이 좋아지는 것이 웃음이다.
3) 감정이입(Empathy) 효과: 웃음은 서비스맨의 기분만 좋아지게 하는 것이 아니라 그를 상대하는 고객의 기분까지 즐겁게 해준다.
4) 건강증진 효과: 웃음이 건강에 좋다는 것은 스탠퍼드 대학의 울리암 프라이 교수를 비롯하여 여러 학자, 의사들의 공통된 견해이다.
5) 신바람 효과: 웃음은 수많은 고객을 상대하는 고달픈 상황 하에서도 그것을 극복할 수 있는 활력을 불어넣어 준다.
6) 호감 효과: 웃음은 서비스맨의 풍채와 인상을 좋게 해주고 고객으로 하여금 호감과 친밀감을 느끼게 한다.

6. 스마일에 대한 체크리스트

내용	check		
	A	B	C
① 당신은 자신의 웃는 얼굴이 맘에 듭니까?			
② 당신의 웃는 얼굴에 대해 남의 칭찬을 받은 적이 있습니까?			
③ 당신은 웃었을 때 자신의 입 모양과 치아에 자신이 있습니까?			
④ 당신의 치아는 하얗고 윤이 나고 있습니까?			
⑤ 웃을 때 입에 손을 대는 버릇이 있습니까?			
⑥ 사진을 찍을 때 자연스럽게 웃는 얼굴을 취할 수 있습니까?			
⑦ 웃는 얼굴은 건강을 위해 좋다고 생각합니까?			
⑧ 자신의 웃는 얼굴을 바꾸고 싶은 생각이 있습니까?			
개선할 사항			

제4장

표정관리

1. 표정의 의미

우리가 신체를 통해 의미를 전달할 때 그것을 표정이라 부른다.

표정은 몸의 제스처나 얼굴 모양을 변화에 의해 표현이 가능하며 그 의미를 쉽게 전달할 수 있다. 그래서 의사소통은 언어에 의존하지만 말하고자 하는 의도는 표정을 통해 나타난다.

표정으로써 거짓을 말하기는 어려우며, 굳어진 표정으로 밝고 아름다운 대화나 성공적인 만남이 이루어지기는 더욱 힘든 것이다. 그러므로 평소 올바른 마음가짐으로 교양과 인격을 쌓아 부드럽고 올바른 표정 만들기에 힘써야 한다.

표정이 밝은 사람은 아량이 넓고 설득력을 지니고 있어서 인간관계를 원만하게 유지하며 매사를 성공적으로 이끌 수 있다.

2. 표정의 중요성

가. 표정은 첫인상, 이미지를 결정짓습니다.

나. 첫인상은 처음 대면 후 5초 내외의 80%가 결정됩니다.

다. 첫인상이 좋아야 그 이후의 대면이 호감있게 이루어집니다.

라. 밝은 표정은 인간관계의 기본입니다.

1) 고객이 싫어하는 시선표정

가. 위로 치켜 뜨는 눈

나. 아래로 뜨는 눈

다. 곁눈질

라. 아래, 위로 훑어보는 눈

마. 한 곳만 응시하는 눈

3. 얼굴 표정관리

얼굴의 표정은 곧 상대방에 대한 심리상태의 전달 언어이다.

얼굴은 그 사람의 마음을 비춰 주는 거울로서 그 사람의 여러 가지 심상을 나타낸다. 특히 얼굴의 표정은 상대방에게 호감을 주느냐, 못 주느냐의 중요한 요소가 되기도 하며, 상대방의 기분을 판단하는 중요한 요소가 되기도 한다. 슬프고, 기쁘고, 즐겁고, 행복한 얼굴 표정은 그 사람의 마음에 따라 만들어질 수 있는 것이다. 따라서 온화하고, 명랑하고, 건강한 얼굴 표정은 짧은 시간 내에 되는 것이 아니라 오랜 자기 수양과 과정을 거쳐서야만이 가능한 것이다.

1) 부드러운 얼굴 표정

우리 얼굴의 근육은 80여 가지이며, 이 근육들을 이용하여 7천여 가지 이상의 표정을 만들 수 있다.

• **지금 당신의 얼굴 표정은?**

근심에 잠긴
지칠대로 지친
못마땅한
떳떳치 못한
전심전력을 기울이는
실망스러운
무관심한
충격적인
회의적인
만족스러운
고통스러운
맥빠진
마음이 상한
후회스러운
긍정적인
아주 딱한
위축된
난처한
잘난 체하는
기쁨이 넘친
당황하는
부정적인
슬픈
단호한
자신만만한

4. 표정관리 연습

1) 표정관리 실습

상황	실행표준
1. 웃는 눈표정을 짓는다.	1) 눈에 피로가 쌓이지 않았나 확인하고 눈을 풀어준다. 2) 눈에 이물질이 끼지 않았나 확인한다. 3) 눈화장을 점검한다. 4) 눈웃음을 치지 않도록 주의한다.
2. 미소짓는 입모양을 한다.	1) 입술상태를 점검한다. 2) 입꼬리를 위로 올린다.
3. 부드럽고 밝은 표정을 유지한다.	1) 얼굴이 밝고 환한지 점검한다. 2) 무표정, 깊은 생각에 잠긴 표정, 또는 멍한 표정을 짓지 않는다. 3) 즐겁고 긍정적인 생각을 하면 표정도 밝아진다.

5. 표정관리 체크리스트

내용	check		
	A	B	C
① 자신의 표정이 마음에 듭니까?			
② 자신의 표정이 사회생활에 적합 또는 장점 요소라고 생각합니까?			
③ 자신의 표정에 타인이 만족하고 있다고 생각합니까?			
④ 자신의 표정을 바꾸고 싶은 생각이 있습니까?			
⑤ 항상 상황에 맞는 표정을 연출할 수 있습니까?			
⑥ 시선 처리가 자연스럽습니까?			
⑦ 치아가 보이게 자신있게 웃는 편입니까?			
⑧ 웃을 때 입술 양 끝이 위로 올라갑니까?			
⑨ 곁눈질 또는 위로 치켜보는 일이 없습니까?			
⑩ 순발력있게 표정의 변화를 줄 수 있습니까?			
개선할 사항			

1) 표정훈련 - 눈과 눈썹

PROCEDURE	STANDARDS
1. 눈을 감고 마음을 안정시킨다.	
2. 눈을 크게 뜨고 눈동자를 우 - 좌 - 우 - 아래 - 위 - 아래로 돌린다.	1) 머리를 움직이지 말고 눈동자만 움직인다. 
3. 눈에 힘을 주어 감았다가 크게 뜬다.	
4. 1~3번을 반복 연습한다.	
5. 눈과 눈썹을 위로 끝까지 올린다.	1) 머리를 움직이지 말고 눈과 눈썹만 움직인다. 
6. 미간에 힘을 준다.	1) 미간을 안쪽으로 모아 찌푸리듯이 한다. 
7. 전체적으로 여러 번 반복한다.	

2) 표정 훈련 - 입과 볼

PROCEDURE	STANDARDS
1. 입을 최대한 크게 연다.	
2. 입을 다물고 볼을 크게 부풀린다.	1) 입에 공기를 최대한 넣는다. 
3. 2의 상태에서 입을 좌, 우로 움직인다.	1) 입 안의 공기를 좌, 우로 보낸다. 
4. 볼을 입 안으로 끌어 당긴다.	1) 입 안의 공기를 빼고 빨아 들이듯이 끌어 당긴다. 
5. 구각을 옆으로 당긴다.	1) 양 입끝을 양 옆으로 끝까지 위로 당겨 올린다. 
6. 구각을 오므린다.	1) 입술에 힘을 주고 양 입끝을 모은다.
7. 5~6번을 반복한다.	
8. 전체적으로 반복한다.	

제5장

코디네이션

1. Dress-Up의 기본 개념

- 자신만의 패션감각을 만들어 간다. - 개성살리기
- 자신의 체형을 정확히 파악한다.
- 자신의 매력 포인트를 찾는다. - 연예인이나 주위인물 중 자신의 이미지와 통하는 모델을 선정, 흉내내어 본다.
- 콤플렉스를 개성으로 살리자. - 남들이 유행이라고해서 무조건 따르기보다는 자신만의 패션을 만들어 나가야 한다.

2. 체형별 Dress-Up(Skirt)

1) 다리가 굵은 형: A 라인 미니를 입는다.
2) 다리가 긴형: KNEE LENGTH(샤넬라인) 자칫 다리가 짧아 보일 수 있는 아이템이고 짧은 길이의 재킷이 어울리며, 롱 재킷일 때는 반드시 벨트로 허리를 강조 한다.
3) 마른 체형: 주름진 롱스커트가 어울린다.
4) 큰 키에 통통한 타입: 부드러운 소재(실크, 레이온)의 작은 꽃무늬가 큰체구를 커버해 줄 수 있다.
5) 보통 키에 마른 타입: 부드러운 소재가 다리의 빈약함을 커버한다.
   작은 무늬보다는 큰 무늬가 어울린다.
6) 작은 키에 마른 타입: 되도록 심플한 디자인은 피한다.
   너무 길지 않고 다리가 약간 보일 정도가 적당하다.

3. 체형별 Dress-Up(Pants)

1) 히프가 큰 타입: 허리에 주름이 여러 개 있는 입체적 실루엣의 플레어 팬츠는 히프를 아름답게 커버한다. 오히려 히프를 드러내는 것이 더 매력 있게 보인다.
2) 다리가 굵은 타입: 검정이나 군청색 등 수축되어 보이는 색상을 선택한다. 또 상의는 짧게 입어 다리를 길어 보이게 한다.
3) 히프가 펑펑한 타입: 되도록이면 두꺼운 소재에 입체적으로 보이면서 다트가 들어 있는 것이 좋다.
4) 배가 나온 타입: 중앙에 지퍼가 붙어 있는 디자인을골라서 배를 단단히 누를 수 있도록 한다. 앞이 터진 셔츠를 꺼내어 입는 것도 시선을 다른 데로 돌리는 효과가 있다.

4. Jacket

1) 테일러드 재킷 안에 블라우스나 셔츠 대신 스카프를 이용하여 여성스러운 느낌을 줄 수도 있다.
2) 볼레로 스타일의 재킷은 원피스와 입을 때 가장 돋보인다.
3) 정장 재킷은 수트로 구입하고, 블레이저 등은 단품으로 구입한다.
4) 베이지나 감색, 흰색 등의 기본 테일러드 재킷이 연출하기에 가장 편리하다.

(1) Long Jacket

보통길이의 재킷보다는 고급스럽고 디자인성이 강하다.
허리라인이 들어간 것이 정장스럽고 단정해 보인다.
롱스커트와 같이 입으려면 타이트한 롱스커트에 밸트를 매준다.

(2) Basic Jacket

일반적으로 히프가 30~50% 정도 가려질 정도의 길이인 재킷을 말하며 가장 실용성이 크다.

(3) Short Jacket

쇼트재킷은 사진과 같이 허리선에 다트를 넣지 않은 박스형이 많으며 대체로 롱스커트, 팬츠 등이 어울리는 편. 미니 원피스와 함께 입으면 발랄한 이미지 연출에 좋다.

5. 얼굴형에 따른 재킷 & Innerware의 매치

1) 둥근 얼굴: 얼굴이 둥근 사람은 컬러의 코디네이션에 신경을 쓴다. 이너웨어로 입는 셔츠의 컬러는 밝은 색 물방울 무늬나 꽃무늬가 돋보인다.
2) 긴 얼굴: 전체적인 인상이 가늘게 느껴지는 체형이다. 얼굴형에는 목 부분에 포인트를 준다. 보(bow) 네크라인의 블라우스나 셔츠에 리본을 장식해 입으면 전체적으로 짜임새 있는 옷차림이 된다.
3) 목이 짧고 큰 얼굴: 이런 얼굴형은 산뜻하게 연출하고 포인트를 주는 것이 좋다. 맨살에 옷을 입고 가슴부분에 컬러풀한 스카프를 V자로 둘러 시원하게 보이게 한다.
4) 각진 얼굴: 턱이 각진 사람은 골격이 단단해 보인다. 연약해 보이고 말끔하게 하기 위해서 재킷을 맨살에 입고 허리에 벨트를 매어 맵시나게 입는다.
5) 역삼각형 얼굴: 턱 선이나 체형이 빈약한 사람은 속에 크루 네크라인의 셔츠나 블라우스를 입는다. 코사지 등의 액세서리로 화려해 보이도록 하는 것이 요령이다.

6. 체형별 코디네이션 테크닉

1) 상체가 길고 다리 짧은 형

- 원피스 형보다는 상·하의가 따로 떨어진 것이 어울리며 원피스라면 허리선이 높게 디자인된 것으로 고른다.
- 팬츠는 레깅스같이 슬림 하거나 타이트한 스타일이 좋고 하이웨이스트가 어울린다.

- 액세서리를 이용하여 상반신을 강조한다.
- 또한 금속의 체인벨트나 굵은 벨트를 이용하여 시선 상으로나마 허리의 위치를 끌어 올릴 수 있다.

2) 키 작고 뚱뚱한 형

- 항아리 스타일의 스커트, 밑으로 갈수록 좁아지는 팬츠가 적당
- 차가운 계열의 짙은 색상을 택한다.
- 명암을 달리한 동색계열을 선택하고 겉에 입는 옷은 안에 받쳐 입는 옷보다 짙은 색을 입도록 한다.
- 액세서리는 귀엽고 고급스러운 것으로 고른다.
  숄더백이 어울리며, 귀걸이와 목걸이는 치렁치렁 늘어지는 것보다는 달라붙는디자인으로 얼굴 크기에 비해 크지도 작지도 않은 것을 고른다.

3) 아랫배가 나온 형

- 심플한 디자인의 타이트한 하의를 고른다.
- 상의를 밖으로 내어 입는다.
- 짙은 색상의 원피스도 좋다.

4) 다리가 굵은 형

- A라인의 롱스커트나 미니스커트를 입는다.
- 샤넬라인은 금물.
- 구두는 약간 굽이 가는 스타일로 신는다.
- 스커트색상과 스타킹, 구두색상까지 통일시키면 가장 효과적

5) Hip이 큰 형

- 허리선이 없는 원피스를 입는다.
- 탄력있는 소재나 실크같은 소재로 고른다.

- 주름이 많이 잡힌 플레어스커트는 금물
- 상의는 밝게 하의는 짙게 입는다.
- 활동적인 스타일의 굽 낮은 구두(통굽, 4CM)가 좋다.

6) Hip이 작고 납작한 형

- 주름잡힌 팬츠가 효과가 있다.
- 주름이 들어간 개더스커트를 입는다.
- 신발은 하이힐이 효과적이다.

제6장

Make-Up과 Hair-do

1. 옷차림과 몸가짐

- 화장과 머리손질은 모든 행동의 기본이며 교양의 척도이다.
- 단정하고 우아한 옷차림을 한 사람은 인품이 더욱 돋보인다.
- 몸가짐이 바르면 어떠한 상황에서도 여유가 있다.
- 청결한 옷차림으로 모든 사람으로부터 호감을 받도록 한다.
- 숙녀정장 - 상의, 하의, 브라우스, 스타킹
- 액세서리
- 구두

2. Make-Up

1) Make-Up의 목적

(1) 결점 커버

(2) 장점 부각

(3) 개성 연출

2) Make-Up의 기능

(1) 물리적 기능: 미적효과

(2) 심리적 기능: 기분전환

(3) 사회적 기능: 무언(無言)의 의식 전달

3) Make-Up의 주의사항

(1) 완전 Make-Up을 한다.

(2) Cover Harmony를 맞춘다.

(3) Time, Place, Occasion에 맞춘다.

(4) Base Make-Up에 중점을 둔다.

(5) 포인트는 한곳에 둔다.

4) 기초 Make-Up

(1) Cleansing 기초이론 및 실기

물로써 제거되지 않는 더러움을 제거한다.

POINT Make-Up(eye make-Up. cheek & lip make-up)을 먼저 지운다.

(세안 → 클렌징 → 비누 → 유연화장수)

* 스킨이라 불리는 화장수로써 흐트러진 pH 밸런스를 정상적(pH5.5: 약산성)으로 조절하고 피부표면에 적당한 윤기와 자극을 주어 건강한 혈색을 준다.

(2) Base Make-Up 기초이론 및 실기

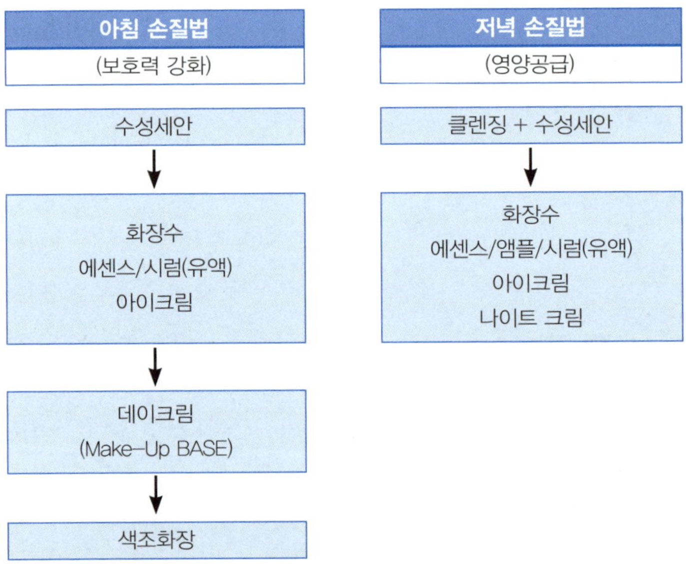

① Make-Up Base & 자외선 차단 크림: 피부색을 조절하며 Foundation 의 기능을 높여준다.

② Foundation: 피부를 아름답게 하며, 윤곽 조절, 결점커버, 피부보호(건조함, 자외선, 먼지) 목과 경계선이 생기지 않게 한다.

③ Face Powder

(3) Eye Make-Up 기초이론 및 실기

① Eye Brow: 기본형 눈썹 설명

가) 눈썹머리

나) 눈썹산

다) 눈썹꼬리

② Eye Shadow: 눈가에 음영을 주어 깊이 있는 눈매로 연출해 준다. Gradation이 중요하다.

가) Shadow Base

나) Eye Hole

다) Eye Point

③ Eye Line

④ Maskara

3. Hair-Do

1) 여성의 머리손질

- 앞머리는 눈을 가리지 않게 한다.
- 너무 큰 리본이나 지나치게 화려한 머리장식은 피한다.
- 지나친 퍼머나 요란한 머리장식이 아닌 단정한 머리모양으로 한다.
- 흘러내리지 않도록 무스나 핀으로 고정시키고 지나친 염색은 지양한다.

[그림 6-1] 여성의 머리모양

제 7 편

비즈니스의 성공전략

제1장

인간관계 관리

1. 인간의 본성에 대한 이론

1) 맥그리거(D. McGregor)의 X, Y이론

X이론	Y이론
1. 대부분의 사람들은 일을 싫어한다.	1. 조건만 맞다면 일은 노는 것처럼 자연스러운 것이다.
2. 대부분의 사람들은 야망이 없고 책임감도 거의 없으며 지시받기를 좋아한다.	2. 사람들은 자신이 책임을 느끼는 목표를 달성하기 위해 자기지시와 자기통제를 한다.
3. 대개의 사람들은 조직의 문제를 해결하는데 창의력을 발휘할 만한 능력을 갖고 있지 못하다.	3. 조직의 문제를 해결하는데 필요한 창조적 능력은 인간에게 광범위하게 분산되어 있다.
4. 동기부여는 물질적 · 경제적 수준에서 이루어진다.	4. 동기부여는 물질적 · 경제적 수준에서 뿐만 아니라 심리적 사회적인 수준에서도 이루어진다.
5. 대개의 사람들은 엄격히 통제되어 조직의 목표를 달성하게끔 강제되어야 한다.	5. 사람들은 적절한 동기가 부여되면 일에 있어 자기통제적일 수 있고 창조적일 수 있다.

2) X, Y이론의 경영 시사점

모든 인간(종업원)은 잠재능력과 자기통제의 능력을 보유하고 있다. 관리자는 이러한 인간의 잠재능력을 개발 활용하여야 한다. X, Y이론의 경영 시사점은 다음과 같다.

첫째, 관리자는 Y이론에 입각한 관리를 해야 한다. 즉 능력과 자기 통제력을 살릴 수 있도록 의사결정의 참여나 책임을 질 수 있는 인간관계를 시도해야 한다.

둘째, 감독자 관리자의 성공은 종업원이 지닌 재능, 품성, 능력, 노력을 얼마나 효과적으로 활용할 수 있느냐에 달려 있다. 따라서 앞으로는 과학적인 방법으로 습득

된 인간의 동기유발 및 행동에 관한 지식, 이해를 바탕으로 하는 전문적인 감독관리와 그러한 능력을 갖춘 감독자, 관리자가 요구된다.

2. 인간의 욕구에 대한 이론

1) 매슬로우(A. Maslow)의 인간 욕구단계설의 내용

인간의 욕구를 5단계 계층의 형태로 이해하고, 한 단계의 욕구가 충족되면, 그 충족된 욕구는 효력을 상실하고, 그 다음 단계 욕구가 다시 발생하며, 인간의 행위를 지배한다는 이론이다.

(1) **생리적 욕구**(physiological Needs)

① 인간 생활에 가장 기본적으로 필요한 욕구

② 의·식·주·수면·성적 만족

③ 이 욕구가 어느 정도까지 충족되지 않으면 다른 욕구는 동기유발 요인으로서 작용치 않는다고 매슬로우는 밝히고 있다.

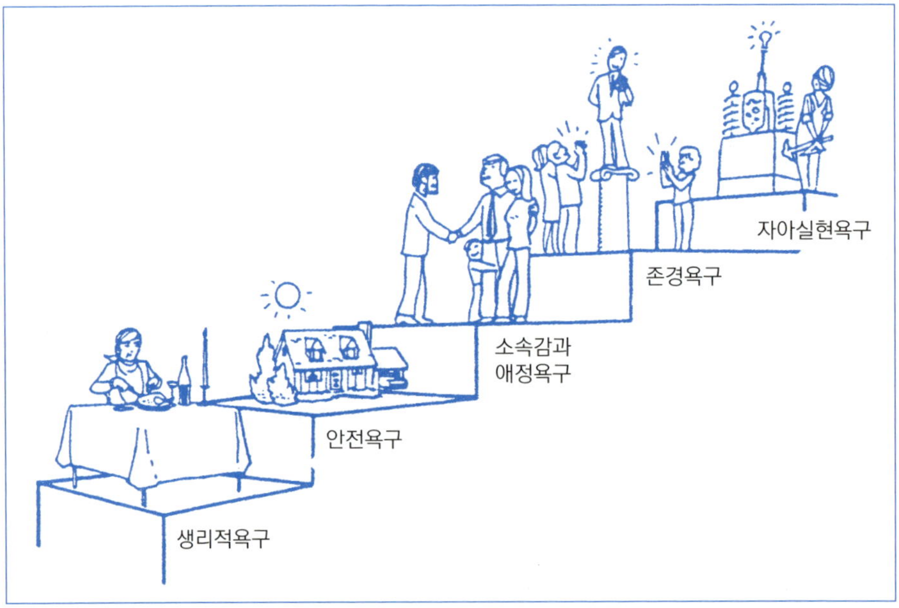

(2) **안전과 안정의 욕구**(Security & Safety Needs)

① 신체적 위험(재난, 병)과 직업, 재산, 의·식·주 상실의 두려움으로부터 해방되고 싶은 욕구

(3) **소속과 애정의 욕구**(Belonging & Love Needs: Social Needs, Acceptance Needs, Affiliation Needs)

① 인간은 사회적 동물이므로, 무리에 소속되기를 바라며 남에게 인정받고 싶어 한다.

(4) **자존의 욕구**(Esteem Needs: Ego Needs)

① 남으로부터 존중·존경받고 싶고, 자기 자신이 스스로 인정하고 자부할 만한 사람이 되고 싶은 욕구
② 권력, 위신, 지위, 자신감(Self-confidence) 등등의 추구

(5) **자기 실현의 욕구**(Self-Actualization Needs)

① 최고 단계의 욕구
② 자기의 잠재력을 최대한 발휘하고 무엇인가를 성취하고 싶어 하는 욕구

2) 욕구단계설의 경영관리적 의미

(1) 인간의 행위를 동기부여시키는 욕구는 하위 욕구로부터 상위 욕구로 이동
(2) 따라서 하위욕구가 충족된 종업원에게 지속적 동기부여 효과를 얻기 위해서는 고차적 욕구를 충족시켜줄 수 있는 방안이나 조직분위기 조성이 중요함. 고차적 욕구충족의 수단으로는 의사결정의 참여, 권한위양, 제안활동 등이 있을 수 있음.

제2장

리더와 리더십

1. 리더란?

조직의 목표를 실현시키기 위하여 책임을 지고 이끌어가는 사람이며 조직의 성패 여부는 리더의 성격, 욕구, 동기, 지각, 능력, 과거경험 등의 자질에 크게 의존한다.

그러나 리더의 자질은 어느정도 선천적이기는 하나 경험과 학습·환경적 요인에 따라 후천적 요인들이 더 크게 작용하는 것으로 분석되고 있다.

2. 리더십이란?

조직의 목표를 실현시키기 위하여 조직구성원들을 이끌어가는 능력과 힘을 말한다.

3. 리더십의 행위이론(Behavioral Theories)

1) 행위이론이란?

(1) 훌륭한 리더는 누구이며, 훌륭한 리더는 어떤 행위를 하는가?

(2) 지속적인 행위의 패턴은 스타일(style)이며 따라서 스타일 이론이라고도 함

(3) 관찰과 측정을 통한 과학적 연구 가능

2) 전제적 스타일과 민주적 스타일 비교

〈표 7-1〉 의사결정 스타일에 따른 분류

스타일 / 유효성 변수	민주적 스타일	전제적 스타일	자유방임적 스타일
(1) 리더와 집단과의 관계	호의적이다.	수동적이다. 주의환기를 요한다.	리더가 무관심하다.
(2) 집단행위의 특성	응집력이 크다. 안정적이다.	노동이동이 많다. 냉담 · 공격적이 된다.	냉담하거나 초조하다.
(3) 리더 부재시 구성원의 태도	계속작업을 유지한다.	좌절감을 갖는다.	불변(불만족)이다.
(4) 성과(생산성)	우위를 결정하기 힘들다.		최악이다.

3) 종업원 중심적과 직무중심적 스타일 비교

(1) 내용

① 종업원 중심적 스타일: 효율적인 작업진단 구축에 일차적 관심

② 직무 중심적 스타일: 일에 대해 압력을 넣는 스타일

(2) 결과

종업원 중심적 스타일의 집단 성과가, 직무중심적 스타일과의 집단보다 성과가 높음

4. 카리스마적 리더의 핵심 특성

1) 자신감

2) 비전

3) 비전에 대한 강한 신념과 집착

4) 파격적 행동

5) 변화 담당자로서의 지각

5. 리더의 능력발휘 방법

1) 조직 내에서는?

(1) 역할감에 부족이 없어야 한다.

(2) 정보교환이 잘되어야 한다.

(3) 보다 높은 차원의 신념이 추구되어야 한다.

2) 신뢰감을 유지하게 하려면?

(1) 상호신뢰할 수 있는 직장분위기가 조성되어야 한다.

(2) 직장규율이 엄격해야 한다.

(3) 개인적 일에 대한 정보수집이 자연스럽게 이루어져야 한다.

(4) 업무수행 정도에 대한 자기평가가 가능하여야 한다.

3) 능력감을 높이려면?

(1) 개인의 능력과 소질 및 특성에 알맞은 업무를 할당하여야 한다.

(2) 업무목표는 땀을 흘려서 달성할 수 있어야 한다.

(3) 달성한 결과에 대해서는 칭찬하고 격려해 주어야 한다.

4) 효과적인 명령·지시의 방법은?

(1) 질문형으로 하는 것이 좋다.

(2) 목적·목표·상황정보 및 제한조건을 반드시 제시하여야 한다.

(3) 수단과 방법은 위임하는 것이 좋다.

(4) 애매한 표현은 혼란을 초래한다.

(5) 현재 하고 있는 일도 반드시 고려하여야 한다.

(6) 정확히 이해하였는지 반드시 확인하여야 한다.

(7) 어려운 일 일때는 격려를 잊지 말아야 한다.

5) 보고수령의 방법은?

(1) 될 수 있는 대로 비판하거나 부정하지 말아야 한다.
(2) 나쁜 내용일수록 화를 내지 말고 해결에 앞장서야 한다.
(3) 보고의 기회를 주어야 한다.
(4) 끝까지 경청하여야 한다.
(5) 보고의 근거에 집착하지 말아야 한다.
(6) 결과에 대해서는 반드시 이야기 해주어야 한다.
(7) 내용은 축소될 수도 있고 과장될 수도 있다는 것을 염두에 두어야 한다.
(8) 교육의 기회로 삼아야 한다.

6) 칭찬의 방법은?

(1) 칭찬은 확인과 격려의 의미가 있다.
(2) 사소한 것도 놓쳐서는 안 된다.
(3) 칭찬해야할 일이 생겼을 때는 즉시, 구체적으로 지적하여 칭찬하여야 한다.
(4) 사소한 것은 본인에게만 알려준다.

7) 꾸중의 방법은?

(1) 개선이 목적이라는 것을 잊어서는 안 된다.
(2) 즉시, 구체적으로 지적하여 꾸중하여야 한다.
(3) 확대하거나 감정적이 되어서는 절대로 안 된다.
(4) 애정을 바탕으로 하여야 한다.
(5) 타인과 비교하면서 꾸중하면 역효과를 일으킨다.
(6) 과거의 잘못을 나열하지 말아야 한다.
(7) 절차를 지켜서 하는 것이 효과적이다.
칭찬 → 잘못지적 → 개선책 제시 → 격려

8) 꾸중을 해서는 안 되는 경우는?

(1) 이미 잘못을 자각하고 반성하고 있을 때

(2) 일에 자신이 없으며 당황하고 있을 때

(3) 최선을 다했는데도 실패했을 때

(4) 자포자기 했을 때

(5) 사소한 잘못인 경우 기회를 놓쳤을 때

6. 부하관리의 자기진단

이 Check List는 당신이 얼마나 바람직하게 부하를 관리하고 있는지를 스스로 고찰해 보기 위하여 마련한 것이다.

Check할 때는 옳다고 생각하는 대로 하지 말고, 자기가 실제로 하고 있는 것과 같을 때는 "○" 표를, 다를 때는 "X" 표를, 어느 것인지가 명확하지 않을 때는 "△" 표를 Check란에 표시해 주기를 바란다.

아래 설문은 조직의 상태나 부하들의 직무수행능력 및 태도 등이 정상적인 상태라는 가정 아래 마련된 것이다.

〈표 7-2〉 부하관리의 자기진단 설문지

번호	설문항	Check란
1	상황과 상대방에 따라 Leadership의 형을 적절하게 바꿀 수 있습니까?	
2	자신이 취한 Leadership에 대하여 책임을 지고 있습니까?	
3	대행자에게 맡긴 일에도 책임을 지고 있습니까?	
4	부하는 직장에서 Morale 상태를 충분히 파악하고 있습니까?	
5	부하는 직장에서 Teamwork가 잘되도록 노력하고 있다고 생각하십니까?	
6	부하를 경쟁시키기보다는 노력시키는 방법으로 관리하고 있습니까?	
7	집단결정보다 집단의 의향을 존중하고 있습니까?	
8	부하의 욕구, 의견, 희망을 통합적 방법으로 조정하고 있습니까?	

9	직장의 규율유지라는 것을 중시하고, 이를 위하여 노력하고 있습니까?	
10	집단행동으로부터 이탈하는 부하를 귀하는 잘 지도하여 적응시키고 있습니까?	
11	집단행동으로 바람직하지 못한 행동을 취하는 부하를 달랜다든가, 필요에 따라서는 처벌을 하고 있습니까?	
12	직장에는 일을 하는 척하는 분위기가 아니고, 진심으로 일하는 분위기가 되어 있습니까?	
13	지시하기 보다는 동기부여하는 방법으로 부하를 지도하고 있습니까?	
14	확실한 사명감을 갖게 하고 일을 시키고 있습니까?	
15	창조성, 적극성을 발휘하는 것을 환영하고 있습니까?	
16	부하 각자가 자기 일에 긍지를 갖도록 하고 있습니까?	
17	직장에서 부하는 스스로 앞서서 적극적으로 일을 하고 있습니까?	
18	직장에서는 유능한 사람이 자기 능력을 충분히 발휘할 수 있도록 배려하고 있습니까?	
19	부하는 Communication의 어려움을 감안하여 상대방에게 자신의 의향을 틀림없이 이해시키려고 노력하고 있습니까?	
20	부하들에게 자신의 계획 밑 의견이나, 부하에게 관계가 있는 정보를 될 수 있는 대로 많이 알려주고 있습니까?	
21	일의 성격이나 일의 결과를 잘 알려 주고 의미를 갖도록 납득을 시켜서 일을 시키고 있습니까?	
22	업무상의 보고는 부하로부터 신속하고 정확하게 올라오고 있습니까?	
23	계획적으로 부하와 면접을 하고 있습니까?	
24	부하의 불평이나 불만을 부정하지 않고 잘 수용하여 적절한 조치를 취하고 있습니까?	
25	부하와 면접하여 문제를 해결 해 주는 기법을 충분히 알고 있습니까?	
26	귀하는 계획을 입안할 때 많은 사람을 참여시켜서 그 내용을 설득하려고 노력하고 있습니까?	
27	부하의 의견이나 제안을 기분 좋게 받아들이고 있습니까?	
28	부하로부터 적극적으로 의견이나 Idea가 제시되고 있습니까?	
29	기본적인 것만을 제시하고 나머지는 부하의 창의성에 맡기는 방식으로 훈련을 시키고 있습니까?	

30	부하는 어떤 일에 대해서든지 의문을 나타내고 연구적 태도를 취하는 습관을 몸에 붙이고 있습니까?	
31	귀하는 목표를 설정하여 부하를 지도하고 있습니까?	
32	목표를 설정하는 경우, 귀하는 부하를 참여시키고 있습니까?	
33	노력하면 달성할 수 있는 타당한 것에 목표를 설정하고 있습니까?	
34	실시과정과 결과를 목표에 비추어 검토하고 있습니까?	
35	귀하는 부하를 개성 있는 하나의 인격체로 취급하고 있습니까?	
36	언제나 부하에 대하여 관심을 가지고 있습니까?	
37	부하의 특성, 능력, 욕구, 건강, 소행, 가능하면 가정의 사정까지 잘 알아서 개인차에 따라 대처하고 있습니까?	
38	용무가 있을 때 뿐만 아니라 평소에도 귀하가 자진하여 부하에게 친절미가 있는 태도로서 의도적으로 접촉하고 있습니까?	
39	귀하는 부하를 신뢰하고 있습니까?	
40	부하가 어려운 일을 당했을 때 귀하에게 상의하러 올 수 있는 분위기가 되어 있습니까?	
41	마음 속에 문제를 지니고 고민하고 있는 부하의 근무태도 변화를 빠트리지 않고 포착하고 있습니까?	
42	귀하는 부하 개개인에게 각각 적합한 일을 맡기로 책임을 지게 하고 있습니까?	
43	부하의 능력에 부합되는 권한을 위임하고 있습니까?	
44	부하에게 확실한 방침을 주고 있습니까?	
45	무엇이든지, 자신이 해치우고 부하에게 맡기지 않는 일은 없습니까?	
46	잔소리하거나 너무 지나치게 Check하는 일은 없습니까?	
47	사실 점검에 따라서 통제하고 있습니까?	
48	부하의 개성을 충분히 활용하고 있습니까?	
49	귀하는 감정의 안정을 유지하고 있습니까?	
50	의견이 맞지 않기 때문에 업무상으로 부하에게 냉정히 대하는 일은 없습니까?	
51	부하를 공평하게 취급하고 있습니까?	
52	부하가 완전히 일을 수행했을 때 귀하는 기회를 놓치지 아니하고 칭찬하고 있습니까?	

53	부하가 잘못을 저질렀을 때 귀하는 적절하게 주의를 주는 방법을 알고 있습니까?	
54	귀하는 부하의 잠재력을 잘 알고 있습니까?	
55	부하의 지식, 기능, 태도 들을 육성하기 위하여 노력하고 있습니까?	
56	귀하의 대행자를 잘 지도육성하고 있습니까?	
57	귀하의 후계자를 양성하는 일이 자신의 실무라고 자각하고 있습니까?	
58	귀하의 능력개발에 마음을 쓰고 있습니까?	
59	부하의 자기개발을 지원하고 있습니까?	
60	귀하는 정기적으로 Check List에 의하여 자기반성을 하고 있습니까?	

제3장

성공하는 직장인의 자세

1. 직장에서 호감 받는 태도 8가지

1) 남들보다 조금 일찍 출근한다.(최소한 30분전)
2) 업무는 동료보다도 다소 빠르게, 조금이라도 많이, 보다 정확히 하도록 한다.
3) 예의범절을 바르게 하여 '그는 매너가 좋다'고 평가받도록 한다.
4) 필요할 때 특근이나 일찍 출근하는 것을 기피하지 않도록 한다.
5) 남들이 싫어하는 업무라도 '업무에는 귀천이 없다'고 생각하며 대처하도록 한다.
6) 주위 사람들에 대해 나쁜 감정을 지니지 않고 모든 사람으로부터 사랑을 받도록한다.
7) 직장 규칙이나 규율은 정확히 지킨다. 규칙은 지키기 위해 있다.
8) 복장·몸가짐 등은 청결·세련하게 한다.

2. 프로사원의 업무자세 12가지

1) 프로사원이란 사생활보다 업무를 중심으로 행동하는 사람이다.
2) 프로사원이란 자기 업무에 자부심을 지니는 사람이다.
3) 프로사원이란 자기 능력의 110% 이상에 도전하여 능력을 높이는 사람이다.
4) 프로사원이란 앞을 내다보고 미리 대응하는 사람이다.
5) 프로사원이란 시간이 아니라 목표를 기준으로 일을 하는 사람이다.
6) 프로사원이란 미래의 목표를 명확히 하고 도전하는 사람이다.
7) 프로사원이란 자기에게 맡겨진 업무성과에 책임을 지는 사람이다.

8) 프로사원이란 자기 업무성과로 높은 소득을 획득하는 사람이다.
9) 프로사원이란 자기 업무에 절대로 자만하지 않는 사람이다.
10) 프로사원이란 능력 향상을 위해 연구 노력하는 사람이다.
11) 프로사원이란 100의 업무에 110의 힘을 기울인다.
12) 프로사원이란 목표의식, 문제의식, 원가의식을 지닌다.

3. 자기계발의 실천 11가지

1) 자기 미래는 자기 힘으로 개척해 나간다.
2) 목표가 없는 곳에 노력은 없다.---목표를 선명히 하라.
3) 아무도 만들어주지 않고 아무도 도와주지 않는 자기의 인생이다. 자기 인생에 책임을 가져라.
4) 시간은 생명의 물방울로 여겨 소중히 하며 자기 장래를 위해 하루 1시간은 공부하라.
5) 급료의 5%는 자기계발에 사용하라.
6) 선행투자는 크게 되어 되돌아온다.
7) 시간과 돈은 남지 않는다. 앞을 내다보고 사용하라.
8) 1년 전의 자기와 비교해 보라. 조금도 변하지 않았다면 부끄러워하라.
9) 동료와 비교 경쟁하여 앞지르라. 준비된 의자는 오직 하나뿐이라고 생각하라.
10) 상사가 말하는 것을 언제나 감탄만 하고 있다가는 따라가지 못한다. 능력을 향상시켜라.
11) 늙은 다음 불완전 연소한 자기 자신의 흉한 모습 앞에 후회하지 않도록 하라.

4. 적극적인 업무자세 5가지

적극적인 업무자세	소극적인 업무자세
• 지시받지 않더라도 한다. • 상사의 명령, 의도의 진의를 깨닫고 일을 한다. • 상황의 변화에 따라 임기 응변과 적절한 조치를 취한다. • 기지와 융통성이 있다. • 창의적인 연구를 통해 기대이상의 일을 한다.	• 지시받지 않으면 안한다. • 상사의 말의 껍데기만을 생각하고 일을 한다. • 상황의 변화를 고려하지 않는다. • 기지와 융통성이 없다. • 시킨 일 이외는 안한다. 따라서 일의 업적은 최저한도에 그친다.

자기 직무범위의 일에 대해서 일일이 지시받지 않으면 하지 않는 정도라면 직무를 훌륭히 수행했다고 할 수 없다. 일은 상사의 지시에 의해서 하는 것이지만 지시가 모든 것을 다 해결할 수도 없으며, 상황의 변화도 발생하므로 언제나 업무 수행자의 자율적인 창의력을 발휘할 여지가 있는 것이다. 따라서 일은 적극적인 태도로 임해야만 비로소 기대 이상의 훌륭한 성과를 거둘 수 있게 된다. 자주성이 없는 일이란 로봇이 하는 일과 같아서 인격을 가진 인간이 하는 일이라고 말할 수 없다. 우리는 누구나 로봇이 되고 싶지 않을 것이다. 그러기 위해서는 일을 적극적으로 수행해 나가야 한다.

5. 책임감 있는 업무자세 5가지

1) 결정되어 있는 것을 지킨다.

① 회사의 규칙, 규격, 표준을 지킨다.

② 휴식시간, 회의 기타 정해진 시간을 지킨다.

③ 약속한 일을 이행한다.

④ 맡은 일은 기한 내에 완수한다.

⑤ 상사의 지시에 따른다.

⑥ 회사의 방침에 따른다.

2) 양심적으로 일을 한다.

① 결과를 확실히 확인, 점검, 검토한다.

② 항상 반성을 게을리 하지 않는다.

③ 다른 사람에게 미치는 영향을 생각한다.

④ 작은 일도 소홀히 하지 않는다.

⑤ 누가 보거나 보지 않거나 성실히 일한다.

⑥ 자신을 속이려 하지 않는 자세를 갖는다.

3) 일을 끝까지 완수한다.

① 일에 대한 준비, 예정계획을 세운다.

② 지시와 일의 내용을 잘 파악한다.

③ 일의 매듭을 잘 짓는다.

④ 보고를 잊지 않는다.

⑤ 일을 도중에서 그만두지 않는다.

4) 능동적으로 일을 한다.

① 지시가 없더라도 일을 찾아서 한다.

② 상사를 보좌한다.

③ 한수 앞을 생각한다.

④ 남이 싫어하는 일도 자진해서 한다.

⑤ 기대 이상으로 일을 해낸다.

5) 일의 수행방법을 창의성 있게 연구한다.

① 항상 변화에 주의한다.

② 기지있게 일을 한다.

③ 현재에 만족하지 않고 연구한다.

④ 항시 진취적으로 실력을 닦는다.

6. 사교적 기술 10가지

1) 얼굴을 기억하고 이름을 기억하는 능력
2) 남의 말을 귀담아 듣는 능력
3) 고객이 존중받는다고 느끼게 하는 능력
4) 고객의 요구에 주의를 기울이고 대응하는 능력
5) 예의
6) 정직
7) 조용하게 일하는 능력
8) 고객의 필요에 대한 민감성과 이를 충족시키는 능력
9) 언제 말하고 언제 들어야 하는지 아는 능력
10) 요령

몸을 굽히는 지혜

참나무가 어느날 갈대를 보고 말했다.
"너는 참 안됐구나.
작은 새 한 마리도 지탱할 수 없고
산들바람에도 머리를 숙여야하니 말이다.

나를 보렴, 아무리 센 바람에도
끄떡하지 않는단다."

갈대가 이렇게 대답했다.
"당신 말은 무척 고맙지만 난 괜찮아요. 난 바람이 무섭지 않아요.
몸을 굽히면 부러지지 않거든요."

어느날 무서운 폭풍이 불기 시작했다.
참나무는 의연히 참고
갈대는 몸을 굽혔다.
바람은 점점 심해지고
온 몸에 바람을 맞던 덩치 큰
참나무는 마침내 뿌리째 뽑혀
날아가고 말았다.

제4장

매력적인 Personality를 갖자 - ROLE PLAY(남에게 호감 사는 5원칙)

우리는 여러 사람들과 함께 생활을 하고 있습니다. 이 사회의 사람들과 잘 어울려 나갈려면 타인으로부터 호감을 사는 Personality를 가지고 있을 필요가 있습니다. 남의 리더가 되고 싶다면 특히나 더 중요합니다. 지식이나 기술을 가지고 있는 것만으로는 리더는 못됩니다. 사람을 끌어당기고 사람마음을 움직이게 하는 마음가짐과 Personality는 당신에게 꼭 필요한 것입니다.

본 장에서는 남으로부터 호감을 사는 Personality를 몸에 지니도록 하기 위하여 꼭 지켜야 할 5개의 기본 Rule을 다루어 보겠습니다. 이러한 Rule을 실행한다는 것은 결코 쉬운 일은 아닙니다. 당신은 여기에서 상대를 이해하고 겸허한 태도를 취하고 자신을 갖는 것을 배우는데, 이러한 마음가짐은 실행으로 옮겨지지 않으면 안 됩니다. 이 Rule을 지켜서 남의 호감을 사는 Personality와 행동을 몸에 지닌다는 것은 사회를 살기 좋게 만들 뿐만 아니라, 최후에는 당신 자신을 행복하게 만드는 것입니다.

> 남의 자존심을 당신이 채워줄수록 또한 이익을 주면 줄수록 그 사람은 당신에게 호의를 표시해 주게 됩니다.

다음의 5가지 Rule은 이 원칙에 따라서 만들어졌습니다. 이러한 Rule을 지켜서 남에게 호감을 사는 Personality와 행동을 몸에 지닌다는 것은 최후에 가서는 당신 자신을 행복하게 하는 것이라는 것을 잊지 않도록!……

다섯 개의 Rule이 모두 여기에서 제시하고 있습니다.

당신은 이 "바인다"를 옆에 놓아두고 암송을 할 수 있을 만큼 반복해서 읽기를 바랍니다. 그러나 지금 여기서는 그룹 사람보다 앞서서 룰 1번의 답을 읽어나가거나 문제에 대해서 생각해서는 안 됩니다. 그룹마다 한 번에 1개의 Rule을 다루어서 전원이 검토하고 Group Leader 가 Group의 의견을 취합해서 보고하고 나서 다음 Rule로 넘어가도록 하십시오

(지금 몇 개의 그룹을 만들고 그룹리더를 선출하십시오)

먼저 Rule 1부터 시작합니다.

Group Leader는 Rule 1을 읽어주십시오(Rule 2부터는 각 Group마다 Leader가 교체됩니다.)

Rule 1. 남에게 비판이나 충고를 자진해서 구하라

비판이나 충고를 남이 해줄 때 당신 쪽에서 이유를 내세워서는 안 됩니다. 대개의 사람은 남에게 충고를 하거나 의견을 말하는 것을 좋아합니다. 그 중에는 가치있고 유익한 비판이나 충고도 있고, 아무 것도 아닐 때도 있습니다. 어떤 것을 받아들여서 자기의 도움이 되도록 하는가 하는 것은 당신 자신입니다. 반발하거나 논쟁을 하지말고, 남의 비판이나 충고를 솔직하게 받아들이는 사람은 "사람이 됐다"고 존경을 받게 됩니다.

다음 질문에 대하여 논의해 주십시오.

1) 당신이 남에게 의견을 구하면 그 사람들은 당신의 부탁에 대하여 어떤 반응을 일으킬까요? 의견을 물어온 것을 좋아하고, 당신에게 호의적인 반응을 나타낸 사람이 있습니까? 그 반대로 당신이 남으로부터 충고를 해달라고 하는 부탁을 받으면, 당신은 어떻게 생각하십니까?
2) 어떻게 하면 화가 나거나 기분 나쁘지 않게, 그리고 핑계도 안하고 남의 비판이나 충고를 받아들일 수 있을까요?
3) 자신을 가질 것, 겸허할 것, 그리고 상대를 이해하는 것은 Rule 1을 실천하는

경우 어떻게 도움이 될까요?

4) 당신의 주위사람 중에서 이 Rule 1을 잘 실행하고 있는 사람의 이름을 들 수가 있습니까? 그런 사람들에 대하여 당신은 어떻게 생각합니까?

다음 Group Leader가 읽어 주십시오.

Rule 2. 타인의 성공에 협력하라

우리들은 남의 반대를 받기보다는 협력을 바라고 있습니다. 그리고 협력이 필요한 것입니다. 이 세상에는 남을 떠밀거나, 다투거나, 싸워가지고 성공을 하려는 사람이 많이 있습니다. 그러한 사람들은 남들이 "성공의 방해가 될 따름이다"라고 밖에 생각 안하고 있습니다. 왜 남하고 다투는 것일까요? 왜 서로서로 도와서 같이 성공하려고 안하는 것일까요? 남의 아이디어가 당신하고 다르더라도, 그 사람이 자기의 아이디어를 실현하는 데에 협력하십시오. 그 아이디어가 좋은 것이라면, 당신도 기쁠 것입니다.

다음의 질문에 대하여 디스컷션을 해 주십시오.

1) 다른 사람이 성공하도록 지원하는 것이 왜 당신의 이익이 되는 것일까요?
2) 지원할 보람이 있을 것같은 사람은 어떤 형의 사람입니까?
3) 지원할 보람이 있을 것 같은 사람 중에, 당신이 그다지 좋아하지 않는 사람이 들어 있습니까? 호의를 가질 수 없는 사람에게 당신이 손을 빌려주는 것이 왜 당신의 이익이 될까요?
4) 비즈니스에는 타인의 성공에 협력 안하는 풍조가 있는 것은 무슨 이유일까요?

다음의 Group Leader가 읽어 주십시오.

Rule 3. 남을 무시하지 마라, 성내거나, 원망하거나, 비꼬지 마라

남에게 고통을 주려면, 그 사람을 무시하는 것이 제일입니다. 고대 희랍인은, 무시하는 것을 일종의 형벌로서 활용하였습니다. 유죄의 선고를 받은 자는, 시민들로부터 일절 상대 못하게 되어 있었습니다. 그렇기 때문에 당신이 일을 하는데 또는 결혼생활이나 친구교제에서 성공하고 싶다면, 이 Rule 3을 지키고, 남으로부터 호감을 사는 퍼스낼리티를 지니도록 하여야 합니다.

다음 질문에 대하여 디스컷션을 해 주십시오.

1) 당신은 타인에 대하여 원한을 가지고 있지 않습니까?
2) 당신은 남을 무시하거나, 원망을 해서 손해를 보고 있지는 않습니까?
3) 당신은 남으로부터 무시당하면 어떤 기분이 됩니까?
4) 무시하거나, 비꼬거나, 남을 원망하는 사람을 당신은 어떻게 생각합니까?
5) 무시하거나, 비꼬거나, 남을 원망하거나 하는 것은 어떤 경우에 일어나기 쉬운 것일까요?
6) 무시하거나, 비꼬거나, 남을 원망하거나 하는 것을 안 하도록 하려면 어떻게 하면 될까요?

다음의 Group Leader가 읽어주십시오.

Rule 4. 타인의 단점에는 관대하라

사람들이 당신을 필요로 하는 것은 그들에게 단점이 있기 때문이지, 장점이 있기 때문이 아닙니다. 사람들은 자기 자신의 결점을 채우기 위하여 타인을 필요로 하고 있는 것입니다. 건강할 때는 의사는 필요 없고 어딘가 신체에 고장이 생겼을 때에, 비로소 의사가 필요하게 되는 것과 마찬가지입니다.

그런데 대개의 사람은 남에게는 아무것도 안해주고, 그러면서도 그 사람의 단점을 쳐들어서 비난과 공격만 하고 있습니다.

다음 질문에 대하여 디스컷션해 주십시오.

1) 사람들은 당신으로부터 도움을 받을만한 단점이 있기 때문에 당신을 필요로 하고 있는 것입니다. 상사 또는 부하에 대한 가장 일반적인 비난에는 어떤 것이

있습니까? 남편에 대해서는 부인에 대해서는 자식들에 대해서는? 세일즈맨에 대해서는? 직장의 동료에 대해서는?

2) 당신의 주위사람들의 단점은 무엇입니까? 거기에 대하여 당신이 손을 빌려줄 수 있는 것은 무엇입니까?

3) 다른 사람의 단점에 관대한 사람을 당신은 어떻게 생각하십니까?

다음 Group Leader가 읽어 주십시오.

Rule 5. 남들로부터 못마땅한 말을 들었을지라도 그것을 냉정하게 받아들여라

다른 사람이 당신을 아무리 못되게 욕을 하더라도, 아무리 부당한 말을 해 오더라도 그것을 못하게 하는 것은 불가능합니다. 그런데 그런 사람들에게 어떻게 반응하는가 하는 것은 당신 자신이 자유로이 Control 할 수가 있습니다.

다음의 질문에 대하여 디스컷션해 주십시오.

1) 당신은 남으로부터 무례하고 불공평한 취급을 받거나 비난을 받는 일이 있습니까? 있다면 그것은 어떠한 경우였습니까?

2) 그러한 사람에게 저항하거나 논쟁을 하거나 적의를 품거나 하면 당신은 무엇을 잃게 될까요?

3) 당신이 냉정하게 행동한다고 할 때에는 자기자신에게 무엇이라고 타이릅니까?

4) 감정을 흥분시키고 어두운 기분에서 행동할 때에는, 냉정하고 희망을 가지고 행동할 때 비하면 3배나 더한 에너지를 소모합니다. 이와 같은 사실을 Rule 5와 결부시켜 보면 어떠한 결론을 얻을 수가 있게 될까요?

5) 남으로부터 무엇인가 말을 듣거나 간섭을 받거나 하면 바로 기분이 상하게 되지는 않습니까?

   기분이 상해졌을 때의 당신은 왜 자기의 감정을 자기가 '컨트롤' 못하는 것일까요?

당신이 원하는 Personality에 대한 설문서

(설문 1)

※ 다음 36항의 질문 중에서 자신이 항상 중요하다고 생각하고 있고, 꼭 그렇게 하였으면 하고 강하게 느낀 것은 ( )에 10, 그리고 그다지 강한 관심을 갖고 있지는 않지만 가끔 느끼는 정도의 것에는 5, 마지막으로 전혀 느끼지도 바라지도 생각하지도 않는 것은 ○이라고 표기하시오.

1. 목적달성을 지향해서 열심히 일한다. ( )
2. 유쾌하지 않은 일은 될 수 있는한 뒤로 미룬다. ( )
3. 직장의 그룹이나 써클의 뒷바라지를 하는 것이 좋다. ( )
4. 여러사람들과 함께 있기 보다는 혼자 있는 것이 좋다. ( )
5. 내가 하는 대로 남에게 시키고 싶다. ( )
6. 남의 의견에 따르기 쉽다. ( )
7. 남들이 나를 어떻게 보고 있는지 신경이 쓰인다. ( )
8. 어떤 일이든 새로운 것을 창조해 내고 싶다. ( )
9. 경험이 없는 일에도 주저없이 도전한다. ( )
10. 논쟁이라든가 의논하는 것이 성격에 안맞는다. ( )
11. 계획대로 하는 것만이 최고라고 생각한다. ( )
12. 계획대로 하는 것만이 최고는 아니다. ( )
13. 소속된 조직의 모임에는 반드시 출석한다. ( )
14. 남에게 의논하지 않고 자기 힘으로 문제를 해결하고 싶다. ( )
15. 자기 지시대로 남이 행동 안하면 화가 난다. ( )
16. 리드 해주는 사람이 있었으면 한다. ( )
17. 마음에 의지할 때가 있었으면 한다. ( )
18. 농담이나 잡담을 해서 상대의 주목을 끌고 싶다. ( )
19. 자기와의 반대의사에는 참을 수가 없다. ( )

20. 남으로부터 팔방미인이라고 오해받는 수가 있다. ....( )
21. 어떤 일이든 최후까지 하고 싶다. ....( )
22. 1개월 정도 휴가를 얻고 싶다. ....( )
23. 누구하고든지 바로 친해지고 친구가 된다. ....( )
24. 산중에서 혼자 살고 싶다고 가끔 생각한다. ....( )
25. 여러 사람들을 움직이는 책임이 있는 지위에 앉고 싶다. ....( )
26 사람들의 선두에는 서고 싶지 않다. ....( )
27. 새로운 스타일에 바로 덤벼들지 않는다. ....( )
28. 자기의 언동은 확고한 신념에 기초를 두고 있다. ....( )
29. 부정이나 모욕은 용서 못한다. ....( )
30. 무턱대고 남보다 앞서려고 는 않는다. ....( )
31. 일생의 기념이 되는 것을 남겨놓고 싶다. ....( )
32. 시간엄수, 규칙바른생활은 가장 힘들어 한다. ....( )
33. 개인경기보다 단체 경기쪽이 취미에 맞는다. ....( )
34. 인간과 교제하기 보다는 자연을 사랑하는 것이 더 좋다. ....( )
35. 닭대가리가 될지언정 소꼬리는 되지 말라는 말을 좋아한다. ....( )
36. 남으로부터 지시를 받는 것을 괴로워한다. ....( )

(설문 2)

당신은 시간을 효과적으로 사용하고 있는가? 다음 항목에 ○표를 하여 보십시오. ○표가 많을수록 당신의 1분에는 가치가 있다고 말할 수 있습니다.

1. 아침에 눈을 뜨면, 즉시 이부자리 속에서 나온다.
2. 아침 식사시간에는 가족들과 성의 있는 대화를 나눈다.
3. 출근 시는 충분한 시간 여유를 가지고 집을 나선다.
4. 회사에는 일찍 도착한다.
5. 일과 시작 전에, 몇 종류의 신문에 눈을 돌린다.

6. 지각, 무단결근을 하지 않는다.
7. 일과 시작 전까지 그 날의 일의 순서가 머리 속에 정리되어 있다.
8. 어느 일이 그 날 중에 가장 중요한 것이며, 그 일에 필요한 시간은 얼마정도 인가를 알고 있다.
9. 당신 혼자서 언제나 할 수 있는 일과, 협조 받아야 할 일과의 구별을 알고 있다.
10. 회사에 있어서, 내가 없으면 안 된다는 자신감을 가지고 있다.
11. 당신의 살아가는 방법을 자녀들에게 전수해야겠다고 생각한다.
12. 실패했다고 해서 위축되지 않는다.
13. 목표를 가지고 매일의 생활을 보내고 있다.
14. 어려운 일에는 파이트가 용솟음친다.
15. 약속했다면 반드시 지킨다.
16. 지킬 수 없는 약속을 하지 않는다.
17. "NO"라고 해야 할 때는 "NO"라고 말한다.
18. 항상 정확한 정보를 수집하는 노력을 기울이고 있다.
19. 정보의 선택을 할 수 있다.
20. 호기심이 왕성하다.
21. 흥미를 지속시킬 수가 있다.
22. 항상 장기 · 단기의 행동계획이 있다.
23. 좋다고 생각되는 것은 곧 행동에 옮긴다.
24. 목표나 행동 계획을 적은 메모를 몸에 지니고 다닌다.
25. 항상 수첩을 몸에 지니고 필요한 것은 기록했다가 이것을 보고 행동한다.
26. 오늘 해야 할 것은 내일로 미루지 않는다.
27. "바쁘다, 바쁘다"하지 않는다.
28. 릴랙스 할 때는 릴랙스한다.
29. 나는 같은 나이의 사람들보다 젊다.
30. 오늘 죽는다해도 후회 없는 생활을 하고 있다.

유능하게 보이는 자기 표현술

1 서두에서 무엇에 대한 얘기 인가를 분명하게 해둔다.

2 요점 등은 3가지로 종합한다.

3 문장이든 대화든 짧아야 한다.

4 하나의 테마는 3분 이내에 끝낸다.

5 마무리는 행동을 유발하는 멘트로 인상 깊게 한다.

6 재미있는 일은 재미있다고, 모를 일은 모르겠다고 즉시 반응을 보인다.

7 질문에는 한 템포 여유를 갖고 대답하라. 사려 깊은 사람으로 보인다.

8 의견 품신을 할 때는 가르침을 청하는 형태로 하라.

9 기획이나 제안은 100% 아닌, 상급자의 의견이 반영될 여지를 남겨 두고 한다.

10 전문용어(문화, 교양)를 일상 회화에서 너무 드러나지 않게 사용한다.

11 설득할 때는 자료를 제시하면 신뢰감을 높일 수 있다.

12 자신의 전문분야에 관해 이야기 할 때는 전문용어를 사용하지 말라.

13 베스트셀러는 대강이라도 알아두라.

14 음식주문을 망설이면 결단력이 없다는 느낌을 준다.

15 마음의 동요를 감추기 위해서는 의식적으로 무표정을 가장한다.

16 궁지에 빠졌을 때는 섣부르게 말을 하지 말고 침묵을 지켜라.

17 큰 인물처럼 보이려면 동작을 서서히, 크게 하라.

18 빛을 등지고 상대방과 마주하면 실제 이상으로 크게 보일 수 있다.

19 세로 줄무늬 양복은 크게 보이는 효과가 있다.

20 "나는, 나의"를 되풀이 함으로써 강력하게 자신을 어필한다.

21 한 가지 일에 조예가 있으면 인정을 받는다.

22 취미는 업무와 거리가 먼 것일수록 강한 인상을 줄 수 있다.

23 등을 곧게 펴고 앉으면 믿을 수 있는 사람이라는 이미지를 준다.

24 상대방의 눈을 보며 말하라.

25. 약속시간은 0시 정각이 아니라 0시 0분으로 하라.

- 대한스피치리더십센터 -

제5장

커뮤니케이션(의사소통)의 이해

1. 커뮤니케이션의 개념

커뮤니케이션(Communication)의 어원은 라틴어 "커뮤니스(Communis)"로서 공통 공유라는 뜻을 가진다.

즉 두명 이상이 의사전달이나 정보 공유를 나눈다는 의미이다. 따라서 커뮤니케이션은 전달자가 전달하고자 하는 생각이나 아이디어에서 출발하며 그 방법을 음성이나 문자, 부호, 몸짓 등의 여러 가지 방법으로 표현된다.

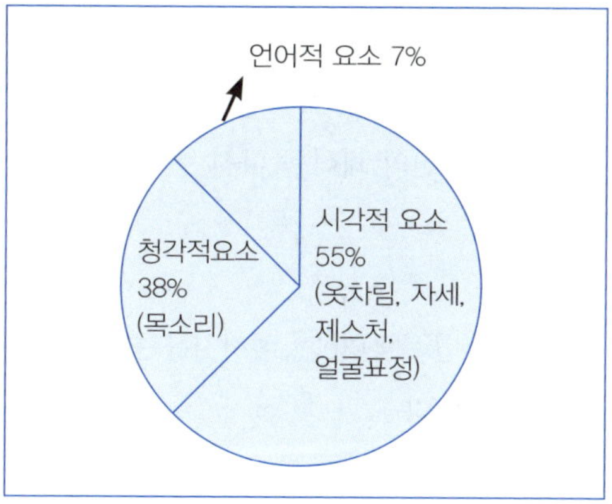

[그림 7-1] 커뮤니케이션의 스킬

2. 커뮤니케이션의 중요성

미국에서 존경의 대상이 되는 60명의 저명 인사들을 직접 찾아가서 인터뷰한 결과 저명 인사들의 가장 공통적인 특징 중의 하나는 바로 "커뮤니케이션의 능력"이 높은 것으로 나타났다.

그만큼 커뮤니케이션은 의사를 전달하는 사람이나 받는 사람 모두가 의사소통에 대한 책임을 공유하는 하나의 시스템이라고 할 수 있을 만큼 중요하다.

3. 커뮤니케이션의 4가지 요소

1) 송신자

의사소통은 의사소통의 필요성이 생길 때부터 시작된다. 정보를 전달할 필요성일 수도 있고 상대방으로 하여금 특정 행동을 취할 것을 요구하는 필요성일 수도 있다.

2) 메시지

상대방은 나의 마음을 읽을 수 없기 때문에 나의 의도를 상대방이 이해할 수 있는 말, 글, 몸짓, 표정 등을 통해 메시지로 바꾸어야 한다.

3) 피드백

수신자가 받은 내용에 대한 자신의 해석을 다시 송신자에게 전달한다.

4) 수신자

메시지가 수신자에게 전해지면 수신자는 메시지를 통해 송신자가 무엇을 표현하려고 했는지 이해할 수 있어야 한다.

4. 듣기, 질문하기

1) 듣기의 중요성

(1) 일반적으로 사람들은 읽기, 쓰기, 말하기, 듣기 중 30%는 매스컴을, 25%는 사람의 말을 듣는 데 사용한다.

(2) 의사소통에 있어서 리더는 70% 이상을 듣고, 30% 이하를 말하는 데 사용하므로 효과적인 듣기는 리더의 중요한 능력이다.

2) 듣기의 자세

(1) 신뢰와 열린 마음
(2) 듣는 사람의 반응에 세심한 주의
(3) 성급한 판단 금지
(4) 다양한 표현방법의 상징적인 의미 이해
(5) 상대방의 특성에 보조를 맞추는 대화
(6) 상대방의 가치관 및 경험에 대한 이해

3) 듣기의 4단계 프로세스

(1) 감각

감각 중 느낀다는 것은 소리의 물리적인 수신이고, 듣는다는 것은 적절한 반응을 할 수 있도록 듣는 소리를 이해하고 평가하는 정신적 과정이다.

- 신중하게 주의집중하여 무엇이 중요한지 선택한다.

(2) 해석

들리는 소리에 의미와 중요성을 부여한다.
상대방의 말속에서 단어의 뜻을 내포하는 힌트를 찾게 된다.

- 자신의 선입견을 확인하고, 귀·눈·직감 등을 통해 해석하고, 확실한 이해를 위한 질문을 한다.

(3) 평가

자신이 들은 메시지의 중요성을 결정한다.
믿을 만한가? 이 메시지에 대해서 내가 취해야 할 행동은?

- 질문을 던지고, 증거를 분석하고, 성급하게 결론으로 비약하지는 않는다.

(4) 반응

메시지를 듣고 나서 어떤 행동을 취해야 할지 결정한다.

- 공통의 이해에 도달한다는 목적을 가지고, 언어와 비언어적 표현을 모두 사용하고, 혼란스러운 메시지는 피한다.

4) 피드백 기술

(1) 피드백의 의미

피드백이란 말하는 도중이나 말이 끝난 후에, 듣는 사람이 상대방에게서 들은 말의 핵심을 다시 상대방에게 말하는 것을 의미한다. 이것은 상대방의 이해를 재확인하기 위해서 사용한다.

- 상대방에 대한 관심과 경청하고 있다는 것을 보여준다.
- 오해의 소지를 막아준다. 문제가 생기기 전에 잘못 이해한 것을 상대방이 바로 잡아주는 것이다.
- 상대방에게 당신이 어떤 말을 이해하고 어떤 말을 잘 이해 못하는지 알려 주면서 대화의 질을 높인다.

미국의 스피치 전문가 데일 카네기는 '여행자에게 하루만에 파리 시내를 모두 견학시킬 수는 없다'며 제한된 시간 안에 많은 주제를 다루려고 하지 말라는 경고를 한다.

전 클린턴 대통령 등 역대 대통령의 연설 원고를 담당했던 패기누난 여사는 1998년 '간결하게 말하기'라는 말을 통해 대통령들이 이 원칙을 제대로 지키지 못해 국민들을 혼란에 몰아넣는다는 고백을 했다.

스피치 전문가인 그녀는 한 사람이 연설에 사용할 수 있는 최대의 시간은 20분, 개인적인 대화에서도 이 원칙이 적용됨은 물론이다.

5) 듣는 사람이 이해할 수 있는 용량에는 한계가 있다.

한 사람이 광고를 보며 최대한 소화할 수 있는 아이템은 8개, 한 가지에 몰두할 수 있는 시간은 30초에 불과하다고 한다. TV광고 시간이 30초를 넘지 않는다는 것을 생각해 보면 쉽게 이해할 수 있을 것이다.

그러나 한·일 축구 같은 특별 프로그램 등에는 한 프로그램에 30개 이상의 광고가 붙는게 보통이다.

이 때 대기업 등 경제적 여력을 갖춘 기업들은 같은 프로그램에서 반복적으로 두 번씩 같은 광고를 내보기도 한다. 한꺼번에 너무 여러 개의 광고가 방송되는 동안 시청자들이 광고 내용을 제대로 받아들일 수 없을 것을 전제로 반복 효과를 노리는 것이다.

한 가지 사실에 대해 길게 말을 늘어놓다보면 한꺼번에 여러 가지 내용을 말하게 되어 핵심이 불분명해진다. 노래방에 가면 마이크 놓을 줄 모르는 사람이 제일 미운 법이다. 하버드 대학의 윌리엄 제임스 교수는 한 가지 강의로는 한 가지 논점 밖에는 제시할 수 없다고 술회한 적이 있다. 이 말 역시 개인적인 대화에서도 적용이 된다.

6) 전달을 간결하게 하지 못하는 사람들은 스스로 말을 잘한다고 믿는다.

말만 꺼내면 새는 수도꼭지처럼 끝이 없이 말을 잇는 사람들이 많다. 한두 마디로 끝날 수 있는 말도 길고 장황하게 늘어놓는다. 듣는 사람은 여기에 계속해서 주의를 집중할 수 없다. 길게 말하면 듣는 사람의 주의가 산만해지고 받아들이는 동안 의미의 왜곡이 일어나기 쉽다. 대체로 듣는 사람들은 자신이 듣고 싶은 내용만 선택해서 듣는 경향이 있다고 미국의 의사전달법 교육 전문가 코나 브라운은 말한다.

길고 지루한 이야기는 듣는 사람에게 자기가 원하는 부분만 부분적으로 듣게 하거나 듣는 동안 공상에 잠기게 할 가능성이 높아져 의미의 왜곡이 커지는 것이다. 문제는 길고 장황하게 말하는 사람치고 자신이 말을 못한다는 사실을 인정하지 않는다는 점이다.

이미 설명했듯이 듣는 사람들은 이야기가 지루하면 이야기의 요점을 놓치게 돼 가능한 한 이야기 하는 사람 앞을 벗어나고 싶어한다.

이야기 요약의 가장 중요한 핵심은 이야기의 구조가 탄탄해야 하며 논리를 한 곳으로 모으는 일이다. 이야기를 요약하려면 뒷받침할 만한 객관적인 증거가 필요하며 명확한 논리로 뒷받침되어야 한다.

이야기의 핵심을 흐리지 않고 메시지를 분명하게 정하려면 주장의 수를 제한하는 것이 매우 중요하다. 예를 들면, 영화를 본 후 내용을 요약해 다른 사람에게 이야기로 전달해 줄 때 일일이 모든 장면을 묘사하는 사람은 없다. 그러나 가장 요약을 잘하는 사람은 영화가 말하고자 하는 주요 메시지를 내세운 후 그것을 중심으로 이야기를 전개시켜 깔끔하고 긴장감이 있게 내용을 전한다.

핵심을 잡아 주장의 수를 제한하고 내용을 압축하는 것이 메시지를 명확하게 전달하는 방법인 것이다. 이야기가 이해하기 쉽고 간결하면서도 깔끔하다는 느낌을 주려면 서론과 결론을 짧게 말해야 한다.

어떤 사람들은 본론보다 서론을 길게 말해 듣는 사람에게 맥이 빠지게 하거나 결론에 치중해 듣는 사람에게 무시당한 느낌을 주기도 한다.

서론이 길어지면 듣는 사람은 본론을 듣기도 전에 집중력을 잃게 돼 본론을 소홀하게 들을 것이다.

결론을 길게 말하면 듣는 사람은 이미 그 이야기에 대한 흥미를 잃은 상태여서 이야기가 끝나기만을 기다리며 초조해 한다.

서론은 듣는 사람에게 본론에 대한 흥미를 유발시키고 본론에 관심을 갖도록 하는 간략한 내용을 선택해야 한다.

결론을 말하다가 다시 그 앞의 이야기로 흘러가지 않도록 주의할 필요도 있다.

7) 듣는 사람의 득에 초점을 맞춘다.

기술 매니저 닐 바론의 말이다. “나는 세계적으로 유명한 어느 경제학자가 3천명의 청중을 대상으로 강연하는 것을 보았는데, 그는 시간을 거꾸로 돌리고 있었다. 그는 반도체산업의 난해한 용어를 사용했지만 그 자리에 반도체산업에 종사하는 사람은 아무도 없었다. 그리고 반도체산업에 관심 있는 사람도 없었다. 1시간쯤 지나자 사람들은 잡지를 꺼내들기 시작했다. 그리고 실내가 몹시 어두웠기 때문에 사람들은 라이터와 플래시를 비춰서 잡지를 읽고 있었다. 그 광경은 경제학자의 강연을 추모하기 위해 촛불을 켜고 밤샘이라도 하는 듯했다." 도대체 반도체에 아무런 관심이 없는 사람들에게 반도체를 주제로 강연을 한 이유는 무엇일까? 연사는 청중이 기대하는 바가 무엇이라고 생각했을까? 이런 것이 궁금할 것이다.

듣는 사람에게 이득이 될 수 있는 내용에 초점을 맞추어야 흥미를 불러일으킬 수 있다. 종전에 아우성의 구성애 씨나 신바람의 황수관 박사의 강의를 듣는 이유는 듣는 사람들이 그들의 이야기가 자신들에게 이득을 가져다 줄 것이라고 믿는 '성'과 '건강'을 주제로 들고 나왔기 때문이다.

그러나 듣는 이가 기대하는 바에 대해서 궁금증만 가져서는 안 된다.

그들에게 내 이야기를 들으면 이득을 가져온다고 믿을 수 있게 해야 한다.

'당신이 내말을 들으면 당신에게 어떤 이득이 올 것인가?'는 이야기 초반에 알려주면서 강조를 하고 중간에도 그것을 상기시킬 필요가 있다.

미국의 커뮤니케이션 전문가 앨런 와이너는 사람들은 이야기를 들을 때 이득의 문제에 가장 큰 관심을 기울인다고 한다. 듣는 사람들은 항상 내가 이 말을 들으면 혹시 돈을 벌거나, 시간을 절약하거나, 스트레스, 근심, 우유부단, 마음의 혼란을 감소시키는데 도움이 될만한 내용이 있지 않을까? 해서 관심을 갖는다는 것이다.

대화를 잘하는 사람들은 듣는 사람들의 일반적인 관심 분야에 초점을 맞추어 간명하게 말한다.

8) 남의 말을 잘 듣는 20가지 매너

(1) 남의 이야기는 귀를 기울여야 한다.

세상에는 다른 사람의 관심을 끌려고 하지 않는 사람은 없다. 누구든지 주목을 받으며 자기 이야기를 들어주기를 바라고 있다. 그런데 그 사람이 막상 듣는 편에 서게 되면, 남의 이야기에는 무관심하게 되며 건성으로 듣는 것이다.

(2) 잘 듣는 것처럼 행동하여라.

그렇게 하려면 두 귀를 기울이고 자리에 단정하게 앉아서, 경우에 따라서는 몸가짐을 앞으로 약간 내미는 상태가 좋다. 또 이야기를 재미있게 듣는 듯한 인상을 주기 위해서는 밝은 얼굴표정을 짓는 것도 필요하다.

(3) 들은 이야기를 이해하라.

이야기를 들었다고 하는 것만으로서는 정녕 이야기를 들었다고 할 수 없다. '이야기의 내용을 올바르게 이해하자'고 하는 마음의 자세로서 듣지 않으면 안 된다.

(4) 반응을 나타내라.

이야기하는 사람이 이야기를 중단되고도 만족스럽게 생각하는 것은 찬사를 들었을 때 만이다. 칭찬할 적에는 마음껏 후련하도록 칭찬해 줄 것이다. 찬사의 방법은 수긍한다는 표시로 고개를 끄덕이는 행동, 미소를 짓는 행동, 맞장구를 치는 행동, 격려를 보내는 행동 등의 방법이 있다.

(5) 이야기의 중간을 꺾지 말라.

자기가 이야기하고 있는 동안에는 다른 사람의 이야기는 조금도 귀에 들어오지 않는다. 서로 간에 커뮤니케이트 하는 것이 중요한 것이다. 그러므로 이야기의 순번을 가로채지 말 것이다.

(6) 감정을 옮겨 놓도록 하라.

상대편의 입장에 서서 생각한다면, 그 사람이 하고자 하는 이야기의 내용을 알게 된다.

(7) 질문을 하라.

상대방의 이야기를 이해할 수 없을 때, 이야기의 내용을 좀더 명확하게 설명을 바랄 때, 이야기하는 사람으로부터 호감을 받고자할 때, 이야기를 진지하게 듣고 있다는 모습을 상대방에게 인상을 심어주고 싶을 때, 이와 같은 때에는 질문을 던지는 것이 좋다. 그러나 상대방을 당황하게 만들거나 골탕을 먹이는 질문은 해서는 안 된다.

(8) **이야기의 내용에 주의력을 집중시켜라.**

그렇게 하려면, 이야기하는 편에서 다루고 있는 이야기의 테마뿐만 아니라 말, 아이디어, 감정에도 낱낱이 신경을 쓸 필요가 있다.

(9) **이야기하는 사람에게 주목하라.**

이야기하는 사람은 얼굴, 입, 시선, 손과 팔의 동작 등 여러 가지 표현 수단을 동원하여 말에 의한 커뮤니케이션을 보강하고 있는 것이다. 그러므로, 이야기하는 사람을 주목하고 있으면, 받아들이는 정보의 양은 많아지게 되는 것이다. 또 주의력도 집중하기 쉬워진다. 당신이 열심히 이야기를 듣고 있다는 인상도 주게 되는 것이다.

(10) **적당한 대목에서 미소지으라.**

그러나 정도를 넘어서는 안 된다.

(11) **듣는 사람은 감정을(가급적) 억제하라.**

걱정거리, 불안, 고민 등을 안고 있더라도, 그러한 마음의 부담들을 일단 잊어버리고 듣도록 할 것이다. 만일 그렇게 하지 않으면, 상대편의 이야기가 머릿속에 잘 들어오지 않는다.

(12) **마음이 흩어지지 않도록 하라.**

종이나 연필 등을 손에 가지고 있으면, 그것들은 책상위에 올려놓을 것. 그런 것이 집중력을 산만하게 만들기 때문이다.

(13) 이야기의 요점을 파악하라.

이야기하려고 하는 생각에 주의력을 집중시켜, 설명적인 부분에 마음을 사로잡히게 하지 말 것이다. 이야기하는 가운데 인용되는 사례나, 에피소드, 통계 등은 중요하기는 하지만 이야기의 요점이 아니다. 사례나 통계 등은 이야기하는 사람의 주장을 증명하고 있는 것인가, 또는 알기 쉽게 표현하고 있는 것인가, 주장과 모순되고 있지 않는가를 확인하는 것으로 족한 것이다.

(14) 커뮤니케이션의 책임을 져라.

커뮤니케이션의 책임은 틀림없이 이야기 하는 측에게도 있다. 그러나, 그것은 극히 적은 것으로서, 대부분의 책임은 듣는 측에 있는 것이다. 듣는 측은 이야기를 이해하도록 노력하고 잘 모르는 점이 있으면, 질문을 해서 명확히 할 것이다.

(15) 이야기하는 측의 "피어스넬리티"가 아니라, 그 사람의 사고에 당신의 마음을 반응시켜라.

이야기하는 측에 대한 좋고 나쁨이나 인물평가에 바탕을 두고, 그 사람의 의견을 받아들여서는 안 된다. 싫은 사람이라 하더라도, 나쁜 인상을 주는 사람이라 하더라도, 그 사람의 사고 자체는 훌륭할지도 모른다.

(16) 감정적이 되어 논쟁을 하지 말라.

상대편이 열심히 이야기를 하고 있는 도중에 감정적으로 그 사람과 논쟁을 하는 것은, 이야기를 이해하는데 방해가 되는 것이다. 그러한 말을 하게 되면 서로간에 담을 쌓는 것이 되고 마는 것이다.

(17) 들으면서 생각하라.

사람들은 이야기를 들으면서 동시에 생각할 수 있는 것이다. 이러한 관계를 이용할 것이다. 귀로 이야기를 들으면서, 그 사람이 지금까지 이야기한 것을 돌이켜 생각해 보는 것이다.

(18) **이야기하는 측의 반감을 사지 말라.**

이야기하는 측에게 적의를 일으키게 할 것 같으면, 그 사람의 진정한 생각, 마음의 자세를 숨겨버리고 만다. 반감을 사는 방법에는 다음과 같은 것이 있다. 논쟁을 걸고 들어간다. 그를 비난한다. 그의 이야기를 낱낱이 노트를 한다. 반대로 노트를 하지 않는다. 격렬한 질문을 한다. 혹은 한마디의 질문도 하지 않는다. 등등이다. 당신의 이야기를 듣는 태도가 이야기하는 측에게 어떠한 인상을 주고 있는가를 판단하고, 반감을 갖지 않도록 신경을 쓸 것이다.

(19) **판단을 서둘지 말라.**

사정을 파악할 때까지 기다린 후 판단을 내릴 것.

(20) **다른 사람의 이야기를 듣는 것은 즐거운 일이다.**

이와 같은 마음가짐을 갖도록 마음먹지 않으면 안 된다. 그건 그렇고 … 당신이 어느 정도 남의 이야기를 잘 듣도록 되었는지, 다음의 프로젝트로서 게임을 해보면서 확인하자.

5. 말(연설)을 잘하는 방법

1) 사전준비

말하기 전에 아우트라인을 만들어 두면 효과적으로 말할 수 있다.
생각나는 대로 얘기하다 보면 핵심이 많아지고 늘어지기 쉽다.
이야기를 하기 전에 아우트라인을 구성해 두면 이야기가 늘어지거나 옆으로 샐 염려가 없다.

2) 유능한 연설자는?

(1) 개념 정리를 잘한다.

아우트라인을 준비해 두면 이해하기 쉽게 말할 수 있다.
좋은 아우트라인은 듣는 사람의 머리 속에 인덱스의 이미지를 만들어 준다.
아우트라인이 견실하게 준비되면 안심하고 말할 수 있다.
조금 탈선하더라도 반드시 제자리로 되돌아 올 수 있다.
그러나 아우트라인 없이 생각나는 대로 말하면 탈선한 채 돌아오지 못하는 수도 있다.

(2) 안심하고 말할 수 있다.

아우트라인만 머리 속에 철저히 주입시켜 놓으면 일시적 건망증이 있더라도 이야기의 방향을 다시 잡을 수 있다.

(3) 잊어버리지 않는다.

아우트라인을 만들어 두면 말하는 중에 '내가 지금까지 뭐라고 했더라? ~에라 모르겠다.' 하며 엉뚱한 방향으로 이야기 나가는 것을 막을 수 있다.

(4) 즉흥적인 대사를 삽입할 수 있다.

갑자기 보충할 만한 사례가 생각나면 적절하게 내용을 삽입해 이야기의 재미를 더해도 이야기가 산만해지지 않는다.

(5) 시간 조정이 용이하다.

이야기를 하는 동안 자기도 모르게 너무 많은 시간이 지나갈 때가 있다.
아우트라인만 확실하면 이야기 시간을 조절해 가면서 요약해서 말할 수 있다.

3) 듣는 사람(청중)의 효과와 반응

(1) 이해하기 쉽다.

내용 구성이 간결하고 조리가 있어 듣기에 편하다.

(2) 구성에 대한 이미지가 떠오른다.

이야기가 어떤 방향으로 진행될 것인가?를 쉽게 파악할 수 있다.

(3) 이야기의 뼈대를 놓치지 않는다.

이야기 조직이 확실하기 때문에 이야기의 핵심을 순서대로 파악해 끝까지 주의를 기울일 수 있다.

(4) 이야기의 중점을 파악한다: 이야기 핵심이 쉽게 들어온다.

(5) 이야기의 전체상을 알 수 있다.

이야기 전체의 뼈대와 구성을 알기 때문에 이야기 전체를 하나의 큰 그림으로 볼 수 있다.

4) 논리적으로 말하기

(1) 주장이란 듣는 사람이 받아들였으면 하고 말하는 사람이 내세우는 말을 가르킨다.

① 사실적 주장은 사실 여부에 대한 자기 판단을 내세우는 것으로 어떤 것이 '사실이다.' 또는 '사실이 아니다.' 라는 결론을 제시한다.

② 가치적 주장은 어떤 대상에 관한 평가를 밝히는 것을 말한다.
그것이 바람직하다, 아니다, 나쁘다는 등의 결론을 제시한다.

③ 정책적 주장은 '무엇을 어떻게 해야 옳은가?'하는 행위의 실천의 당위성에 대한 주장이다.

(2) 논리적 표현 구성

① Introduction

이야기의 도입부로서 본론을 흥미 있게 끌어내기 위한 역할을 한다.

- 주의집중을 위해 구체적으로 어떻게 시작하고 어떻게 끝낼 것인가?
- 흥미를 주지 못하면 주장에 반박할 수 있는 분위기가 조성되기 쉽다.
- 내가 말하고자 하는 주제를 어떻게 소개하는가는 받아들이는 사람들의 태도에 영향을 미친다.

② Body

본론부분으로 항목을 나누어 구체적인 근거 하에 세부적인 내용을 정리한다.

- 주요 아이디어가 분명하게 잘 나누어졌는가? 어떻게 나누어졌는가?
- 각 주요 아이디어에 대한 보충 아이디어는 무엇인지 분명한가?
- 주요 아이디어가 중복 없이 나누어졌는가?

③ Conclusion

Body 부분에서 이야기 한 내용을 다시 요약한 후 내 생각으로 마무리한다.

(3) 생각나는 대로 말해서는 안 된다.

지리멸렬하고 맥락이 없는 얘기라도 듣는 사람은 처음 얼마동안은 기대감에 차서 '무슨 말을 하려고 하나' 기대하며 긴장한다. 그러나 언제까지라도 그 의문에 대한 대답이 없고 마침내 잊어 버릴때 쯤 해서 회답을 준다면 화를 내게 된다.

듣는 사람을 도외시 하고 생각나는 대로 말해서는 안 된다.

(4) 듣는 사람의 머리 속에 장난감 집을 짓는다.

가령 머리 속으로 집을 짓고 그 집이 듣는 사람에게 전달하고자 하는 개념이라고 하자. 이야기는 장난감 블록을 하나씩으로 대체하여 상대에게 넘겨준다.

그리고 장난감 블록을 받은 상대방은 최종적으로 머릿속에 그것을 쌓아올린다. 최종적으로 듣는 사람의 머리 속에 화자의 것과 동일한 장난감 집이 만들어 지면 이야기는 성공을 거두게 되는 것이다.
만일 말하는 사람이 자기 좋을 대로 임의의 장난감 블록을 건네준다면 어떻게 될까?
화자가 말하고 싶은 대로 이야기 하는 것은 화자 좋을 대로 장난감 블록을 건네주는 것과 같다. 장난감 블록을 받은 상대는 무엇을 어떻게 구성하면 좋은지 알 수 없다. 오해, 선부른 판단, 선입관 등 최종적으로 그의 머리 속에 남는 것은 부서진 집이 될지도 모른다.

(5) 말하고자 하는 순서와 듣고자 하는 순서를 알고 있어야 한다.

화자가 말하고자 하는 순서와 청자가 듣고자 하는 순서는 유감스럽게도 다를 경우가 많다. 화자의 집을 견고하게 짓기 위해선 치밀한 설계도를 그려야 한다. 이야기의 아우트라인이 설계도에 해당한다. 설계도를 기초로 견고한 토대를 구축하고 튼튼한 기둥을 세워 호평 받는 이야기를 해보자.

(6) 내용을 충분히 숙지하고, 신뢰성 있는 근거자료를 확보해야 한다.

주제를 설명할 수 있는 구체적인 내용을 미리 생각해 두는 것은, 성공적인 말하기를 위한 준비 단계의 핵심이다. 남의 이야기를 충분히 이해하지 못한 상태에서 마치 자신의 이야기인 양 말한다던가, 자신이 가지고 있는 지식의 범위를 벗어난 이야기를 무리하게 전개하는 것은 피해야 한다.
설득력 있고 효과적인 화법을 구사하기 위해서는 주제에 적합한 자료들을 확보하는 것이 매우 중요하다. 자신이 말할 주제를 충분히 인식하고, 말할 순서나 세부 내용을 어느 정도 결정하고 나서, 그에 맞추어 자료를 수집하고 재구성하는 것이 중요하다.

5) 할 말 안하는 사람은 NO – 말만 많은 사람은 더욱 NO

≪동아일보≫

(1) '두괄식 논리전개', '엘리베이터 테스트' 등 맥킨지식 사고 - 화법 눈길

① '한 여자와 결혼을 할 것인가 말 것인가' 라는 문제가 주어졌다고 하자.

사람마다 결혼을 결정하는 이유가 다를 수 있다. 여자의 외모를 우선하는 사람도 있을 테고 배경을 따질 수도 있지만 이 문제를 놓고 체계적인 고민을 하는 사람은 많지 않다.

세계적인 컨설팅 회사 맥킨지의 컨설턴트라면 이 문제를 어떻게 해결할까.
맥킨지 컨설턴트들은 결혼을 결정하는 것이나 거대기업의 합병 및 구조조정 방식을 찾아가는 것이 다르지 않다고 말한다. 일상사든 경제적인 문제든 맥킨지 입사 이후 끊임없이 반복 학습하는 MECE(Mutually Exclusive Collectively Exhaustive) 방식을 통해 답을 찾아나갈 수 있다는 것이다.

MECE는 문제를 철저히 분해하는데서부터 출발한다.
우선 결혼해야 하는 이유를 '여자 자체가 좋은가?' 아니면 '여자의 환경이 좋은가?'로 나눌 수 있다. 여자 자체가 맘에 든다면 다시 '신체적' 요인인지 '비신체적' 요인인지로 구분된다. 신체적 요인은 또 얼굴과 몸매 등 외모적 요소와 건강 등 내부적 요소로 나뉘어진다. 이렇게 문제를 분해하다보면 이 여자와 결혼해야 하는 수십 가지의 이유가 나오게 된다. 이런 이유들의 우선순위를 정하고 결혼에 별로 중요하지 않은 요소들을 하나씩 제거해 나가다보면 해답은 의외로 쉽게 나올 수 있다.

② 맥킨지 컨설턴트들은 이런 문제해결방식을 '회 뜨는 기술'에 비유한다.

서로 중복되는 부분도 없고 그렇다고 남겨진 것도 없이 문제를 둘러싸고 있는 이질적이며 다층적인 요소들이 철저히 발라내 지기 때문이다.
흥미로운 것은 맥킨지 한국지사의 경우 해외에서 교육을 받고 들어온 한국인과 국내 대학을 졸업한 뒤 해외 유수대학의 경영학석사(MBA)를 거쳐 들어온 두 부류 중 국내파들이 이런 문제 풀이방식에 취약한 것으로 평가된다는 점이다.

최정규 맥킨지 한국지사 공동대표는 이에 대해 "한국의 문제풀이의 과정보다는 빠른 시간 안에 정답을 찾는 것만 중시한다. 그러다 보니 문제가 주어졌을 때 정답을 구해내는 방식은 여러 가지가 있을 수 있다든가, 문제를 풀어 가려면 여러 각도와 차원에서 조망해 보아야 한다는 문제접근 노하우가 제대로 길러지지 않는 것 같다"고 풀이했다.

문제를 '회 뜨는' 기술을 몸에 익히는 것은 단지 개인의 고립된 반복학습을 통해서가 아니다. 팀 단위의 미팅에서 수없이 토론과 논쟁을 하며 문제를 분석하고 구조화하는 방법을 익힌다. 따라서 회의과정의 커뮤니케이션 스킬도 효과적인 문제해결 방법을 찾아내는데 중요한 요소다. 맥킨지 컨설턴트들은 입사 때부터 이같은 스킬을 끊임 없이 선임자로부터 훈련받는다.

③ 서울 중구 태평로 서울 파이낸스센터빌딩 27층에 있는 맥킨지 서울 사무소까지 1층에서 엘리베이터로 올라가는 데는 논스톱으로 약 20초 가량 걸린다.

맥킨지 신입사원들은 이 짧은 시간 동안 상대방을 설득하는 '엘리베이터 테스트'를 거친다. 짧은 시간에 효과적으로 상대방을 설득하고 자신의 주장을 논리있게 전개하는 능력이 몸에 배도록 하기 위한 훈련이다.

'두괄식(頭括式)' 논리전개방식과 대화기술도 컨설턴트들에게 끊임없이 요구되는 덕목. 어떤 문제에 대해서 어떻게 생각하느냐는 질문을 받았을 때는 반드시 결론을 먼저 밝히고 그 근거 몇 가지를 대는 방식을 취한다. 팀 미팅 때 쓸데없이 주절주절 많은 주장을 펴는 컨설턴트들을 도움이 되지 않는 것으로 간주된다.

④ 마지막으로 팀 미팅 때나 클라이언트 등을 만나 얘기를 나눌 때 해결책 없는 문제제기는 절대 용납되지 않는다.

일부 신입사원들 중에는 자신의 똑똑함을 보여주기 위해 "내가 알기로는 저 통계 수치가 틀렸다. 저 수치를 근거로 한 해결책은 별 설득력이 없다."는 식의 말을 하는 경우가 있는데 팀장이 이 얘기를 듣는다면 "그래서 어쩌란 말이냐(So What?)"는 식으로 대응한다.

맥킨지의 장윤석 컨설턴트(부사장급)는 "문제만 제기하고 해결책을 내놓지 못하는 사람들은 귀중한 시간만 갉아 먹는 것이다. 반드시 팩트로 뒷받침된 자신의 대안이나 해결책을 내놓아야 한다."고 말했다.

⑤ 맥킨지 컨설턴트들에게 요구되는 몇가지 룰은 개인기를 조직의 힘으로 전환시키는 데 결정적인 역할을 한다.

가. 첫째, 팀 미팅 때 입을 다물고 있어서는 안 된다는 규칙

침묵하는 태도는 문제해결을 위해 팀이 함께 노력하고 있는데 전혀 기여를 하지 않겠다는 의사로 받아들여진다. 맥킨지 내에 직급이 있지만 사장조차 'XXX 씨'로 호칭하는 것도 직급에 구분없이 자유롭게 의견개진을 할 수 있도록 보장하기 위한 제도다.

나. 둘째, 동료가 요구하는 것은 반드시 들어주어야 한다.

자료를 구해달라 든지함께 회의에 참석해 의견을 개진해달라는 등의 요구를 동료가 받아들이지 않거나 게을리 할 경우 인사평점에서 좋은 점수를 받기 어렵다. 동료를 전문가로 간주하고 도움을 구하는 것이기 때문이다.

맥킨지 직원이라면 전 세계 어느 지사에 있는 누구에게나 도움을 요청하고 답을 구할 수 있다. 세계 각국에 흩어져 있는 맥킨지사가 '하나의 회사(One firm)'로 시너지 효과를 발휘하는 것도 이런 기업 문화에서 출발한다.

다. 셋째, 후배를 인재로 키우기 위해 노력을 기울이는 것은 선배로서의 선행이 아니라 의무로 강조된다. 맥킨지에서는 인사고과 평가를 할 때 상사로부터 얼마나 많은 것을 배웠고, 이를 통해 얼마나 스스로가 변화되었느냐가 중요한 평가항목이다.

이런 도제식 인재양성 시스템을 통해 맥킨지 사원 개개인의 역량은 조직의 힘으로 확산되고 통합된다. 선배들의 뛰어난 점은 그들에게서 배운 후배들을 통해 조직의 힘으로 상속된다.

맥킨지의 장윤석 컨설턴트는 "맥킨지가 컨설팅업체라는 특수성을 갖고 있긴 하지만 MECE의 문제해결 방식이나 자기 주장을 효과적으로 전개하고 공유하는 노하우는 조직문화의 변화를 꾀하는 국내 일반기업에서도 충분히 도입해볼 만한 것"이라고 말했다.

※ 맥킨지 컨설턴트가 사는 법

1. 엘리베이터 안에서 토론이 붙으면 내리기 전까지 상대를 설득할 수 있어야 한다.
2. 토론을 할 때 자신의 결론을 먼저 명확히 제시한 뒤 근거를 댄다.
3. 팀 미팅 때 의견 개진이 적으면 조직 내에서 오래 버티기 힘들다.
4. 해결책을 내놓지 못하고 문제제기만 하면 환영받지 못한다.
5. 동료를 도와주는 것은 업무의 일부분이다. 친절을 베푸는 것이 아니다.
6. 배운 것을 후배에게 전수하는 일을 게을리 하면 안 된다.

6. 단점을 장점으로 바꾼 세계위인들!

1) 세계위인들의 핸디캡 극복사례

단점 중에는 사실 장점이 숨어있는 경우가 많다.

누구에게나 단점이나, 핸디캡이나, 컴플렉스가 있다. 그러므로 단점이 있다는 것을 그렇게 심각하게 문제 삼을 필요는 없다. 중요한 것은 그 단점을 어떻게 다루느냐 하는 것이다. 많은 사람들은 단점을 억제하거나, 숨기거나, 버리려고 하고 있다.

그런데 자신의 단점이나 핸디캡을 보완하는 대책을 강구하므로서, 놀라운 성과를 올린 사람을 살펴보자.

(1) 헬렌 켈러[1880~1968, 미국의 여류사회운동가]는 날 때부터 눈이 보이지 않았으며, 귀도 듣지 못했으나 "핸디캡을 주신 것을 신에게 감사합니다"라고 말했다.

(2) 베토벤[1770~1827]은 위대한 심포니를 몇 개인가를, 전혀 귀가 들리지 않을 때 작곡했던 것이다. 헨델[1685~1759]이 "메시아"를 작곡했을 때에는 돈에 궁색했으며, 몸도 마음도 피로에 지치고 그의 생활은 그야말로 낭떠러지의 상태였다. 채권자들은 헨델을 감옥에 집어넣겠다고 협박까지 하는 판국이었다.

(3) 윈스턴 처칠[1874~1965, 영국의 정치가, 제2차 세계대전 당시의 수상]은 지독한 중증의 언어장해에도 굴하지 않고 세계에서도 손꼽히는 웅변가가 되었다.

(4) 프랭클린 루스벨트[1882~1945, 미국의 제32대 대통령]은 대통령으로서 사상 최장수의 임무를 맡고 있었던 바, 소아마비로 부자유한 몸으로 휠체어에 몸을 담고 앉아서 직무를 수행했던 것이다.

(5) 벤 호건[1912~1997, 프로골퍼]은 자동차 사고로 다리에 골절상을 입고, 의사로부터 재기불능이란 선고를 받은 다음부터 마스터즈, 전 미국 오픈에서 우승했다.

(6) 나폴레옹[1769~1821, 프랑스 황제]은 아주 키가 작은 사나이였다. 그가 위대한 정복자가 되겠다고 집념을 갖게 된 것은 자기의 핸디캡의 대응책이었던 것이다.

(7) 소크라테스[BC, 470~399 아테네의 철학자]는 키가 작은데다가 머리가 벗겨지고, 뚱뚱보의 보기 싫은 추남이었다. 그러나 역사에 이름을 남기는 철학자가 됨으로서, 풍채의 결함을 훌륭하게 극복했던 것이다.

(8) 강감찬[948~1031, 정종3년~현종22년, 고려의 장군]은 키가 매우 작고 못생긴 얼굴이었으나, 침착하게 그의 결의를 나타낼 때에는 그에게서 우러나오는 위엄과 기풍은 많은 사람을 위압했다고 한다.

여러분 중에는 때때로 마음이 내키지 않고, 하고 싶은 의욕이 없어지는 것을 자신의 결함이라고 생각하는 사람이 있을 것이다. 또한 의기가 소심해져 우물쭈물한다거나, 용기가 무너진다거나, 절망감에 사로잡힌다거나 하여 자기보호라는 껍질 속에 웅크리고 있는 사람도 있을 것이다.

그러나 이와 같은 심정은 누구에게나 있는 법이다. 그러한 경우 당신은 어떻게 할 것인가? 용기를 일깨워 가능한 최대의 노력을 기우릴 것인가?

이와 같은 상황 아래서 용감히 일어선 젊은 한 청년의 이야기가 여기에 있다. 그때까지의 그는, 언제나 자신의 건강을 걱정하며 신경쇠약과 불운이 계속되는 자기의 생애를 고민하고 있었다.

어느 날, 이 청년은 자살직전까지 몰렸다. 유서에는 이렇게 그의 심정을 기록했다.

"나처럼 참혹한 인생은 없다. 서광이란 조금도 없으며, 나의 장래는 암담하기 그지없다." 그런데 그는 재기를 도모했다. 자신의 정신상태를 근본적으로 고치려고 마음먹었다. 그리고 마침내 약한 마음을 극복하고, 미국 역사상에서도 정신적인 압박을 참고 견딘 불굴의 사나이의 대열에 끼이게 되었다. 그의 이름은 바로 저 유명한 아브라함·링컨[1809~65, 미국의 제16대 대통령] 그 사람이었다.

2) 단점을 보완하라

(1) 당신의 단점 또는 핸디캡은 무엇일까?

우리가 처음보는 사람을 만나게 되면 마음이 잘 내키지 않는 것은 웬일일까? 자기는 불행하다고 생각하고 있지는 않는가? 찬스를 잡으려고 하는 용기가 결여되어 있지나 않은지? 고역이라고 생각되는 상황에 부딪치면, 처음부터 포기하고 마는지? 자신의 얼굴모습, 체격, 스타일, 풍채 이 모든 것에 대하여 열등의식을 느끼고 있지 않는지?

만일 그렇다면 어떻게 하면 좋을 것인가?

우선 첫째로, 사실을 사실로서 인정하지 않으면 안 된다.

"너 자신을 알라!" 소크라테스는 이렇게 말하고 있다. 자기 자신을 직시하고, 자기라는 인간을 알게 되면 결점에 대하여 적절한 대책을 세울 수가 있게 된다.

(2) 어느 유명한 심리학자가 권하고 있는 방법을 소개하겠다.

"나는 전혀 말이 되지 않을 정도로 바보스러운 핸디캡이 있다." 이와 같이 자각할 만큼 핸디캡을 과장해 둔다고 한다. 그런데 그것을 극복하고 보편적으로 행동을 할 수 있게 되면 핸디캡은 아무것도 아닌 것같이 보여지게 된다고 한다. 고대 희랍의 대웅변가였던 데모스테네스[322BC]는 이 방법을 취했던 것이다. 그는 출생하면서부터 혀가 짧았다. 그래서 그는 해변가에 나가서 입에다가 작은 자갈을 물고 말하는 연습을 했다. 이와 같은 엄격한 훈련을 통해, 언어장해를 극복한 다음부터는 보통사람처럼 이야기하는 것이 무척 용이하게 되었다고 한다.

다리가 몹시 부자유한 부인이 그녀의 핸디캡에 대하여 이야기를 해주었다. "나는 내 다리가 불구인 것에 대하여 몹시 겁을 집어먹고 있었습니다. 사람들이 보는 앞에서 걸어가기란, 무섭고 죽기보다 싫었습니다. 절뚝거리며 걸어가는 괴상망칙한 제 모습이 부끄럽기 때문이었습니다."

"그러나 마침내 그러한 공포심은 내 멋대로 나 혼자서 생각한 것이었다고 하는 것을 알게 되었습니다. 나는 휠체어에 매달리는 짓을 집어치우고, 사람들이 많이 있을 때에 대담하게 걸어보았습니다. 바로 그 시점부터 나는 주위의 사람들을 의식하고, 두려워하는 소심한 생각을 깨끗하게 청산해 버렸습니다."

3) 단점의 활용법을 개발하라

(1) 단점을 노출시키지 말고, 그것을 활용하는 방법을 터득하게 되면, 단점은 당신을 특징이 있는 인간으로 성장하는데 좋은 발판이 되어지는 것이다.

남아프리카에서는 메뚜기의 대군이 가난한 농민들을 급습하여, 밭의 농작물을 몽땅 먹어치워 황량하게 만들어 버린다. 인간의 결점도 이 메뚜기와 비슷한 점이 있다. 그 곳 농민들은 메뚜기에게 습격당하면 광란상태가 되어서 밭으로 뛰어나와 메뚜기떼들을 쫓아버리려고 필사적이 된다. 그러나 그렇게 한다고 해서 아무 소용이 없다. 메뚜기는 농작물을 완전히 먹어치울 때까지 기성을 피운다. 마침내 농작물을 다 먹어치운 다음에는 그 자리에서 죽고 만다. 벌거숭이가 된 밭에는 메뚜기의 사체로 산더미를 이루고, 그 높이는 2미터 전후가 될 때도 있다.

그런데 농민들은 여러 해 동안의 경험으로, 그러한 경우 어떻게 해야 할 것인가를 잘 알고 있다. 재빨리 밭에 나가서 사체를 땅속에 묻어버리고 만다.

그렇게 하면 사체가 썩어 영양분을 잔뜩 함유한 토양으로부터, 이번에는 큰 수확을 얻게 되는 것이다.

단점이나 핸디캡으로부터 눈을 떼지 말고, 그 활용을 도모할 것 같으면 무엇을 해도 잘되어 질 것이며 자신이 생겨나게 된다. 농민들이 메뚜기를 땅속에 묻어버리는 것과 같이 단점을 자기 내부에 묻어버리는 것이다. 그렇게 하면 단점은 영양분이 되어 당신의 성격에는 특징이 생겨나, 원숙한 인간이 되어지게 되는 것이다.

자기에게는 힘의 한계나 단점이 있다고 해서 용기를 잃어서는 안 된다. 당당하게 맞설 것이다. 당신은 그러한 한계나 단점을 디딤돌로 함으로서, 자기의 운명을 스스로 타개해 갈 수 있는 사람이 되는 것이다.

(2) 지금까지는 신체적 핸디캡에 관하여 많은 사례를 인용했으나, 나쁜 환경, 불리한 생활 조건도 핸디캡이라고 할 수 있다.

보브·콩크린은 자기집 마당에다가 나무를 심은 일이 있었다. 그때 우연하게도 핸디캡이 식물과 어떠한 작용을 하고 있는가를 관찰할 수가 있었다. 그때의 재미나는 일들을 그려서 발표되어 있으므로 다음 항에 그 부분을 소개한다.

개인이 지니고 있는 고뇌나 문제를 진지하게 다루어 보자. 그러한 고뇌나 문제와 맞싸움으로서 정신적으로 강한 인간이 되는 것이다! 문제를 전혀 안가지고 있는 사람도 있기는 하다. 그것은 무덤에 살고 있는 사람들이다. 그들의 문제는 다 해결된 것이다.

그 이외의 사람들은 모두 문제를 지니고 있다. 이러한 문제는 다음과 같은 2중의 관련이 있다.

① 문제를 다루는 것에 의해, 당신은 개인으로서 훌륭한 사람이 된다.

② 문제에 직면하고 최후까지 해결에 노력할 때마다 당신은 정신적으로 강해진다. 이것은 법칙이다. 이것을 "정신적 보상작용의 법칙"이라고 부른다.

제6장

의사결정 기법(Vision Plaza)

자료: 삼성인력개발원 Business 응답 Skill

1. Vision Plaza의 개요

1) Vision Plaza란?

① 임직원의 자유로운 의견수렴(Pre-meeting) 을 거쳐 도출하되

② 반드시 고쳐야 할 사항을 주제로 선정하여

③ 이 주제와 관련된 임직원이 모여 토의(Town meeting)한 후

④ 구체적인 개선대책을 합의, 결정하고

⑤ 이를 의사결정자(Sponsor)에게 제시하면

⑥ 의사결정자는 개선대책에 대한 실시여부(Town hall meeting)를 즉시 정하여 실행토록 하는

⑦ 집단 문제해결 방식의 즉결식 회의체임

(∴ Vision Plaza는 의사결정기법의 일종임)

2) Vision Plaza의 기본개념

① 목표

가. Vision plaza를 통해 종업원, 경영층, 관리층의 신뢰를 구축

나. 종업원의 참여의욕을 증진

다. 불필요한 작업을 제거하여 업무처리 시간을 단축

라. 기업경영의 새로운 패러다임을 창출

② 문화

가. 가볍고 민첩함

나. 업무를 수행하는 사람이 직접 변화에 대한 제안을 함

다. 고객지향적인 환경으로 변화를 원함

③ 철학

가. 낭비적인 시간과 노력의 제거

나. 부서/부문을 초월하는 팀워크

다. 프로세스 사고

라. 권한부여

마. 신속, 단순, 확신

④ 활동

가. Process Mapping

나. 즉각적 의사결정

다. Town Meeting

라. Benchmarking과 Best Practice의 공유

3) Vision Plaza가 일반적인 의사결정 과정과 다른 점

구분		일반적인 의사결정	Vision Plaza
1. 의견수렴 과정	상의하달	많음	적음
	하의상단	적음	많음
2. 검토과정	검토자	소수	관련된 팀의 다수
	제안자의 역할	검토 시 제안자는 제외됨	제안자가 직접 참여
	검토부서	소수팀	관련된 다수의 팀
	장소	사내	사외
	검토기간	상대적으로 단기	상대적으로 장기
3. 의사결정 과정	의사결정자	사안별로 다양	해당부문의 Sponsor 1명
	소요기간	상대적으로 장기(품의)	즉결식 의사결정
4. 공표과정	–	검토 팀이 공지	제안발표회(Town hall meeting)

4) Facilitation이란?

Facilitation은 그룹토의를 이끌어 가는 한 방법이며, 그 Skill을 잘 이해하고 실제 행하고자 하는 프로젝트나 회의 등을 성공적으로 이끄는 사람을 Facilitatior라고 한다.

(1) Facilitatior의 역할

- Facilitatior Skill을 가진 사람은

- 회의의 초점을 잘 맞추게 하고
- 적절한 참여를 유도하며
- 적절한 Issue가 토론되도록 계획적으로 진행함
- 그러나 회의의 토론과정을 관리할 뿐, 의사결정자는 아니며
- 회의과정의 Helper이며, Leader가 아님

(2) Facilitation의 구조

① 사전준비 25%

- 미팅 사전계획
- 미팅 환경이해
- Issue 진행 명확화
- 기본을 준비

② 과정의 인식 25%

- Process의 이해
- 팀내 진행상황의 관찰
- 중요시기의 인식
- 문제해결 Process상 팀의 위치 인식

③ 이론과 기술 20%

- 문제해결방법의 이해
- Process 제안과 도구 보유
- Tool과 제안의 도입
- 역할, 태도, 이론, 행동 이해

④ Facilitating 30%

- Process관찰과 제안 준비
- Tool의 검토
- 동의 획득
- 개입의 실행, 역할준수

5) Sponsor의 역할

(1) 참여적인 문제해결과정과 그룹활동을 통해 이루어지는 제안을 받아들이겠다는 확고한 의지가 있어야 함.

(2) 문제해결을 위해 무엇이 권한 내에 있고, 또는 무엇이 권한 밖에 있는지 경계를 분명히 해야 함.

(3) 추가적인 정보가 필요한 경우라도 현장에서 기꺼이 결정하겠다는 의지가 있어야 함.

(4) 팀이 제안하는 사항을 실현하는데 필요로 하는 자원, 즉 시간과 돈, 자재 등을 기꺼이 제공해야 함

(5) 가시적인 과정관리가 이루어져야 함.

- 팀 활동에 의한 Follow-up, 활동결과에 대한 점검, 결과에 대한 보상 등

2. Vision Plaza 실행과제별 문제해결 기법

1) 진행 프로세스별 문제해결 기법

진행 프로세스	주요사항	문제 해결 기법
Pre–meeting (의견 수렴)	• 실행과제 선정	• 테마 적합성 판단
	• 참가자 선정 및 시간/장소 계획	• 참가자 선정 절차
	• 스폰서 기본 방향/기대치 표명	
Town meeting (토의)	• 문제점 도출/선정	• 브레인스토밍, 5WHY'S, PAYOFF MATRIX 계통도, 쌍비교법
	• 원인분석	• 5WHY'S, 관련도, 계통도, 특성요인도
	• 해결방안 도출/선정	• 의사결정 매트릭스, PAYOFF MATRIX, POINT SCORE SYSTEM, 특성요인도, 쌍비교법
	• 제안서 작성/발표 준비	• 역장분석
Town hall meeting (개선 대책 실시여부)	• 제안서 발표	
Post meeting	• 사후관리	• 사후관리 양식

2) 참가자 선정 절차

(1) 참가자 선정 절차 수립목적

① 동일부분 또는 타부분 인원 선정 시 MF의 권한이 없어 회의 참가자 선정시 애로

② 내실 있는 회의를 진행하기 위해 MF에게 인원선정 권한을 공식적으로 부여

(2) 참가자 선정 절차

① 동일부문 내 인원 선정시

가. MF가 실행과제의 검토에 적합한 인원을 선정

나. 선정한 인원을 MF소속팀에서 동일부문 내 타팀(지점)에 합의요청 통보서 발송

다. 통보서로 인원지원을 요청받은 팀은 2 Working Day 이내에 통보서로 회신

라. MF는 통보받은 인원을 수합하여 Sponsor에게 보고 후 최종 재가를 받은 명단을 전략 경영팀으로 송부

② 타부문의 인원 선정시

가. MF가 실행과제의 검토에 적합한 팀(지점)과 인원수를 파악함

나. 파악한 인원수를 MF 소속팀에서 타부문의 해당팀(지점)에 통보서로 인원선정 요청

다. 통보서로 인원지원을 요청받은 침은 2 Working Day 이내에 참가자를 선정하여 통보서로 결과를 회신

라. MF는 통보받은 인원을 수합하여 Sponsor에게 보고 후 최종 재가를 받은 명단을 전력경영팀으로 송부

3) 브레인스토밍

(1) 개요 및 아이디어 평가기준

① 정의: 구성원이 자발적으로 제출하는 아이디어를 축적해서 어떤 구체적인 문제를 해결할 방법을 찾아내려는 실제적인 회의의 기법을 말함

② 고안자: 알렉스 F. 오즈본(Alex F. Osbone)

③ 용도: Town meeting시 문제점 및 해결방안 도출시 유용함

④ 내용: 4대 원칙에 의해서 연상의 조건을 정리한 그룹에 의한 아이디어 발상기법

⑤ 4대 원칙

가. 비판금지(자유롭게 연상, 그때마다 판단)

나. 가급적 많은 양의 아이디어를 제시

다. 자유분방

라. 결합과 개선 추구

⑥ 아이디어의 평가 기준

가. 효과 - 좋아짐, 빨라짐, 편안함, 가격이 저렴

나. 실행가능성 - 아이디어의 구체성, 권한관계, 법적인 문제

<table>
<tr><th>구분</th><th>효과</th><th>실행 가능성</th><th>판단기준</th><th>수용 여부</th></tr>
<tr><td rowspan="4">평 가
척 도</td><td>대</td><td>대</td><td>곧바로 할 것</td><td rowspan="2">수용 후보</td></tr>
<tr><td>대</td><td>소</td><td>이것이야말로 아이디어</td></tr>
<tr><td>소</td><td>대</td><td>어떻게 좀 더 안될까</td><td rowspan="2">요검토</td></tr>
<tr><td>소</td><td>소</td><td>아깝습니다</td></tr>
</table>

※ Position 결정을 위하여 Payoff Matrix 활용

(2) 조건 및 진행순서

① 조건

가. 인원구성: 경험적으로 5~10명이 적당. MF 1명, 서기 1~2명, 전문적 평가를 피하기 위하여 전문가는 많지 않은 쪽이 바람직함

나. MF: BS회의 성공의 열쇠

※ 주의할 점:
- 4대 원칙의 철저한 인식
- 자유스러운 분위기 조성
- 목적의 방향설정

다. 테마: 어느 정도 제한된 테마

라. 준비사항: 모조지, 매직잉크(아이디어 기술), 심신이 편안한 환경(방, 책상, 의자)

② 진행순서

가. 테마의 결정

나. 테마를 사전에 참가자에게 인지(아이디어 궁리)

다. 브레인스토밍 회의

- 회의의 설명: 테마와 4대 원칙의 철저 당부
- 적정 회의 시간: 30 ~ 45분
- 아이디어 평가: 구체화를 위한 평가

※ 회의 마지막에 가장 좋은 아이디어가 도출됨(5분간의 연장도 검토)

4) PAYOFF MATRIX

(1) 사용 목적: 사안의 중요성, 최선의 해결책, 실행의 과정 등에 대해 팀 또는 개인으로 하여금 일관성 있고, 객관적인 결정을 내릴 수 있게 하기 위함

(2) 용도: Town meeting시 도출된 문제점 및 해결방안 선정에 유용함

(3) 우선선정 대상: GS(Grand Slam)와 SB(Stolen Base)

Pay-Off (성과)		
	G S GRAND SLAM 작은 노력 / 큰성과	E I EXTRA INNINGS 많은 노력 / 큰 성과
	S B STOLEN BASE 적은 노력 / 적은 성과	S O STRIKE OUT 많은 노력 / 적은 성과

Effort(노력/시간)

5) 특성요인도

(1) 정의

문제가 되고 있는 결과(특성)와 그것에 영향을 미친다고 생각되는 원인(요인)에 착안해 원인과 결과의 상호관계를 그림(특성요인도)으로 나타내어 문제점을 파악, 문제를 해결하는 기법, 물고기 뼈와 닮았다 하여 어골도(Fish-Bone Chart)라고도 불리움

(2) 종류

① Positive Fish-Bone Chart: 해결방안을 주로 제시하는 특성요인도

② Negative Fish-Bone Chart: 문제점을 발견하는데 주로 이용되는 특성요인도

(3) 특징: 특성에 영향을 미친다고 생각되는 요인이 통계적으로 순서에 따라 빠짐없이 정리가능, 개선하고자 하는 중요한 요인 찾기 쉬움

(4) 용도: Town meeting시 문제점 도출과 원인분석 및 원인 우선순위 결정, 해결방안 도출에 유용함

(5) 진행순서

① 문제점 파악

② 특성에 영향을 미치는 요인 열거

- 많이 나온 요인을 크게 분류해 명기함

- 대골의 요인마다 작은 요인(중골,소골)을 열거함

③ 특성요인도 정리

- 문제해결에 관계없는 것은 제외하고 부정확한 것은 내용을 추가함
- 실시 가능한 한도 내에서는 자세히 밝혀냄

④ 요인의 가중치 부여 실시

6) 의사결정 매트릭스

(1) 용도: 근본원인에 대한 해결방안을 도출한 후, 해결방안의 실행 우선순위를 객관적으로 판단하기 위하여 사용되는 도구임.

(2) 특징: 해결방안의 우선순위를 점수화하여 순위를 결정하므로 적합한 평가요소의 설정이 중요함.

① 해결방안	평가요소						순위
	②					합계	
	③					100%	
	④						⑤

(3) 진행순서

① 도출된 해결방안을 '①'에 명기함

② 평가요소 결정을 위한 브레인스토밍을 실시함

- 주요 평가요소: 실행가능성, 득점확률, 중요성, 소요예산 및 인력 등

③ 평가요소의 수를 결정함

- 평가요소의 수는 4~5개이나 그 이상도 무방함

④ 결정된 평가요소를 '②'에 순서대로

⑤ 평가요소별 가중치를 결정함

⑥ 브레인스토밍을 실시하여 '④'에 해당되는 점수를 명기하며, 각 항목별 점수

는 100점 만점으로 함

⑦ ③×④로 계산하여 점수를 각 항목별 우측하단에 명기함

⑧ '사'항의 점수를 합산하여 합계란에 명기함

⑨ 높은 점수가 1위가 되도록 하여 순위를 정함

7) 역장 분석

(1) 정의: 문제와 그 문제를 해결할 목표를 기술한 후 그 목표를 달성하는데 지지하는 힘과 방해하는 힘을 각각 나열하여 지지하는 힘을 높이고 방해하는 힘을 제거하는데 역점을 두는 기법임

(2) 용도: Town meeting에서 제안서를 작성하고 발표준비를 할 때 유용함

(3) 진행순서

첫째, ①란에 해결하고자 하는 문제를 기술한다.

둘째, ②란에 문제점을 해결하고 나아가고자 하는 방향 점을 기술한다.

셋째, ③란에 목표가 달성 가능하도록 하는 요인들을 나열하며 그 힘의 크기를 화살표의 길이로 나타낸다.

넷째, ④란에 목표달성을 방해하는 요인들을 ③과 동일한 방법으로 나타낸다.

다섯째, ③과 ④를 비교하여 최적의 해를 도출하여 제안서를 작성한다.

① 문제:	
② 목표(GOAL STATEMENT):	
③ 목표달성을 지지하는 힘	④ 목표달성을 방해하는 힘
A ————————▶	◀——— B

현 재 상 태

※ 화살표의 길이는 힘의 크기를 의미함

8) 5 Why's 기법

(1) 정의: 주어진 문제에 대해서 계속해 원인을 물어 가장 근본이 되는 원인을 찾아가는 기법

(2) 질문의 유형

① 왜 그런 문제가 발생하였는가?

② 그 원인은 어떤 이유에서 발생하였는가?

(3) 용도: Town meeting에서 문제점 도출 및 원인 분석 시 유용함

(4) 유의사항: 통제가능 변수 위주로 질문을 해야 실제적인 답을 찾을 수 있다.

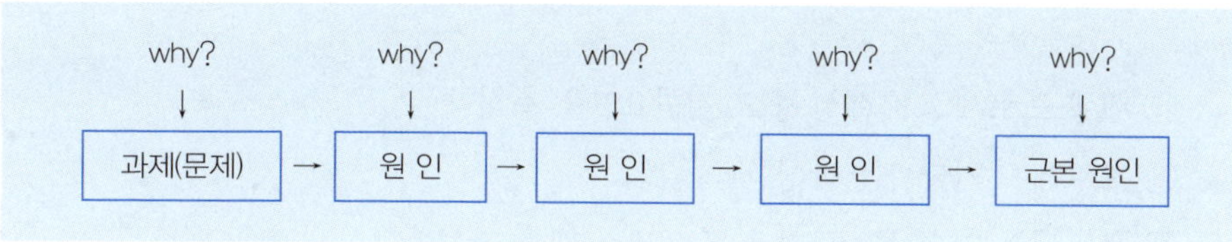

3. 프로세스 맵핑과 분석

구분	특징	적용
고객니스맵	• 고객이 원하는 바와 같이 프로세스 간의 관계성 표시	• 개선 프로세스 우선 순위결정
조직맵	• 부서간의 상호작용, 정보와 제품의 흐름 표시	• 전체적인 관점에서 제품정보, 서비스 흐름, 연계 파악
톱다운맵	• 프로세스 내 가장 기본적인 단계 연결	• 특정 프로세스 과제 • 새로운 프로세스 설계
기능횡단 프로세스맵	• 부서간의 투입, 산출 및 상호관계 표시	• 프로세스 개선 과제
상세 프로세스맵	• 프로세스 내의 모든 절차와 관련작업의 성격	• 특정과제 분석(문제가 존재하는 곳)
전개맵	• 각 단계에 대한 책임 소개	• 주요 활동에 대한 책임소개 분석

※ 프로세스 맵핑은 현 프로세스를 전개하여 중복여부나 단축 가능성 등을 파악함으로써 새로운 프로세스를 개발하려는 기법임

1) 프로세스 맵핑

(1) 용도: 프로세스 개선과제를 검토 시 관련 프로세스 문제점 및 근본원인을 추적하는 경우에 주로 사용함

(2) 특징: 부서간의 자원의 투입, 산출 및 상호관계를 시각적으로 나타냄

(3) 진행순서

① 프로세스를 공정단위, 작업단위, 동작단위 순으로 분해함

② Cycle Time과 Processing Time을 조사함

③ 프로세스상의 주요 사항을 파악함

- 품질상의 하자 등

④ 현행 프로세스 수행상 주요 결함요인을 추적함

⑤ 프로세스 기술서를 작성함

⑥ 프로세스 기술서를 근거로 프로세스 맵을 작성함

⑦ 목표 프로세스를 적용하기 위하여 발견된 중복업무, 지체시간 등을 조정함

⑧ 새로운 프로세스 맵을 작성함

⑨ 목표 프로세스를 실행하기 위하여 도출된 문제점 및 대책 등을 양식에 명기함

- 원인분석시는 Fish-bone Chart를 사용함
- 문제점 및 대책에 대한 양식은 제안서 양식을 사용하여도 무방함

4. 팀 진단 도구

1) Right Things Right 모델

(1) 정의: 기업이 추구하고 있는 가치있는 일과 수단과의 관계를 Positioning함을 통해 개선방안(매출증대, 비용절감, 제도개선)을 찾아가는 기법

(2) 용도: P개-meeting에서 실행과제 선정시 유용함

(3) 개선방안

가. Right Things Right - 강화(지속발전), 신규

나. Right Things Wrong-업무처리 방법개선(간소화, 위양, 이관, 전산화, 외주)

다. Wrong Things Wrong - 폐지

라. Wrong Things Right - 폐지

※ 바람직한 경우(%) - Right Things right:Right Things Wrong = 30:70

목적	• Right Thing wrong 가치 있는 일을 올바르지 않은 방법으로 하는 것	• Right Things Right 가치 있는 일을 올바른 방법으로 열심히 하는 것
	• Wrong Things Wrongs 가치 없는 일을 올바르지 않은 방법으로 하는 것	• Wrong Things Right 가치 없는 일을 아주 열심히 하고 있는 것
	수단	

2) G.R.P.I 모델

(1) 정의: 팀을 Goal(목표), Roles(역할), Process/Procedure(프로세스), Interpersonal Relationship(인간관계) 측면에서 체계적으로 파악함을 통해 팀의 바람직한 모습을 유도하려는 기법임

(2) 용도: 팀의 현 상황을 파악하고자 할 때 유용함

(3) 진행 순서

① 팀원들이 각자 항목별로 배점을 실시한다.(항목 당 25점 만점)

② 팀원 각자의 배점을 합하여 총점을 구한다.

③ 팀 전체의 평균을 구한다.(팀원 중 최고점과 최하점은 제외)

④ 팀 평균을 표준과 비교하여 항목별로 개선방안을 찾는다.

※ 표준점수

- 80점 이상: 우수 ☞ 지속 발전
- 60점 ~ 80점: 보통 ☞ 개선방안 연구
- 60점 이하: 불량 ☞ 획기적인 개선 방안 연구

항목	내용	평가
Goal	• 팀의 미션과 목표가 명확한가? • 팀 멤버에 의해 공유되었는가? • 팀 멤버가 이를 지지하고 있는가?	
Roles	• 역할과 책임이 명확히 기술되고 이해되었는가? • 역할은 팀의 목표를 지원하는가? • 팀은 목표를 달성할 충분한 역량이 있는가? • 팀은 목표를 달성할 충분한 자원을 가지고 있는가?	
Process/ Procedure	• 팀은 함께 일할(Working Together) 규범이 있는가? • (Ground Rule, Norm) • 팀은 문제해결비법, 커뮤니케이션 절차, 의사결정 프로세스 등을 명확히 정해 놓았는가? • 일의 결과가 계획대로 되고있는지 check 하고 있는가?	
Interper-sonal Relation-ship	• 팀 멤버 간의 관계는 상호 협조적(supportive)인가? • 팀 내에 믿음(trust), open mind, 수용(acceptance)의 정도는 어떠한가? • 팀은 갈등해결을 위한 프로세스를 가지고 있는가?	

5. 팀 의사결정 방법

방법	정의	적절한 상황	단점
지시	한사람이 결정	• 위기 시 • 한 사람만이 필요한 정보를 가지고 있을 때 • 이해관계자가 적을 때	• 능력개발과 자립심을 방해 • 최소한의 지식을 근거로 결정을 내림 • 적극적 참여를 촉진하지 못함
협의	한사람이 다른 사람들에게 의견을 물은 후 혼자 결정	• 이해관계자들의 이해나 가치가 큰 마찰을 빚을 때 • 복잡한 기술적 의견들이 통합되어야 할 때	• 책임을 위로 미루는 경향 • 입장들이 바뀌지 않은 채 남아 있음 • 서로간의 관심에 초점을 맞추지 않음

민주적	다수결 투표	• 폭넓은 참여가 중요치 않을 때 • 일상적인 이슈	• 승자와 패자를 만든다. • 방해 행동 • 이슈들이 해결되지 않은 채 남아 있음
합의	모든 멤버들이 팀의 결정을 수용	• 실행을 위해 상호의존, 자원 공유, 복잡한 조정이 필요할 때 • 결정사항이 사람들에게 상당한 영향을 미칠 때	• Power를 공평히 배분하고 정보를 공유하려는 의지가 필요 • 팀 스킬과 커뮤니케이션 스킬이 필요 • 더 많은 시간이 소요됨
만장일치	모든 멤버들이 동의	• 이상적이지만 현실적으로 일어날 가능성이 적음	• 불가능한 것은 아니지만 매우 어려움

※ 과제의 복잡성, 긴급성, 실행되었을 때 사람들에게 미치는 영향의 정도에 따라 적절한 의사결정 방법 사용

6. 평가척도 분류기준(예시)

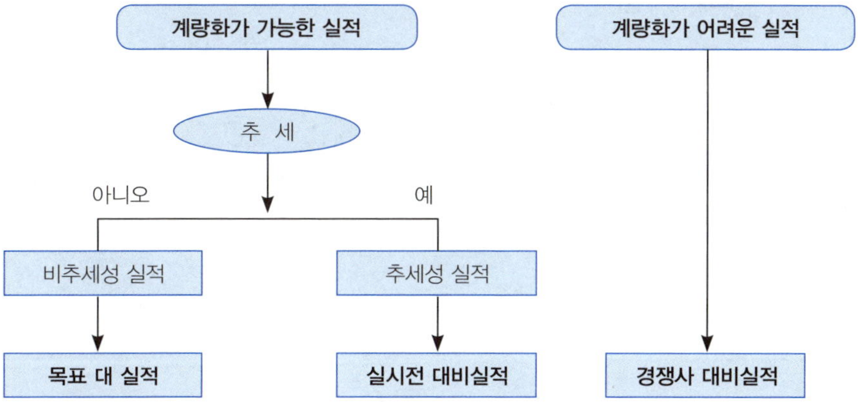

○ 실적 분류방법

① 계량화가 가능한 실적의 경우
- 실적의 추세성 여부를 결정함
- 비추세성 실적인 경우, 실행목표 대비 실적을 비교함
- 추세성인 경우, Vision Plaza 실시전후를 비교하여 실행목표 대비 실적도 비교분석하여 기록함

② 계량화가 어려운 실적의 경우
- 경쟁사, 산업평균 등과 비교분석하여 기록함

Vision Plaza

제7장

비즈니스상 응답 스킬

1. 응답스킬의 문제점

1) 상사의 입장에서 본 부하의 문제

(1) 핵심을 벗어난 응답

(2) 두서 없이 길고 장황한 설명

(3) 변명이나 자기 합리화로 일관

(4) 끝까지 듣지 않고, 성급하게 판단

(5) 자기입장에서 보고

2) 부하의 입장에서 본 상사의 문제

(1) 의도가 분명하지 않은 추상적인 질문

(2) 구체적이지 못한 업무지시

(3) 일방적인 자기주장

(4) 대안 없는 문제점 지적

교육목표

"필요한 일을, 제 때, 제대로 수행"할 수 있는

"Simple & Clear"한 응답문화 조성

3) Active Listening

(1) 나의 관점보다는 상대방의 관점에서

(2) 형식(How)보다는 내용(What)을

(3) 부분이 아니라 전체를 끝까지

(4) 듣는 것이 아니라 이해하는 것이다.

2. 듣기의 원칙

1) Keyword와 의미의 핵심을 파악한다.

(1) 반복하거나 강조하는 단어를 중심으로

(2) Keyword 중심으로

(3) 메모를 하면서 듣는다.

2) 주관적인 판단 없이 사실 그대로 듣는다.

(1) 선입견, 고정관념, 편견을 배제하고

(2) 선택적 인지에 의해 미리 결론을 내리지 않고

(3) 상대방의 의도를 파악하면서 내용 전체를 듣는다.

3) 미리 결론짓지 않고 집중해서 듣는다.

(1) 상대방의 표정과 제스처 등을 면밀히 주시하면서

(2) 중간중간 질문을 통해 메시지를 확인하면서

(3) 들으면서 딴 생각을 하지 말고

(4) 상대방이 말을 중간에 자르거나 끼어 들지 않고,

(5) 인내심을 갖고 끝까지 듣는다.

4) 상대방의 입장을 고려한다.

(1) 상대방의 지위, 성격, 가치관, 종교 등의 특성과

(2) 상대방의 감정 상태, 처한 상황 등을 고려한다.

3. 질문의 유형

1) 개방형 질문

(1) 상대방의 의견을 구하거나 다양한 답변을 듣고자 할 때

(2) 5W1H(Who, When, What, Where, Why, How)

(3) 상대방의 답변이 장황해질 우려

2) 폐쇄형 질문

(1) 결단을 촉구하거나 결론으로 유도하고자 할 때

(2) "YES", "NO"의 답을 요구

(3) 상대방이 잘못을 감추거나 수동적이 될 우려

4. 질문의 원칙

1) 질문의 의도가 명백해야 한다.

2) 간략하고 구체적으로 질문한다.

3) 답변이 부정확할 때는 다시 묻는다.

4) 여러 가지 질문을 한꺼번에 하지 않는다.

5. 질문 시 주의사항

- "왜"? 라는 질문
- 핵심이 드러나지 않는 추상적인 질문
- 일방적인 양자택일형의 질문

1) 질문 의도를 정확하게 파악한다.

(1) 질문이 모호할 경우, 질문의 핵심을 상대방에게 다시 확인하는 질문을 한다.

- 요약하기 위해
- 중요한 사항을 명확하게 하기 위해
- 나의 이해를 확인하기 위해

> 예) "그러니까 방금하신 질문은 ……"
> "지금 질문을 제가 이해하기에는 ……"
> "예상 문제점에 대한 대책이 미흡하다는 말씀이시지요."

(2) 질문의 의도를 상대방에게 직접 확인하기 어려운 경우에는 Yes, But 화법을 사용하여 우회적으로 상대방의 질문 의도를 파악해 본다.

> 예) "요즘 홍보활동은 어떤가?"
> "네, 언론매체 홍보는 많이 나아졌다고 생각합니다만, 고객들의 인지도 향상 정도를 확인해 볼 필요가 있습니다."

2) 결론부터 먼저 말한다.

질문자의 입장에서 어떤 답변을 원하는가를 생각해보고 핵심을 중심으로 결론부터 말하고, 필요할 경우 상대방의 반응에 따라 부연 설명한다.

> 예) "보수공사 진척률은 어느 정도인가?"
> "계획 대비 70% 진척되었습니다. 이는 당초 계획보다 1주일 정도 앞선 것입니다.
> 현재 추세대로 하면 이달 안에 마칠 수 있습니다."

3) 간략하고 명쾌하게 답변한다.

- 5W1H 중 해당되는 내용만을 답변한다.
- 핵심을 잡아 내용을 압축하여 전달한다.
- 공통된 용어를 사용하여 오해의 소지를 없애고, 복잡한 개념을 간단하고 명확하게 전달한다.

예) 삼성헌법, 메기론, 청기와 장수 등
상대방이 알기 쉽게 상대방의 수준에 맞추어 응답한다.

4) 근거나 사례를 제시하여 설득력을 높인다.

자신의 주장을 뒷받침할 수 있는 근거자료, 구체적인 데이터를 논리적으로 명확하게 제시한다.

사실적 주장	사실여부 판단	"사실이다 / 아니다"
가치적 주장	대상에 대한 평가	"좋다 / 나쁘다"
정책적 주장	행위의 당위성 주장	"해야 한다 / 말아야한다"

6. 답변 요령

듣고자 하는 순서를 감안하여 답변한다.

자신이 정한 순서보다는 상대방이 듣고자 하는 순서에 맞추어 답변하고, 순서의 변화가 필요할 경우에는 먼저 상대방에게 양해를 구하고 시작한다.

7. 응답스킬의 사례연구 해설

사례	주요내용
사례 1	□ 변명을 중심으로 서두를 시작한다. □ 이러한 응답 자세는 지시사항을 이행하지 않았거나 상대방의 질문을 자신에 대한 비난으로 받아들이는 경우 많이 나타난다. □ 자기 방어적 답변, 자기를 합리화하는 답변은 상대방에게 불신을 초래할 가능성이 있고 소극적, 수동적 나아가 전문성이 부족하다는 인상을 줄 우려가 있다. 《효과적인 응답스킬》 **o 문제가 예상되는 경우에 지시자에게 중간 보고** **o 솔직히 묻는 말에 답변하고, 본인의 의지를 표명한다.**
사례 2	□ 핵심없이 장황하게 설명한다. □ 이러한 응답 자세는 자신이 말을 잘한다고 생각하여 지나친 자신감을 갖고 있거나, 많이 알고 있다고 생각할 때 많이 나타난다. □ 서론이 길면 상대방은 주의집중을 하기 어렵게 되고, 짜증을 나게 만들 수 있으며, 회의 시에는 회의가 길어지는 원인이 되기도 한다. 《효과적인 응답스킬》 **o 상대방의 질문의도에 맞추어 두괄식으로 결론부터 간략하고 명쾌하게 답변한다.** **o 장황하게 말하는 습관을 가진 사람은 하고 싶은 말도 참고 절제할 줄 알아야 한다.**
사례 3	□ 형용사와 부사 등의 막연한 표현을 많이 사용한다. □ 막연한 표현은 전달하고자 하는 바를 제대로 전달하기 어렵고, 상대방이 의미를 왜곡하여 받아들이거나 오해를 초래할 수 있다. 《효과적인 응답 스킬》 **o 사실중심으로 가능한 형용사나 부사를 사용하지 않고 자신의 의사를 표현한다.** **o 절제된 표현과 근거를 중심으로 논리적인 설득력을 갖춘다.**
사례 4	□ 사실과 개인의 의견을 구분하지 않는다. □ 이러한 응답자세는 객관적 사실과 주관적 판단이 혼재되어 상대방이 정확한 판단을 하기 어렵게 만든다. 《효과적인 응답스킬》 **o 사실인지, 개인의 의견인지를 분명히 구분하여 말하고, 사실일 경우에는 그에 합당한 근거나 사례를 명확하게 제시하여야 한다.**

사례 5	□ 소극적인 자세로 응답한다. □ 말을 할 때 머리를 숙이거나 눈길을 피하는 소극적인 자세를 갖는다든지, 불필요한 의미 없는 말을 사용하는 경우에는 상대방에게 준비가 부족하고, 자신감이 결여되어 있다는 인상을 줄 우려가 있다. 《효과적인 응답스킬》 **ㅇ 적극적이고 자신감 있는 자세로 응답한다.** **ㅇ 부정적인 표현보다는 긍정적인 표현을 사용한다.** **ㅇ 불필요한 어벽을 없애기 위해 프리젠테이션 연습을 한다.** **ㅇ "~것 같다"는 표현보다는 분명한 자기 표현 방법을 사용한다.**
사례 6	□ 변명을 중심으로 서두를 시작한다. 핵심 없이 장황하게 설명한다. □ 이런 경우는 상대방의 질문의 핵심을 파악하지 못했다기 보다는 잘모르거나 아니면 본인의 잘못을 인정하기 싫은 경우에 많이 나타나는 경우이다. 《효과적인 응답스킬》 **ㅇ 상대방의 질문에 결론부터 답변하고, 필요한 경우 간략하고 명쾌하게 부연 설명을 한다.** **ㅇ 항상 상대방의 말을 주의집중해서 듣는 습관이 필요하다.**
사례 7	□ (김상무) 목적과 일정이 불분명한 지시를 한다. 구체적인 업무지침을 설명해 주지 않는다. 업무의 우선순위를 정해주지 않는다. □ (오과장) 중간중간 질문을 하면서 일정과 일의 우선순위 등 일의 목적이나 수행방법을 분명하게 확인하지 않는다. 지시내용의 요점을 정리하여 확인하지 않는다. 《효과적인 응답스킬》 **ㅇ 지시를 하는 입장에서는 일의 목적과 수행방법 등을 정확하게 설명해야 하고, 질문이나 피드백을 통해 상대방의 이해 정도를 확인해야 한다.** **ㅇ 지시를 받는 입장에서는 상사의 지시내용과 자신이 받아들인 내용이 일치하는지 질문이나 피드백을 통해 확인해야 한다.**
사례 8	□ 질문을 끝까지 정확하게 듣고 응답하지 않는다. 전문용어 사용 등 듣는 이가 알기 쉽게 상대방의 입장에서 응답하지 않는다. 상대방의 감정, 처해진 상황 등을 고려하지 않고 있다. 듣고자 하는 순서를 감안하여 응답하지 않는다. 《효과적인 응답스킬》 **ㅇ 상대방의 질문을 상대방의 입장에 끝까지 듣고 답변한다.** **ㅇ 상대방이 듣고자 하는 순서를 감안하여 상대방의 입장에서 상대방이 이해할 수 있는 용어로 설명한다.** **ㅇ 질문기술을 활용 중간중간 상대방의 이해를 확인한다.** **ㅇ 말의 속도 등 상대방과 보조를 맞추어 대화한다.**

8. 듣기 진단 실습 Check - List

대화할 때 자신이 어떤 성향을 지니고 있는지를 파악하기 위해, 각각의 진단항목이나 본인이 해당되는 부분에 체크하시기 바랍니다.
① 거의 대부분 ② 자 주 ③ 가 끔 ④ 거의 안함

항목	①	②	③	④
1. 당신이 동의하지 않는 부분에 대해 다른 사람이 얘기하는 것을 저지하거나 또는 듣기를 원치 않는다.	□	□	□	□
2. 당신이 정말로 흥미를 느끼지 않는 말이라도 상대의 말에 관심을 기울인다.	□	□	□	□
3. 상대가 무엇을 이야기하려 하는지 안다고 생각하여 듣는 것을 멈춘다.	□	□	□	□
4. 상대가 방금 한 말을 당신 말로 반복한다.	□	□	□	□
5. 다른 사람의 생각이 당신과 달라도 경청한다.	□	□	□	□
6. 비록 사소한 것일지라도 만나는 사람에게 무엇인가 배운다.	□	□	□	□
7. 상대가 흔히 쓰는 말이 당신에게 친근하지 않은지 파악하려 한다.	□	□	□	□
8. 상대가 말하는 동안 나는 어떻게 반박할까 궁리한다.	□	□	□	□
9. 귀담아 듣지 않으면서 듣는 체 한다.	□	□	□	□
10. 상대가 말하는 동안 공상에 잠긴다.	□	□	□	□
11. 단지 사실만이 아니라 주요한 아이디어를 귀담아 듣는다.	□	□	□	□
12. 말이란 사람에 따라 의미가 달라진다고 인식하고 있다.	□	□	□	□
13. 상대의 전체 메시지를 무시하고 단지 듣고 싶은 것만을 귀 기울인다.	□	□	□	□

14. 말하는 사람을 쳐다본다.	□ □ □ □
15. 상대의 외형보다 의미에 집중한다.	□ □ □ □
16. 어떤 말에 내가 정서적으로 반응할지를 알고 있다.	□ □ □ □
17. 대화할 때 같이 이루어 졌으면 하는 것에 대해 생각한다.	□ □ □ □
18. 말하고자 하는 최적의 시간을 계획 해 본다.	□ □ □ □
19. 내가 말하는 것에 상대가 어떻게 반응할지에 대해 생각한다.	□ □ □ □
20. 대화(쓰고, 말하고, 전화하고, 메모, 게시판 등)을 위한 최선의 방법을 숙고한다.	□ □ □ □
21. 어떤 류의 사람과 대화하고 있는지를 생각한다.(걱정, 적의, 무관심, 급함, 수줍움, 완고함, 참을성 없는 사람 등)	□ □ □ □
22. 보통의 경우 다른 사람과 통한다고 느낀다.	□ □ □ □
23. "상대가 그것을 알 것이다" 라고 생각한다.	□ □ □ □
24. 상대가 나에게 부정적 감정을 토로해도 방어적이 되지 않고 그것을 허용한다.	□ □ □ □
25. 청취를 효과적으로 하기 위한 연습을 정기적으로 하고 있다.	□ □ □ □
26. 기억해야 할 때를 알아차린다.	□ □ □ □
27. 다른 소리에 흐트러짐 없이 듣는다.	□ □ □ □
28. 판단하거나 비판 없이 상대의 말을 청취한다.	□ □ □ □
29. 정확히 이해될 수 있도록 지시나 메시지를 다시 말한다.	□ □ □ □
30. 상대가 느끼고 있다고 믿는 것을 말로 나타낸다.	□ □ □ □

앞의 듣기진단 체크리스트상에 각 질문 항목 중 해당란에 ㅇ표 하십시오
그 다음 이 숫자를 합산해 총점을 산출하십시오.

NO	①	②	③	④	NO	①	②	③	④
1.	1	2	3	4	16.	4	3	2	1
2.	4	3	2	1	17.	4	3	2	1
3.	1	2	3	4	18.	4	3	2	1
4.	4	3	2	1	19.	4	3	2	1
5.	4	3	2	1	20.	4	3	2	1
6.	4	3	2	1	21.	4	3	2	1
7.	4	3	2	1	22.	4	3	2	1
8.	1	2	3	4	23.	1	2	3	4
9.	1	2	3	4	24.	4	3	2	1
10.	1	2	3	4	25.	4	3	2	1
11.	4	3	2	1	26.	4	3	2	1
12.	4	3	2	1	27.	4	3	2	1
13.	1	2	3	4	28.	4	3	2	1
14.	4	3	2	1	29.	4	3	2	1
15.	4	3	2	1	30.	4	3	2	1

①	②	③	④	합 계

의사소통 자기진단 결과를 좀더 자세히 분석하고, 대화를 나눌 때 자신의 강점과 취약점이 무엇인지를 알기 위해 다음 질문에 답하시오.

1. 어떤 질문 항목에 1점을 기록했는가?
   1점으로 기록한 항목은 의사소통의 취약 부분을 가리키는 것이다.

2. 어떤 질문 항목에 4점을 기록했는가?
   4점을 기록한 항목은 특별한 강점을 지니고 있다는 것을 나타낸다.
   취약점을 보완하는 것도 중요하지만, 자신의 강점을 유지하는 것도 중요하다.

앞의 자기진단점수결과에 따른 해설표

진단 점수	진단 피드백
110~120	의사소통과정에 대한 뛰어난 이해력을 지니고 있고, 이를 효과적으로 이용하고 있다.
99~109	의사소통과정을 비교적 잘 이해하고 있으며, 몇 가지 취약 부분은 연습을 통해 향상시킬 수 있다.
77~98	의사소통할 때, 자주 어려움을 겪는 편이고, 향상시켜야 할 취약점을 많이 지니고 있다.
77 미만	상대방에게 명확하게 의사를 전달하기 위한 일관성이 결여되어 있다. 상대방이 전달하고자 하는 바를 잘못 받아들일 소지가 많다.

9. 듣기 실습 Check -List

【실습 요령】

□ 강사는 유첨된 문장을 1회 읽어 준다.

□ 문장을 듣고, 핵심 내용을 요약하여 20초 이내에 발표한다.

□ 2~3명 발표 후 2인 1조로 실습한다.

【실습 Point】

□ 문장의 Keyword 및 핵심을 정확히 파악하고 있는가?

□ 들은 사실과 본인의 의견을 구분하고 있는가?

※ 듣기 Point

- 이 운동 기구는 어떤 운동을 바탕으로 만들어졌는가?
- 단련되는 다리, 팔 근육에는 무엇이 있는가?
- 에어로빅을 통해 신체의 어느 부분이 혜택을 받는가?
- 전자 계기판이 측정해 주는 것은?

【강사 낭독 자료】

세일즈맨 한 명이 제품 설명을 하고 있다.

이 운동기구는 크로스컨트리 스키를 모방한 겁니다.

걷는 동작은 장딴지 근육뿐만 아니라 허벅지 근육도 운동시켜주죠. 뿐만 아니라 핸들이 붙어 있는 스프링을 저항으로 삼고 팔을 앞뒤로 움직이면서 주로 팔 근육을 단련 시키는데, 특히 이두근과 삼두근 부분에 좋습니다. 물론 이 운동도 일종의 에어로빅이기 때문에 심장혈관에 가장 큰 도움이 됩니다. 마지막으로 이 운동기구에는 운동한 시간과 칼로리 소비량까지 측정해 주는 전자계기판이 달려 있습니다.

10. 응답 실습 Check-List

【실습 주제】

□ 주제는 전문성과 관계없이 응답 실습을 할 수 있도록 일반적인 이슈를 중심으로 선정

예) 최근 리더십이 경영의 이슈로 떠오르고 있습니다.

리더십은 최고 경영진에서 일반사원까지 누구나 리더로서의 역량을 개발해야 합니다.

그러면 비보직 간부로서 과장급에서는 어떠한 리더십을 발휘해야 한다고 생각하십니까?

【운영 방법】

□ 실습 조: 3인 1조(질문자, 응답자, 관찰자)

□ 운영시간: 질문에 대해 2분 내에 응답

□ Process: 조별 실습 → 관찰자 피드백 → 비디오 피드백

【실습 Point】

□ 질문의 의도를 정확히 이해하고 있는가?

□ 간략하고 정확하게 압축된 표현을 사용했는가?

□ 본인의 의견을 논리적으로 표현했는가?

□ 연역적인 표현방법을 사용했는가?

□ 정해진 시간 내에 응답하고 있는가?

Hotel Service Manner

부록

호텔경영혁신의 세부시행방안(5성급호텔 사례)

부록

호텔경영혁신의 세부시행방안 (5성급호텔 사례)

1. 호텔 조직구성원의 마인드 혁신

세부실천항목	시행방법	주관부서	시행시기	비고
1. 전직원 혁신적 사고의 전환	1) 제도개혁 추진위원회 구성 ① 타 호텔 우수제도 벤치마킹 ② 기존제도 개선 및 보완	추진팀	2월	
	2) VISION 수립을 위한 TASK FORCE TEAM 운영 ① 호텔 장기 VISION 수립 ② 전 직원 VISION에 대한 공감대 형성 ③ VISION 수립 후 설명회 개최	마케팅	3월	
	3) 효율적인 회의 진행 ① 사전에 회의 준비를 철저히 하여 회의시간 단축 ② 세부적인 사항은 유인물로 대체하여 회의 시간 단축 ③ 회의의 목적 및 방향을 설정하여 구체적인 방안을 제시	전부서	연중	
	4) 신바람 나는 직장 분위기 조성 ① 직원의 호텔이용에 대한 규정 개선 및 홍보 ② 직원 이용가능업장에 대한 홍보(레포츠) ③ 친목도모를 위한 소그룹 활동 활성화	영업부서	2월	
	5) 직원 칭찬릴레이 실시 - 직원 칭찬사항을 회사게시판에 공고	총무	2월	
	6) 회사정책에 관련된 홍보게시판 설치 ① 회사의 비전에 대한 홍보 ② 파트별 행사안내 부착 등	총무	2월	
	7) 공동명함을 제작하여 사용 - 주임급 이하 사원 중 명함 필요 직원은 공동명함을 사용	총무	1월	

세부실천항목	시행방법	주관부서	시행시기	비고
	8) 각종 교육시 의식개혁 관련 내용 삽입	총무	연중	
	9) 계획적, 조직적, 체계적인 업무수행 - 연초 개인, 가정, 회사에 대한 연간계획 수립 → 매월 말 점검 보완	전부서	연중	
	10) 신결재문화 정착 ① 전자결재의 생활화 ② 대면 결재시 보조의자를 활용하여 결재	전부서	연중	
	11) 영업마인드 증대 ① 고객 기억하기 캠페인 실시 ② 고객 재방문 할 수 있도록 하기 ③ 고객에게 칭찬하기 ④ 1인 2가지 이상 업무 능력 배양	전부서	연중	
	12) 부서 이기주의 철폐 ① 모든 행사시 긴밀한 협력 유지 ② 매출보다는 손익을 우선하여 행사추진	전부서	연중	
2. 내부 구성원 마인드 혁신	1) 인사하기 캠페인 ① 출퇴근 시 악수하기(남자 직원 간) ② 먼저 보는 직원이 인사하기 ③ 정감어린 인사말 주고받기(남 · 여 간) ④ 직원상호간 인사 시 이름 불러주기	추진팀	1월	
	2) 고운말 쓰기 캠페인 실시 ① 존칭어 사용하기(호칭 평준화 의거) ② 남의 말 좋게 하기 ③ 전화예절 바르게 하기 ④ 직장 에티켓 지키기	추진팀	3월	
	3) 칭찬 많이 하기 생활화	전부서	연중	
	4) 전 직원 대상 직무 만족도 조사 실시 - 조사 결과 경영에 반영	총무	3월	
	5) 직원부모 효도관광 패키지 지속 실시 ① 저렴한 가격으로 숙식 제공 ② 생일, 결혼기념일 등(부모, 시부모만 적용) ③ 총무파트에 신청 후 심사하여 적용 ④ 호텔 사업부 직원에 한함 ⑤ 직원부모 초청 행사실시	전부서	5월	

세부실천항목	시행방법	주관부서	시행시기	비고
	6) 협력회사(사원) 상호동반적인 발전 도모 ① 먼저 인사하기 ② 애로사항 접수함 지속 운영 ③ 호텔이용시 정규직원과 동일한 적용 ④ 우수사원, 모범사원 포상기회 확대 ⑤ 호텔 홈페이지 적극 활용	전부서	연중	
	7) 자랑스런 호텔인 게시판 제작 ① 호텔홍보, 미담소개, 직원 사례공모 ② 총괄매니저와 대화란 설치 ③ 호텔 홈페이지 적극 활용	총무	연중	
	8) 직원 자녀 초청행사 - 대상: 초등 ~ 고등학생에 한함	총무	5월	
	9) 개인 면담제도 활성화	총무	연중	
	10) 개인 경조사 현황 부착 ① 생일, 출산, 결혼, 부고 등 ② 아침방송 시 공지	총무	연중	
3. 자발적 공동체의식 함양	1) 원활한 커뮤니케이션으로 직원 간 부서 간, 유대 강화 ① 정기적인 간담회 개최 ② 직원 고충 상담 및 면담제도 활성화	 총무 총무	 3월 연중	
	③ 회사 주관 하에 일일 호프 개최 - 직원간에 대화가 가능한 분위기 조성 ④ 대형행사시 실무진 업무회의 ⑤ 업무별 월별 간담회 실시	총무 전부서 전부서	5월 수시 연중	
	2) 전직원 위기관리 능력 배양 ① 철저한 기본 지키기 ② 본연의 업무 충실히 하기 ③ 변화에 능동적으로 대응하자	전부서	연중	
	3) 동호회 활성화 ① 간부사원 1인 1동호회 참가 의무화 ② 동호회 활동사항 게시판에 홍보	총무	연중	
	4) 사랑의 편지 보내기 운동 연중 지속 실시	총무	연중	
	5) 감사의 편지 보내기운동 지속적 실시	총무	12월	

세부실천항목	시행방법	주관부서	시행시기	비고
	6) 부서별 직원 상호간 가정방문 하기 - 시기: 월 1회(회식은 직원 가정에서)	전부서	3월	
	7) 회사 발전을 위한 노사화합의 장 마련 ① 정기체육대회, 등반대회, 하계 휴양소 ② 기숙사 직원 화합의 밤 실시(일일호프, 윷놀이 등 개최)	총무	수시	
	8) 추석, 설날 차례상 준비	조리	1,10월	
4. 주인의식 마인드 혁신	1) 호텔인의 행동강령 생활화 ① 행동강령 숙지 및 실천 ② 업무 개시 전 낭독	전부서	연중	
	2) 개인별 연간 좌우명, 월간 행동계획을 작성하여 적정 공간에 비치함	전직원	2월	
	3) 팀, 파트별, 경영이념 공고화 - 부분별 비전(VISION) 및 목표(공유가치)를 숙지하여 체질화시킴	전부서	연중	
5. 근검절약정신의 생활화	1) 저축 장려 ① 금융상품 소개시간 마련(분기1회) ② 금융정보 수시 제공	경리	2월	
	2) 대중교통 이용, 승용차 함께 타기 캠페인 ① 호텔 기숙사 간 카풀제 적극 실시 ② 개인 유니폼 세탁 한 번 덜하기 운동	추진팀	연중	
	3) 사내 벼룩시장 운영(분기별 1회) - LOST & FOUND 경매와 연계실시	총무	분기	

2. 호텔 경영의 효율화 혁신

세부실천항목	시행방법	주관부서	시행시기	비고
1. 효율적인 인력운영 방안	1) 탄력적 근무 운영 실시 ① Break - Time 효율적 활용 방안 모색 ② 불요불급한 연장근무 축소 ③ 연, 월차 사용 적극 실시	전부서	연중	
	2) 산학협력 실습생제도 적극 활용 ① 기존 체결학교와의 유대 강화 ② 산학협력 실습 체결학교 확대 운영 ③ 상시적 산학협력 실습생 운영	전부서	연중	
	3) 산학협력 파트타이머 적극 활용	영업부서	연중	
	4) 개인별 업무분장 체계화 및 업무 체크포인트 숙지	전부서	연중	
	5) 생산성 20% 향상을 위한 방안 모색 ① 효율적인 조직운영을 위한 조직 재정비 ② 부서별 적정인원 산출 ③ 개인의 특성을 최대한 발휘할 수 있는 인력 배치	전부서	연중	
	6) 영업시간 조정을 통한 효율성 극대화 ① 주중과 주말, 성수기와 비수기에 정확한 고객 분석 ② Peak Time을 중심으로 영업 운영 방안 모색	영업부서	연중	
	7) Out Sourcing을 통한 경영효율화 모색 ① Out Sourcing 가능한 업무 검토 ② 타회사 우수사례 도입	전부서	연중	
	8) 전산실 운영 개선 방안 모색	전산실	6월	
	9) 방재실과 전기실 통합 운영	시설	1월	

세부실천항목	시행방법	주관부서	시행시기	비고
2. 업장별 책임 경영제도 정착	1) 자율경영 풍토 조성 ① 업장별 호텔 업무배양 및 교육 전파 ② 월별 매출 책임 경영 활성화 ③ 자율경영 CHECK LIST 작성 ④ 가격결정 및 할인율 적용 ⑤ 월별 업장별 손익 공개	영업부서	연중	
	2) 권한부여, 책임경영 및 인센티브 제시행 ① 각 업장의 사장은 "나"라는 의식 함양 - 판촉, 메뉴개발, 가격설정, 업장자체 시행 및 평가 ② 손익 및 목표달성 시 과감한 인센티브 부여 - 반기별 우수업장 포상 ③ 각 업장 특성에 맞게 차별화 영업 실시 - 각 업장 별 특색 있고 저렴한 메뉴 개발 ④ 업장직원 효율적인 관리를 위한 권한부여	각업장	연중	
	3) 현장 결재시스템 ⇒ 영업체질 개선 ① 불필요한 서류제거 및 보고 간소화 ② 의사결정의 신속화 - SPEED 결재 - 필요시 선조치 후보고 - 3단계 결재 운영 ③ 전산시스템의 활성화	전부서	연중	
	4) 가계부식 운영기법 도입 ① 월 1회 경리부서에서 DATA 제공 ② 정확한 재료비, 인건비 분석 ③ 분기별 업장장 원가절감 교육 실시	각업장	연중	
	5) 업장 근태관리제도 지속 실시 - 효율적 인원관리로 연월차 발생 최소화	각업장	연중	

세부실천항목	시행방법	주관부서	시행시기	비고
	6) 업장별 손익개념의 목표 부여 - 수치화, 계량화한 손익목표 부여	각업장	연중	
	7) VIP 고객을 위한 전용 미니바 판매	객실지원	수시	
	8) 출장뷔페 영업활동 강화(이벤트 회사 연계, 전통혼례/향교 전담요원 배치)	마케팅	연중	
	9) 백화점 문화교실 연계 패키지 확대 실시 - 백화점 문화센터 + 고적답사 프로그램	마케팅	연중	
	10) 한식당 팔도 특선 뷔페 실시(년 2회)	식음료	6,10월	
	11) 다양한 이벤트 개발(성수기, 크리스마스)	식음료	성수기	
	12) OUTSIDE CATERING 사업 영역 확대	식음료	연중	
	13) 서비스 관련 상품 수탁판매(서비스 아카데미) - 병원, 관공서, 유통업체, 관광호텔 등	총무	수시	
3. 고객관리를 통한 매출증대	1) 고객관리 정보센터 설치 ① 집중적 회원 관리 ② 대고객 서비스 개선 ③ 고객의견 취합 후 마케팅 전략 수립 ④ 표적시장의 효율적인 관리	마케팅	3월	
	2) 업장별 단골고객 관리 - 업장 단말기에 단골고객 정보입력 후 활용	각업장	연중	
	3) 신규시장 개척 - 대학생 호텔 투어 패키지 적극적 유치(관광과, 조리과, 건축과 등)	마케팅	3월	
	4) 연고시장 개척 - 전직원 지역 연계 판매활동 강화	전부서	연중	

세부실천항목	시행방법	주관부서	시행시기	비고
	5) 틈새시장 개척 ① 지방 소도시 여행사를 통한 호텔 홍보 ② 신혼부부, 농한기 계모임, 온천관광 등 각종 사회단체 유치 ③ 기업체 REFRESH 프로그램 제휴	전부서	연중	
	6) 연회행사 고객 재계약 유도 ① 전년도 행사에 대한 철저한 분석 ② 연회행사 종료 후 진행자에 대한 평가서 작성, 사후 활동	식음료	연중	
	7) 인터넷을 통한 무료회원 모집 ① 호텔 홈페이지에 무료회원 가입란을 게재 ② 회원 가입시 소정의 할인 쿠폰을 우송하여 객실 및 식음료 고객 창출	마케팅	연중	
	8) 시청률이 좋은 드라마를 통한 호텔홍보	마케팅	연중	
	9) 어린이 날 특선 뷔페 시 소년 · 소녀가장을 초청하여 호텔이미지 개선	마케팅	5월	
	10) 기분 좋은 호텔, 편안한 호텔 구현 ① 기분 좋은 미소로 고객 맞기 ② 업장 이용고객 한 번 이상 칭찬하기	각업장	연중	
	11) 주변 콘도 이용고객 식음료 이용토록 협의 - 식음료, 수영장 할인쿠폰 프론트에 비치	마케팅	연중	
4. 직원마케팅 마인드 혁신 방안	1) 판매기법 교육 강화 - 판촉활동에 대한 기본 교육 강화	각업장	연중	
	2) 상품지식 교육 강화	전부서	연중	
	3) 디너쇼 행사시 차량에 전단 부착	전부서	연중	

3. 매출 증대를 통한 이익 혁신

세부실천항목	시행방법	주관부서	시행시기	비고
1. 혁신적 영업 활성화 방안	1) 표적(Target) 중심 영업 활성화 ① 20:80 마케팅 도입 ② 고급 VIP 고객 적극 유치 ③ 각종 학회, 국제행사, 대기업 행사 유치	전부서	연중	
	2) 이익 중심 경영 및 포지셔닝 재정립 ① 기존 Account 철저한 관리 ② Royalty Guest 확보 ③ 신시장 개척비용 절감	전부서	연중	
	3) 식음료 객단가 제고 및 F&B Outlet 부문 효율성 증대 ① 업장 통폐합 및 영업시간 조정 ② 메뉴 리엔지리어링 통한 메뉴가격 상승 유도 ③ 메뉴의 질 향상 ④ 심리적 가격대 메뉴 개발 ⑤ FAMILY COURSE 개발 ⑥ 인당 생산성 향상을 위한 효율적인 인력 운용	식음료	연중	
	4) 객실 점유율 우선 지향 ① Average Rate-up ② 수요예측을 통한 변동적 가격정책 실시(계절별, 요일별 변동가격 운영)	객실	연중	
	5) 패키지 상품군 다양화 모색 - 고객의 Needs, Wants, Expectation 분석에 의한 새로운 패키지상품 개발	마케팅	2월	
	6) 멤버십제도의 활성화 및 고급화 전략실시 ① 철저한 고객관리를 통한 Repeat Guest 유치 ② 선물용 멤버십제도 상품 개발 ③ 지역 거점도시 판촉사무소 활용 멤버쉽 판촉 실시	마케팅	6월	

세부실천항목	시행방법	주관부서	시행시기	비고
1. 혁신적영업 활성화 방안 (계속)	7) 고객에 대한 호텔 이미지 고양 ① 호텔 Home Page 보수(최신 정보 게재) ② 부드러운 로비 분위기로 개선하여 리조트 호텔의 이미지 정착화	전부서	연중	
	8) 각종기관 및 언론매체에서 선정하는 호텔 - 올해의 Best 호텔 선정에 총력을 기울임	마케팅	연중	
	9) 총체적 서비스 구현 ① 전 직원의 Midas 요원화 - 기존 업무 + 수시판촉 활동 강화(베네피트가드, 뷔페권, Hamper, 디너쇼 등) ② 주말, 바캉스, 대형 이벤트시 비접객부서 및 지원부서 행사진행에 참여	전부서	수시	
	10) 업장별 계절별 Special Promotion 실시로 상품 차별화 도모 ① 가격정책 탄력적 운용으로 경쟁력 확보 ② 지역이미지 부각을 위한 광범위한 홍보활동	각업장	연중	
	11) 제과, 제빵 시식회시 Special Promotion 공동 실시 Ex) 봄: 딸기축제 + 제과, 제빵 시식회 가을: 포도축제 + 제과, 제빵 시식회	영업 부서	수시	
	12) 비수기에 대비한 다양한 판촉활동 전개 ① 비수기 종교단체 한정 판매 지속 유지 ② 관광계열학생 오리엔테이션, Mt유치 ③ 맞춤숙박권 판매 강화 ④ 비수기대비 다양한 가격정책 운용	마케팅	연중	
2. 결혼 예식업 활성화	1) 인근지역에 예식업 홍보 강화 ① Taxi, Bus에 부착가능한 홍보용 스티커 제작 ② 직원 차량에 스티커 부착 ③ 지역 유성방송사를 통한 홍보	마케팅	연중	

세부실천항목	시행방법	주관부서	시행시기	비고
	2) 결혼 예식업 판촉 활성화 ① Task-Force Team 구성 ② 지인을 통한 예식업 홍보	식음료	2월	
	3) 지역 결혼 이벤트사와 연계 방안 모색 ① 여성출입이 많은 곳에 대한 집중 홍보 (예식장, 미장원, 여성단체 등) ② 정보제공자에 대한 인센티브 제공	식음료	1월	
	4) 결혼 상담 데스크 지속 운영	식음료	1월	
	5) 당호텔 결혼 고객에 대한 허니문카드 제작	마케팅	2월	
	6) 여행사와 연계한 신혼여행 패키지 개발	마케팅	2월	
3. 기존 거래처 유지 강화	1) 국내 여행사에 대한 체계적인 판촉활동 강화 ① 지역별 국내 여행사 LIST UP ② FAM TOUR ③ 해외여행객 국내여행 유치에 총력	마케팅	연중	
	2) 일본시장 확대 ① INBOUND 영업활동 활성화 ② 일본시장 연 2회 정기적인 방문 홍보 ③ 계획적, 조직적, 체계적인 판촉활동 전개	마케팅	연중	
	3) 중국관광객 적극 공략 - 비수기 저가상품으로 중국 고객 집중 공략	마케팅	연중	
	4) 국내 기업체, 단체시장 확대	마케팅	연중	
4. 광고, 홍보활동	1) 중앙 일간지 홍보 강화	마케팅	연중	
	2) 지방지, 지방방송, 지역유선방송 홍보 강화	마케팅	연중	
	3) 그룹사, 지역기업체 홍보 강화	마케팅	연중	
	4) 호텔 인근지역 개별 홍보 강화	마케팅	연중	

참고문헌

강인호 외 4인, 글로벌 매너와 문화, 기문사, 2008.

고상동, 호텔 경영과 실무, 백산출판사, 2008.

고상동 외 2인, 식음료경영실무, 백산출판사, 2001.

고재윤, 원융희, 최신 식음료 실무론, 백산출판사, 1998.

김성혁, 관광레저서비스, 백산출판사, 2000.

김영준, 면접매너실무스쿨, 대왕사, 2005.

서성희, 박혜정, 매너는 인격이다, 현실과 세계, 1999.

신강현, 글로벌매너 가꾸기, 형설출판사, 1999.

원융희, 국제매너, 백산출판사, 1999.

______, 글로벌비즈니스에티켓, 두남, 2001.

______, 매너소프트, 백산출판사, 1995.

이동희·윤병국, 매너와 이미지메이킹, 형설출판사, 2003.

이형철, 글로벌 에티켓, 글로벌 매너, 에디터.

임봉영, 서비스쿠데타, 형설출판사, 1999.

장원기·남택영, 글로벌 에티켓, 기문사, 2001.

장원기, 테이블 매너, 백산출판사, 1996.

정주영·강태영, 서비스예절과 매너, 대왕사, 2005.

조영대, 서비스학개론, 세림출판.

주종대, 현대인의 국제매너, 해왕사, 2001.

최동열, 관광서비스론, 기문사, 1998.

Basic Service Manual, HOTEL LOTTE, F&B Division.

Seoul Hillton Service SOP Manual.

대구광역시 관광협회, 관광호텔서비스 교육교재.

박재현·정기성 저, Service와 Manner(관광종사원직무교재 매뉴얼).

삼성인력개발원, Business응답 Skill(강사용 참고자료).

서울힐튼호텔, 트레이닝센터.

쉐라톤워커힐, 국제화시대를 살아가는 현대인의 기본 에티켓.

쌍용 중앙연구원, 현장관리.

아시아나항공, 예절 및 서비스 훈련.

한국중공업주식회사, 초급관리자 신사고 혁신과정.

현대자동차연구원, 신임기사/서기연구과정 교재.

호텔 현대(경주), 서비스 아카데미 Manual.

저자 소개

고상동

- 세종대학교 대학원 경영학 박사(호텔관광경영전공)
- 한국관광산업학회 회장 역임
- 영진전문대학교/영진사이버대학교 교수
- 대구경북영어마을 초대원장
- 한국호텔경영학회 부회장
- 한국호텔·관광학회 부회장
- 대한관광경영학회 부회장
- 관광통역안내사 자격시험 면접위원
- 호텔서비스사 자격시험 출제 및 면접위원
- 국회문화관광산업연구회 회원
- 한국관광호텔 등급 심사위원

<논문 및 저서>

- 휴양콘도미니엄 경영론
- 호텔경영과 실무
- 호텔 주장 관리
- 리조트경영과 개발
- 관광사업론
- 호텔실무론
- 호텔레스토랑 식음료 경영실무
- 안녕하세요? 관광경영학과입니다
- 관광학원론 번역서(공저)
- 호텔경영학
- 서비스품질이 관광객 만족에 미치는 영향에 관한 연구 외 다수

공은영

- 경운대학교 대학원 관광경영학 석사(관광경영전공)
- 서영대학교 호텔관광과 겸임교수
- 한국관광호텔 등급평가위원(한국관광공사)
- 농어촌숙박시설 서비스 평가 심사위원(한국농어촌공사)
- 서비스경영능력시험 1급 컨설턴트 자격(SMAT) 취득(한국생산성본부)
- 해외여행인솔자(Tour Conductor) 자격증 취득(문화체육관광부)
- 커피바리스타 1급 자격증 취득 및 심사위원
- 칵테일 자격증 취득(산업인력공단)
- 대구국제공항 근무
- ㈜태평양 서비스 수석교육강사

호텔 서비스 매너와 실무

2019년 1월 21일 초 판 1쇄 발행
2025년 5월 15일 제2판 1쇄 발행

지은이 고상동 · 공은영
펴낸이 진성원
펴낸곳 (주)백산출판사
교 정 박상현
본문디자인 신화정
표지디자인 오정은

등 록 2017년 5월 29일 제406-2017-000058호
주 소 경기도 파주시 회동길 370(백산빌딩 3층)
전 화 02-914-1621(代)
팩 스 031-955-9911
이메일 edit@ibaeksan.kr
홈페이지 www.ibaeksan.kr

ISBN 979-11-7385-022-6 93980
값 27,000원